ZHANLÜEXING XINXING CHANYE ZHUANLILIANMENG
GOUJIAN DE LILUN YU SHIJIAN

战略性新兴产业专利联盟构建的理论与实践

韩秀成　袁有楼　主　编
　　　　周苆文　执行主编

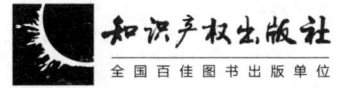

图书在版编目（CIP）数据

战略性新兴产业专利联盟构建的理论与实践/韩秀成，袁有楼主编. —北京：知识产权出版社，2016.9
ISBN 978-7-5130-4401-1

Ⅰ.①战… Ⅱ.①韩… ②袁… Ⅲ.①新兴产业—专利—企业联盟—研究—世界 Ⅳ.①F279.16

中国版本图书馆 CIP 数据核字（2016）第 199456 号

内容提要

本书通过对专利联盟形成的合理性基础及运行机制的分析，借鉴国外的经验并结合国情，针对战略性新兴产业专利联盟发展的困境，从不同产业联盟运行机制入手寻找出路，从理论、制度、模式、运行等角度论证了我国战略性新兴产业专利联盟的构建与运作模式。

责任编辑：胡文彬	责任校对：董志英
封面设计：SUN 工作室	责任出版：刘译文

战略性新兴产业专利联盟构建的理论与实践
韩秀成　袁有楼　主编
周莳文　执行主编

出版发行：知识产权出版社有限责任公司	网　址：http://www.ipph.cn
社　址：北京市海淀区西外太平庄 55 号	邮　编：100081
责编电话：010-82000860 转 8031	责编邮箱：huwenbin@cnipr.com
发行电话：010-82000860 转 8101/8102	发行传真：010-82000893/82005070/82000270
印　刷：北京嘉恒彩色印刷有限责任公司	经　销：各大网上书店、新华书店及相关专业书店
开　本：880mm×1230mm　1/32	印　张：7.5
版　次：2016 年 9 月第 1 版	印　次：2016 年 9 月第 1 次印刷
字　数：200 千字	定　价：30.00 元
ISBN 978-7-5130-4401-1	

出版权专有　侵权必究
如有印装质量问题，本社负责调换。

编委会

主　　编　韩秀成　袁有楼

执行主编　周蒔文

编　　委（按姓氏笔画排序）

　　　　　马　宁　王屹东　成　思　朱谢群
　　　　　李　飞　李　伟　杨雄文　何　菁
　　　　　沙开清　张　翰　钟兴子　徐　健
　　　　　徐海燕　黄文霞

前 言

　　战略性新兴产业是指建立在重大前沿科技突破基础上，代表未来科技和产业发展方向，体现当今世界知识经济、循环经济、低碳经济发展潮流，具有巨大的市场潜力，对相关企业具有带动和引领作用的产业。在我国节能环保、新一代信息技术、生物、高端装备制造、新能源、新材料、新能源汽车等七大产业是主要的战略性新兴产业。我国的经济及产业已经持续30年高速发展，"中国制造"已经成为世界概念，但能效指数只有发达国家的1/3，而每创造1美元所消耗的能源是美国的4.3倍，是德国和法国的7.7倍，是日本的11.5倍。显然战略性新兴产业专利战略的实施，承载着推进产业转型升级、发展方式转变的重要契机和新的希望。目前全球所有战略性新兴产业领域内一切能处在领跑地位的公司，都无一例外是知识产权密集型企业，是核心专利的创造者、运用者和经营者。它们最大的财富就是其掌握的产业内关键和核心技术专利。

　　构建战略性新兴产业专利联盟是知识产权战略治国的核心，是中国产业新一轮发展的制高点。本书通过对专利联盟形成的合理性基础及运行机制的分析，借鉴国外的经验并结合国情，针对战略性新兴产业专利联盟发展的困境，从不同产业联盟运行机制入手寻找出路，从理论、制度、模式、运行等角度论证了我国战略性新兴产业专利联盟的构建与运作模式。

　　专利联盟是创新专利的累积体，具有技术集聚性的特征，对内做到联盟内专利共享，对外实施一揽子许可，根据目的的不同及许可对象的不同可以有多种分类。专利联盟的成立与发展，经历了自由发展、限制发展和规范发展三个阶段，不同阶段对产业竞争的作用不同。我国战略性新兴产业的发展，需要的不只是只能影响一家或者若干家企业的技术专利，而是能够影响整个产业发展的专利联盟和技术标准，要使战略性新兴产业的发展有制度基础保障，必须将战略性新兴产业的发展与专利联盟和标准化战略相结合，并置于国际技术背景下安排，充分利用知识产权制度设计战略性新兴产业发展的专利联盟机制，才能实现高水平投入、有效保护、优化配置，赢取国际市场竞争主动权。

围绕战略性新兴产业专利联盟发展的困境，通过专利联盟的运行机制，即动力机制、契约机制、管理机制、信任机制、监督机制、知识产权开发机制等的协调与运作，从理论到实证的分析，安排了战略性新兴产业专利联盟的运行机制。专利联盟的运行和推广是解决"专利丛林"问题的有效和必要途径，但是联盟专利技术的保护对产业市场竞争具有促进和限制的双重属性。对于联盟内部，为避免联盟成员对其他成员的创新"搭便车"行为产生的消极影响，应建立互相学习与合作机制。对于联盟外部，垄断与反垄断是联盟应时刻警惕的情形，只有通过专利预警分析，长期有效地跟踪市场价格、技术竞争等因素，预防联盟的成立阻碍市场竞争并构成垄断，才能保证专利联盟的运营是促进市场竞争的，且没有构成垄断。

我国战略性新兴产业是以科技创新为基础和支撑的产业，发展的关键是每一类新兴产业核心技术的掌控，以及相关技术专利的拥有量。从专利联盟的产业发展规律来看，我国战略性新兴产业专利联盟的构建，对内以专利技术的研发为核心，以内部开发机制、知识共享创新机制、人才培养机制相结合，提升企业的软实力；对外以联盟的影响力汇集行业的专利资源，吸纳更多的专利入池，提升专利联盟的竞争力，稳固外部开发机制。专利的运营收益以专利许可机制为指导，在联盟成员间交叉许可抢占市场的基础上，对外集中许可，一方面获取更大的许可收益；另一方面防止限制竞争行为的发生，应对垄断风险。遵循政府引导、企业主体、协会支持、中介和服务机构参与的原则，推动创新共生、信任合作、价值联盟、协同氛围，建设和运营战略性新兴产业专利联盟，培养新的经济发展方式。

目 录

第一章 绪 论 … 1
一、研究背景和意义 … 1
（一）研究背景 … 1
（二）研究目的 … 3
（三）研究意义 … 4
二、案例介绍与数据收集 … 5
（一）通信领域市场争夺战 … 5
（二）联盟与垄断 … 7
（三）家电产业的数据与实例 … 9
三、问题的提出 … 13
（一）自主创新能力较弱，核心技术缺失 … 13
（二）知识产权争端日益激烈 … 14
（三）专利联盟组建的基础薄弱 … 16
四、技术路线图 … 18

第二章 专利联盟概述 … 19
一、专利联盟的概念及其特征 … 19
（一）专利联盟的概念 … 19
（二）专利联盟的类型 … 20
（三）专利联盟的特征 … 22
二、专利联盟研究述评 … 24
三、专利联盟的发展及现状 … 29
（一）专利联盟在国外的起源和演进 … 29
（二）专利联盟在我国台湾地区的发展 … 31
（三）专利联盟在国内的发展现状 … 35

四、本章小结 ·· 39
第三章　专利联盟形成的合理性 ·································· 40
　　一、专利联盟运营的经济效益 ·································· 40
　　　（一）成本效益 ·· 40
　　　（二）竞争效应 ·· 42
　　　（三）价值效益 ·· 43
　　二、专利联盟与技术标准的关系 ································ 45
　　　（一）技术标准基本理论 ······································ 46
　　　（二）专利联盟与行业标准的关联性 ···························· 49
　　　（三）专利联盟与技术标准的结合 ······························ 53
　　三、专利联盟的法律规制 ······································ 54
　　　（一）专利联盟限制竞争效应的分析 ···························· 54
　　　（二）专利联盟与反垄断法的关系 ······························ 59
　　　（三）专利联盟与美国反垄断规制 ······························ 61
　　　（四）我国的专利联盟与反垄断规制 ···························· 62
　　四、战略性新兴产业与专利联盟的发展 ·························· 64
　　五、本章小结 ·· 65
第四章　专利联盟的应用与产业发展 ······························ 67
　　一、专利联盟的模式与类型分析 ································ 67
　　　（一）专利联盟模式选择因素 ·································· 74
　　　（二）专利联盟模式的选择条件 ································ 78
　　　（三）专利联盟的组织管理模式 ································ 80
　　二、专利联盟运行机制的演化 ·································· 84
　　　（一）专利联盟的发展阶段及其特征 ···························· 84
　　　（二）专利联盟的初创阶段 ···································· 86
　　　（三）专利联盟的扩张阶段 ···································· 91
　　　（四）专利联盟的升级阶段 ···································· 95
　　三、专利联盟与战略性新兴产业的市场博弈 ···················· 100
　　　（一）战略性新兴产业的兴起 ································· 100

（二）联盟合作博弈分析 ································· 105
　　（三）专利联盟不同合作模式下的创新收益分析 ········· 109
四、专利联盟与战略性新兴产业发展 ·························· 112
　　（一）国外战略性新兴产业的发展 ····················· 112
　　（二）国外战略性新兴产业专利联盟发展模式
　　　　　与机制的比较 ································· 115
五、本章小结 ·· 120

第五章　战略性新兴产业专利联盟运行机制的安排 ········· 123
一、专利联盟的动力机制 ····································· 124
　　（一）专利联盟动力机制的运行 ······················· 128
　　（二）动力机制与技术标准 ··························· 129
二、专利联盟的契约机制 ····································· 131
　　（一）选择机制 ····································· 134
　　（二）信任机制 ····································· 138
　　（三）许可利用机制 ································· 139
三、资源共享机制 ··· 141
四、协同创新机制 ··· 143
五、知识产权开发机制 ······································· 146
　　（一）内部开发机制 ································· 146
　　（二）外部开发机制 ································· 147
六、管理机制 ··· 148
七、利益机制 ··· 151
八、监督保护机制 ··· 152
　　（一）制度保障机制 ································· 152
　　（二）契约保障机制 ································· 153
九、战略性新兴产业专利联盟的运行 ························· 154
十、本章小结 ··· 156

第六章　战略性新兴产业专利联盟发展的困境与出路 ········ 158
一、专利联盟运营存在的利益分配问题 ······················ 158

（一）专利联盟与生产者及消费者间的利益均衡 ……… 158
（二）专利联盟中的信息不对称 ……………………… 159
（三）专利联盟许可交易过程中的困境 ……………… 161
（四）专利联盟与被许可人之间的竞争困境 ………… 164
二、专利技术的保护与产业发展的利益冲突 ……………… 165
（一）专利权保护制度的正当性 ……………………… 165
（二）专利联盟的竞争效应分析 ……………………… 166
（三）联盟专利保护对产业市场竞争的博弈 ………… 170
三、专利联盟的垄断与反垄断 ……………………………… 174
（一）专利联盟法律冲突的理论困境 ………………… 174
（二）专利联盟垄断与反垄断的现实困境 …………… 177
四、战略性新兴产业专利联盟管理制度的设计 …………… 180
（一）开放选择制度 …………………………………… 180
（二）沟通信任制度 …………………………………… 180
（三）互动学习制度 …………………………………… 182
（四）利益分配制度 …………………………………… 183
（五）控制监督制度 …………………………………… 183
五、本章小结 ………………………………………………… 184

第七章 我国战略性新兴产业专利联盟的构建与完善
——以广东省为例 …………………………………… 185
一、战略性新兴产业专利联盟机制的选择 ………………… 186
（一）战略性新兴产业专利的选择 …………………… 186
（二）战略性新兴产业专利许可机制的选择 ………… 188
（三）战略性新兴产业专利联盟的资源共享机制 …… 190
（四）战略性新兴产业专利联盟的人才培养机制 …… 191
（五）战略性新兴产业专利联盟的知识产权开发机制…… 191
（六）战略性新兴产业专利联盟利益机制 …………… 193
（七）战略性新兴产业专利联盟监督保护机制 ……… 194
二、战略性新兴产业运营模式选择 ………………………… 197

（一）同一或同类产业的协同创新合作模式 …………… 197
　　（二）不同行业的差异化"因地制宜"模式 …………… 199
　　（三）技术集合专利池模式 ……………………………… 200
三、战略性新兴产业专利联盟与产业集群 …………………… 201
四、战略性新兴产业专利联盟中的技术标准 ………………… 202
　　（一）专利化技术标准的竞争优势 ……………………… 202
　　（二）专利联盟标准化的发展趋势 ……………………… 204
　　（三）专利联盟与技术标准的有机结合 ………………… 206
五、本章小结 …………………………………………………… 207

第八章　战略性新兴产业专利联盟的发展与展望 ………… 208
一、战略性新兴产业专利联盟的发展规划 …………………… 209
　　（一）从制度层面做好战略性新兴产业专利
　　　　　联盟的顶层设计和规划 ………………………… 209
　　（二）加强基础理论研究 ………………………………… 210
　　（三）完善相关立法和司法解释 ………………………… 211
二、政府引导战略性新兴产业专利联盟发展的建议 ………… 212
　　（一）出台与专利联盟有关的税收优惠政策 …………… 213
　　（二）给予必要的资金支持 ……………………………… 213
　　（三）加强专业技术人才的培训与培养 ………………… 214
　　（四）树立典型和示范 …………………………………… 214
　　（五）大力发展知识产权高端服务业 …………………… 215
　　（六）引导企业技术研发和加大创新扶持力度 ………… 215
　　（七）加强知识产权保护，为专利联盟发展保驾护航 … 216
　　（八）全国一盘棋，合理布局战略性新兴产业专利联盟 … 216
三、推动企业建设和运营战略性新兴产业专利联盟 ………… 217
　　（一）引导企业重视专利联盟 …………………………… 217
　　（二）从行业协会入手加强对企业的培训 ……………… 218
　　（三）激发联盟的内在激励机制 ………………………… 218
　　（四）推动专利与标准的有机结合 ……………………… 219

参考文献 ……………………………………………………… 220

第一章 绪 论

一、研究背景和意义

（一）研究背景

在知识经济和信息全球化时代，国际竞争日益激烈，发达国家率先以知识产权战略助推战略性新兴产业的发展，它们利用高新技术的"专利权"实现技术"跑马圈地"。已有部分产业被巨头公司通过早期的知识产权战略布局赢得市场竞争的先机，已具规模的跨国公司采取的是以知识产权为基础的"技术—专利—标准"战略以及策略性专利技术联盟的手段，以图谋世界市场竞争更大优势。因此在世界发展格局中，我国的传统产业面临的形势，以及高新技术发展所承担的使命，要求我国企业必须在战略性新兴产业发展的途径上寻求适合我国的发展路径。我国企业家及学界正式聚焦专利联盟战略源于 2002 年 12 月 5 日的 DVD 事件，当年 DVD6C 许可代理人日本东芝株式会社决定于 2003 年 1 月 1 日开始对 DVD 音频和可刻录 DVD 产品的核心专利实施全球许可。由于中国企业没有掌控核心技术，DVD 机的生产及出口必须向 DVD6C、DVD3C 专利联盟等交纳每台高达 20 多美元的专利使用费，这场由美、日、欧 DVD6C、DVD3C 专利联盟联手向中国的 DVD 制造厂商收取专利许可使用费事件，让中国企业付出了过高的代价，也让中国政府、企业、学界领略了"专利联盟"的威力。在高新技术日新月异发展的时代，专利联盟的竞争力如此强大，中国企业应该如何应对新的技术壁垒，突破专利危机，实现产业结构调整与升级，获得可持续稳定的发展，为此国务院提出全面规划"新兴战略产业"，抢占世界新一轮发展的制高点的战略部署。2009年5月，时任国务院副总理的李克强在财政支持新能源与节能环保等战略性新兴产业发展工作座谈会上，第一次指出要通过战略性新兴产业培育新的经济增长点。从此，战略性新兴产业概念不断发展深化。2010年10月，国务院在《关于加快培育和发展战略性新兴产业的决定》中，对战略性新兴产业的内容和次序作了调整，立足中国国情和产业基础，将"节能环保、新一代信息技术、生物、高端装备制造、新能源、新材料、新能源汽车"七大产业，确定为我国重点培育和发展的产业，这就是媒体通称的"七大战略性新兴产业"。该决定还明确了战略性新兴产业的62个重要领域，我国政府对战略性新兴产业的定义可以这样理解：战略性新兴产业是指建立在重大前沿科技突破基础上，代表未来科技和产业发展新方向，体现当今世界知识经济、循环经济、低碳经济发展潮流，具有巨大的市场潜力，对相关企业具有带动和引领作用的产业。战略性新兴产业，其"战略性"，是指该类产业对经济发展的重大意义；其"新兴性"，是指该类产业对未来经济社会发展的引领性，具有技术的密集性、创新性的特征；同时还应该将该产业理解为一个动态的概念，因为技术的发展本身就包含着动态的内涵。战略性新兴产业是根据我国现阶段经济社会发展的需要和科技、产业的实际情况而确定的，随着经济、产业的不断发展，其重点领域也应适时进行调整。

  我国的经济及产业已经持续30年高速发展，"中国制造"已经成为世界概念，但是总结这些年的发展经验，我们发现我国存在发展方式层面的隐患，我们的土地、资源、能源、环境已不堪现阶段发展的重负，旧的高污染、高能耗、高消耗的发展方式及产业结构已经难以为继，尤其是在广东、北京、上海、江苏、浙江等经济发达地区。有统计称，我国的能效指数只有发达国家的

1/3，而每创造 1 美元所消耗的能源是美国的 4.3 倍，是德国和法国的 7.7 倍，是日本的 11.5 倍。显然战略性新兴产业战略的实施，承载着推进产业转型升级、发展方式转变的重要契机和新的希望。《国务院关于加快培育和发展战略性新兴产业的决定》将该产业的发展分 3 个阶段（2015 年、2020 年、2030 年），作了未来 20 年的中长期展望，最终目标是：到 2030 年左右，战略性新兴产业的整体创新能力和产业发展水平达到世界先进水平。

（二）研究目的

战略性新兴产业是以科技创新为基础和支撑的产业，产业发展的关键是每一类新兴产业核心技术的掌控，以及相关技术专利的拥有量。能否在战略性新兴产业发展中抢占先机，占领产业发展的制高点，主要是看掌不掌握产业的技术核心，掌不掌握核心技术的知识产权。高新技术越来越复杂，分工越来越细，任何一个企业都无法拥有某一产业或某一产品所需要的所有技术和专利，而专利联盟能够集聚几个龙头企业、相关产业企业、同行业企业等的专利资源，促进专利技术共创或共享，保障创新活动的步步推进，可以弥补单个企业创新能力不足和资金投入不足的缺陷；专利联盟可通过科学有效的运作，整合联盟成员的力量开展行业关键技术、共性技术的合作攻关并形成知识产权；既可加快研发速度、提高研发能力，又可在创新活动中锻炼培养研发人员和知识产权管理人才；专利联盟还具有催化专利的推广应用作用，通过对内实行专利技术的交叉许可或互惠使用，对外联合许可，能够有效推动专利技术的市场化和产业化，为联盟内的企业创造物质财富并带来技术许可收益保障，有效地释放专利技术的财产属性。前述跨国公司 DVD 产业 6C、3C 集团结成的产业专利联盟对我国已初具规模的 DVD 产业进行的专利狙击，几乎窒息了 DVD 产业在我国的发展。因此，构建战略性新兴产业专利联盟是知识产权战略兴国的核心，是中国战略性新兴产业发展的制高点，探索战略性新兴产业专利联盟的构建，实现专利联盟的合理运营成为国家发展战略的当务之急。

（三）研究意义

目前，我国战略性新兴产业处于机遇与挑战并存的特殊时期，虽然有些产业的规模在部分领域已跻身世界前列，但是科研能力依然较弱，大多数产业还处于技术成长期，企业掌握核心技术较少，拥有的专利多集中在产业下游的应用类和改进型技术上。在国际上并不具备竞争优势，因此构建战略性新兴产业专利联盟对制定并完善专利联盟运营制度，实现工业产业经济发展方式的转变具有重要的经济战略意义。

推进战略性新兴产业的发展，绝不是一个企业或者一个研究机构就可以完成的，为达到"双赢"和"多赢"的协同效应，相关行业内部企业还可以组建技术标准联盟，彼此在各自优势环节上展开合作，加快技术产业化和技术标准推广的步伐，从而使企业的研发生产和经营形成良性循环，使技术专利快速成为市场竞争中的事实标准，抗衡国外专利池和标准组织的技术威胁。联盟内部实行专利信息共享，专利信息是集技术信息、法律信息、经济信息为一体的重要信息，通过对专利信息的分析，可以跟踪世界最新技术动态，考察行业的技术走向和竞争对手的重要技术等，抢占世界市场份额。

当世界经济的发展进入到第四次产业革命阶段，产业升级以及经济发展方式的转变成为工业产业现代化的又一个新起点。美、日、欧等主要发达国家和地区都把实现传统产业升级，培育新的经济增长点作为国家战略。产业升级的核心是技术创新，技术创新是战略性新兴产业的主导，战略性新兴产业的发展离不开知识产权战略的布局，真正拥有自主知识产权的核心技术，才能使我国战略性新兴产业在国际市场的竞争中处于不败之地。近年来，我国企业以切肤之痛深刻体会到了专利联盟的威力，一些曾受到专利联盟打击的行业也纷纷把视线转向组建本行业专利联盟。以专利联盟助推我国战略性新兴产业的发展是具有前瞻性的选择，对正处于技术追赶阶段的我国企业参与全球竞争具有十分重要的现实意义。

二、案例介绍与数据收集

（一）通信领域市场争夺战

作为我国战略性新兴产业之一的新一代信息技术产业，通信领域的市场竞争尤为激烈。当我们还沉浸在为摩托罗拉（Motorola）手机业务被谷歌（Google）收购而震惊，为诺基亚（Nokia）被微软（Microsoft）吞并而深感惋惜，为苹果（Apple）一时无可比拟的设计所折服，为民族品牌华为、中兴、小米的飞速发展所拍手称赞的时候，2014年10月30日，联想集团又宣布完成对谷歌的摩托罗拉移动智能手机的收购，成为继苹果和三星之后的全球第三大手机品牌。通信领域市场狼烟四起，专利成为各大企业必争的法宝，专利战略的运用也达到了炉火纯青的程度，新一代信息技术产业的专利联盟足以成为整个战略性新兴产业的典范。

1. GSM-摩托罗拉专利联盟的市场瓜分战

20世纪80年代，欧盟为摆脱与美、日竞争中的不利局面，决定将移动通信作为突破口，于是欧洲电信标准协会（European Telecommunication Standards Institute，ETSI）统一制定了第二代移动通信标准（GSM）。GSM标准涉及的许多专利技术为多家公司所有，其中摩托罗拉拥有最多的必要专利，为解决GSM标准的专利许可问题，摩托罗拉决定组建以其为主的专利联盟。GSM专利联盟的成立为其成员，尤其是摩托罗拉带来了巨大的战略利益。首先，摩托罗拉免费获得了其他成员的GSM标准专利技术，实现了互补专利技术资源的有效利用；其次，大大提高了联盟成员的产品在市场上的竞争力。由于联盟控制了 GSM 设备生产的绝大多数专利，任何得不到该专利联盟许可的公司都无法进行设备生产。许多公司就因未能获得许可证而被排斥在通信产品市场之外，而对于专利联盟以外那些获得全部许可证的企业，其需要支付的专利使用费占到 GSM 手机成本的 29%，因此难以与联盟内企业进行市场竞争。

2. 北电网络公司专利竞拍战

2011 年，在全球电子通信专利领域，专利巨头们上演了一幕"六大派围攻光明顶"专利攻防战，生动而真实地演绎了专利的竞争以及合作。2011 年 6 月，已破产的加拿大电信设备制造商北电网络公司（Nortel Networks）将其 6000 多项专利，以 45 亿美元价格拍卖给一家叫做 Rockstar Bidco 的公司，这些专利涵盖了无线、数据系统、光学、音频、互联网和半导体等相关技术类别，其中还涉及与网络巨头谷歌竞争的网络搜索和社交网络技术。Rockstar Bidco 是一家新成立不久的公司，由苹果、微软、爱立信（Ericsson）、索尼（Sony）、EMC 公司、黑莓（RIM）这 6 家公司为竞拍而共同发起的，45 亿美元费用也由这 6 家公司合资支付。业界普遍认为它们的联手是为了联合对抗谷歌这个业内强劲对手，为了共同阻止谷歌获得这批专利。显然，这 6 家公司联手出击，其势在必得，当 Rockstar Bidco 成功收购这批专利之后，随即改名为 Rockstar Consortium。无疑，一家新的专利运营公司成立了，一个新的"专利联盟"同时诞生了，电信行业又有了一个颇具实力的竞争对手。

3. 中兴的"337"反击战

2014 年 8 月 15 日凌晨，美国国际贸易委员会（ITC）就美国专利运营公司 InterDigital 诉中兴专利侵权一案作出最终裁决，判定维持初裁结果，中兴不违反"337 条款"，中兴不侵犯 InterDigital 的专利权。本次"337 调查"是 InterDigital 发起的第二次"337调查"。此外,2014年3月,中兴成功应对了美国闪点专利运营公司的专利围堵。至此,中兴已获得美国"337调查"的四连胜。

InterDigital是美国一家专利运营公司巨头,其拥有近2万件专利,且宣称在无线通信领域拥有多项2G、3G和4G标准专利。美国闪点同InterDigital一样都是专利运营公司,通过自身拥有的大量专利靠专利许可、诉讼赔偿来实现营收,中国企业饱受专利诉讼之苦,中兴是目前唯一获得美国"337调查"终裁四连胜的中国企业。据悉,中兴近5年研发投入超过400亿元。截至2013年年底,中兴共有超过5.2万件专利资产,其中已授权专利超过1.6万件。中兴2011年、2012年PCT申请量蝉联全球第一,2013年全球第二、中国第一。可见,国外企业以联盟形式汇集专利力量,我国企业更应吸取经验教训,发展与之相抗衡的专利实力,专利联盟无疑是最佳的选择。

(二)联盟与垄断

联盟对于市场来说属于"大规模杀伤性武器",在为联盟成员披荆斩棘争取市场的同时,还会对竞争者及消费者造成"误伤",其发展虽为企业和政府所推崇,但也被法律规则所限制。反垄断制度给联盟的发展画了一条红线,专利联盟的发展和传统联盟一样不得越雷池一步。

1. 价格联盟造成的反垄断处罚

2000年1月至2010年2月,日立、电装、爱三、三菱电机、三叶、矢崎、古河、住友等8家日本汽车零部件生产企业为减少竞争,以最有利的价格取得订单,在日本频繁会面,协商价格,多次达成并实施订单报价协议。随着中国政府进一步加大对反垄断的执法力度,2014年8月20日,国家发改委宣布,上述8家企业连同另外4家汽车轴承企业在华存在价格垄断行为,对其处以12.35亿元罚款。国家发改委证实,这些企业在华经销过程中,为减少竞争,存在价格横向共谋的行为。这种同行之间的行为构成价格联盟,共同控制相应产品或服务的价格的行为应属"横向垄断"(见表1-1)。

表1-1　12家日本汽车零部件及轴承企业处罚一览表

（根据国家发改委公告整理）

被调查企业		处罚金额/万元人民币	罚金占上一年度销售额百分比
8家汽车零部件生产企业	日立	免除处罚	
	电装	15056	4%
	古河	3456	6%
	矢崎	24108	6%
	住友	29040	6%
	爱三	2976	8%
	三叶	4072	8%
	三菱电机	4488	8%
	小计:83196万元人民币		
4家汽车轴承生产企业	不二越	免除处罚	
	精工	17492	4%
	恩梯恩	11916	6%
	捷太格特	10936	8%
	小计:40344万元人民币		
总计:123540万元人民币			

2. 中国彩电行业从"价格联盟"到"专利联盟"

2000年6月2日,康佳、TCL、创维、海信、乐华、厦华、熊猫、西湖、金星等国内九大彩电企业发起首届中国彩电峰会,制定6月、7月彩电最低零售限价。但很快,29英寸超平彩电就跌破2000元,低于峰会限价600多元,协议成为一纸空文。所幸彩电"价格联盟"来也匆匆,去也匆匆,未陷入价格垄断的泥潭。到 2004 年，全球生产销售的 1.3 亿台彩电中，7000 多万台来自中国，占 55%，但是，缺少核心技术成为中国彩电企业必须面对的残酷现实，在 1996~2003 年，中国电子信息类专利申请前 10 位中，没有一家中国大陆企业。而数字电视领域 72% 的核心技术已经被日、美、韩掌握。美国联邦通信委员会规定，自 2007 年 3 月 1 日起，出口到美国的电视必须是数字电视，且 13 英寸以上的电视必须达到 ATSC 标准。

为应对这一知识产权危机，中国彩电行业的全行业联盟再次浮出水面。2007 年 3 月，由 TCL、康佳、创维、长虹、海信、海尔、厦华、新科、上广电等企业联合投资组建中国彩电联盟。此次彩电企业在标准与专利上的联盟较之价格联盟更容易找到利益的共同点，在对抗外资品牌及其国际化征途中，也能发挥较为实际的作用。

（三）家电产业的数据与实例

专利联盟不只是战略性新兴产业的宠儿，在传统产业中也是企业发展的法宝，随着科学技术的发展，传统产业逐渐走上了高科技的道路。以科技推动产业的发展，以专利增强产业的竞争力，企业才会在市场中拥有一席之地。

1. 顺德电压力锅联盟建立的背景

1955 年，世界上第一只电饭锅在东京诞生，20 世纪 80 年代电饭锅进入我国，经过近 30 年的市场推广，电饭锅已成为中国家庭普及率最高的小家电产品之一，但我国电饭锅行业的技术发展却较为滞后。国内的智能电饭锅市场从 1994 年美的第一台模糊逻辑技术的电饭锅开始，经过十多年的努力，已经逐渐被消费者认识和接受。虽然目前仍以中低端产品为主流，但多功能、智能化已成为我国电饭锅产业的发展趋势。美的从中国科学院退休高级工程师王永光手上获得其"匚式结构"专利的独家授权，佛山市顺德区创迪电器有限公司、怡达电器制造有限公司、爱德电器有限公司等 3 家企业均曾因涉嫌侵犯美的电压力锅专利而面临诉讼。当时，本意通过积极起诉维权的美的却犹豫不决，如果起诉其余 3 家企业，电压力锅领域仍有上百家企业侵权，打击的范围太大，无从下手，并且牵扯精力和费用太多，即使对这上百家企业都能胜诉，丧失了竞争对手后，整个市场无法靠美的一家公司来推动。于是，4 家企业权衡利弊后，决定结盟，2006 年 10 月，电压力锅专利联盟在广东省佛山市顺德区成立。

2. 电压力锅产业发展数据

从图 1-1 可以看出，我国电压力锅产量 2006 年前缓慢增长，2006 年呈现爆发式增长，此后连续快速增长。从图 1-2 可以看出，广东省电压力锅产量占全国份额接近 90%，可见，2006 年顺德电压力锅专利联盟的构建对整个产业的促进作用之巨大。在传统产业领域，专利联盟能有效地提升联盟成员的市场占有率。

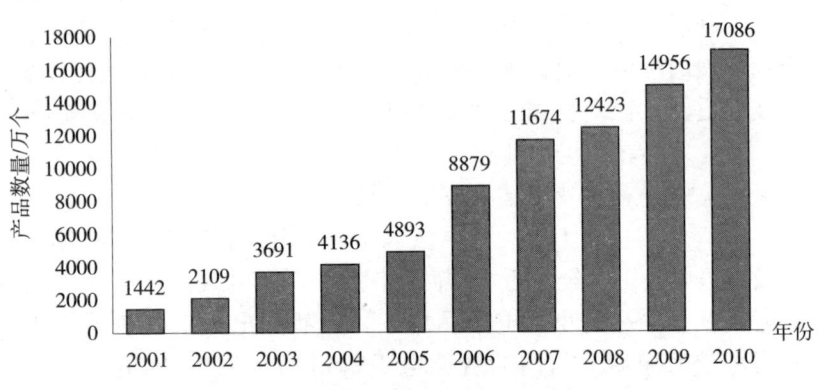

图 1-1 2001~2010 年中国电压力锅行业市场规模

3. 电压力锅产业相关专利分析

由于专利审查期限的限制，近 3 年的专利数据不能反映专利的真实情况，故以 2011 年以前的数据来做分析。依据专利类别

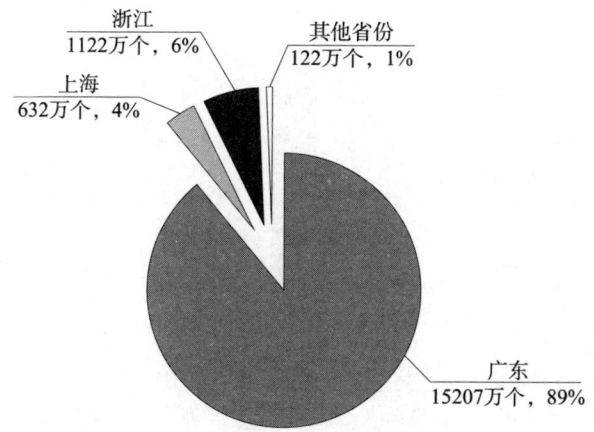

图 1-2　2010 年中国电压力锅产地分布

检索，1990~2011 年，国家知识产权局公布的中国专利申请中电压力锅专利申请共 4365 件，其中发明专利 473 件，占 11%，实用新型专利 2117 件，占 48%，外观设计专利 1775 件，占 41%。参见图 1-3。

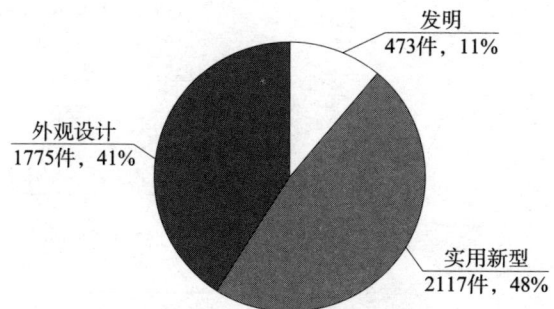

图 1-3　1990~2011 年电压力锅行业专利申请类型

在世界知识产权局有关网站以电饭锅和几个关键技术的组合为关键词检索到的专利情况如图 1-4 所示。

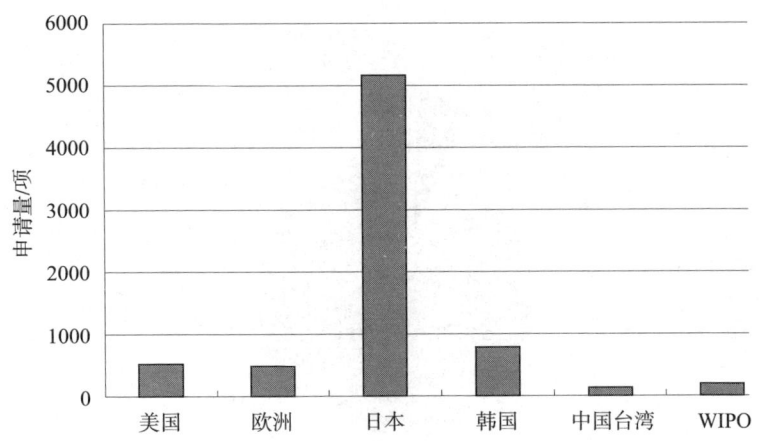

图1-4　1999~2010年主要国家和地区和电压力锅有关专利

由图1-5可以看出，日本和韩国申请的电压力锅有关专利最多，总数远远超过其他国家和地区，这说明日本和韩国在电压力锅制造方面的研究和发展处于世界领先地位，同时高度重视知识产权的保护工作。

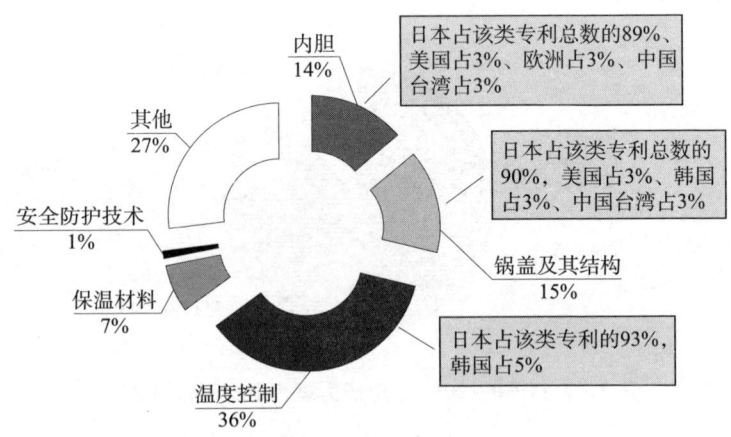

图1-5　电压力锅几个关键技术的比例

从传统电压力锅产业整体市场和专利分布来看，日系企业长期占据高端产品市场，这与其掌握核心专利技术密切相关。顺德电压力锅联盟虽然抢占了大部分的普通电压力锅市场，但目前的专利布局也多集中于技术含量较低的实用新型专利和外观设计专利，在专利数量和质量上都和日、韩企业有一定差距，尤其是缺乏智能型电压力锅方面的专利竞争力。随着智能型电压力锅的普及，顺德电压力锅联盟在未来市场的竞争力就取决于联盟核心专利的竞争力。

三、问题的提出

（一）自主创新能力较弱，核心技术缺失

1. 核心技术研发能力薄弱

多数新兴产业核心技术研发能力薄弱，高端产品与关键设备依赖进口，技术引进与消化吸收再创新脱节，过度重视依赖技术引进，轻消化吸收后的再创新，造成知识产权发展的"引进依赖"，长期不能形成拥有自主知识产权的核心技术，使较多的企业陷入"引进—落伍—再引进—再落伍"的"落后的因果循环"中。

2. 企业专利实力两极分化现象明显

以含金量较高的 PCT 国际专利申请量为例，2012 年广东省 PCT 国际专利申请量达 9211 件，连续 11 年保持全国首位，占国内 PCT 国际专利申请总量的 50.76%。与以往几年的情况类似，广东省 PCT 国际专利申请大部分集中在深圳的华为和中兴，以上两个公司 PCT 国际专利申请约占全省申请量五成。2012 年，广东省提交 PCT 国际专利申请的企业数量为 514 家，其中，申请量在 10 件以上的企业有 31 家共 7244 件，占总量的 78.65%；申请量在 2~9 件的 201 家共 667 件，占总量 7.24%；申请量为

1 件的 282 家。此外，PCT 国际专利申请中，电气工程领域占全省 PCT 国际专利近八成，其中，电信和数字通信类是我国 PCT 国际专利占比最大、发展最快的领域，特点与企业分布特点相同，显示出集群创新优势，但结构过于单一。从以上情况来看，广东省专利 PCT 国际专利申请量主要集中在少数大型企业，企业专利实力两极分化明显。

3. 多数企业处于产业链低端

国内目前尚处在技术发展期间，从世界范围看，外国跨国公司争抢并已大量控制了产业链上游的大量核心技术和基础专利，以知识产权为代表的技术"跑马圈地"早已开始，专利、标准的竞争正在紧锣密鼓地进行，发达国家对战略性新兴产业的专利布局有的正在进行，有的已经形成。广东省部分战略性新兴产业由于缺乏自主知识产权和核心技术，还处于产业链低端环节，产品附加值不高，在跨国公司日益加强的专利保护网下，我国企业可能还需付出大量许可费用。以 LED 产业为例，欧司朗、飞利浦、松下、东芝等照明巨头于 2010 年初成立了合作组织（Zhaga 联盟），在 LED 标准化方面先行一步，通过其具有核心知识产权的光源技术专利设置技术壁垒，掌握了 LED 照明产业的关键环节。我国 LED 专利主要集中于中下游领域，中游封装、下游应用环节的专利占申请总量的 64%。在关系到产业长远发展的关键技术环节，仍缺乏核心专利。广东省的 LED 产业虽然覆盖了全部产业上、中、下游各个环节，但是产值仍然以下游产品为主，产业缺乏有辐射带动作用的龙头企业，核心关键技术自给率较低，上游环节发展滞后，产品附加值低，整体处于产业链的低端，市场竞争日益加剧。

（二）知识产权争端日益激烈

1. 低端企业主动避开竞争激烈市场

由于我们的战略性新兴产业大多处于成长期，企业的海外专利布局较少，许多中低端企业在出口时均会主动避开外国大公司专利布局较多和知识产权保护力度较大的美国、欧洲等地市场，着力开拓关注度相对较低的南美、东南亚等地市场。由于这些国内企业暂未给国外大公司的传统领地和市场造成较大威胁，因此，企业遭遇的海外知识产权诉讼和337调查等行政调查还暂时较少。但是，随着中国企业的发展壮大，一旦企业触及国外公司的既得利益和竞争优势，知识产权纠纷就会随之而来。

2. 高端企业知识产权竞争日益激烈

随着知识产权的重要性不断提高，其作为市场竞争工具的作用也就越来越明显。在知识产权方面处于优势的跨国公司和大企业都十分重视运用知识产权这一重要的竞争工具来巩固和发展自身的竞争优势，打击竞争对手，并以此为手段抢占市场竞争的制高点，即使是国外大公司也不能避免，苹果与三星就在10多个国家上演了一场场知识产权诉讼，直至今日，双方仍在持续进行激烈的攻防。我们一些已经进入国外大公司传统领地和市场的大型公司如华为、中兴等遭遇的海外诉讼和调查也越来越频繁，随着我们战略性新兴产业的发展壮大，其将面临的知识产权争端也将日益激烈。掌握一定核心专利，在专利攻防战中拥有谈判筹码，在交叉许可或合理付费许可谈判中争取有利地位，是我国众多企业努力的目标。

3. 企业对知识产权问题缺乏足够的危机感

由于我国的战略性新兴产业高度依赖海外技术，在未来无论是国内市场发展壮大，还是企业大踏步地走出去，都将参与到国际竞争中，过去的合作伙伴都可能成为主要竞争对手，企业无论是在国内或者是国外都将面临巨大的知识产权问题。

（1）未亲尝知识产权之痛。

目前，广东省大部分战略性新兴产业的企业都有了一定的知识产权意识，拥有一定的知识产权工作人员，主动研发了一些新技术和新产品，申请了一批国内和海外专利，进行了一些知识产权风险分析。但是，由于不少企业尚未遭遇大型知识产权纠纷，未亲尝知识产权之痛，对于知识产权问题缺乏足够的危机感，没有将知识产权作为企业投入的重要成本。一些企业在价格上进行恶性竞争，其利润微薄，无法承受国外企业收取的专利费，也很容易给国外反倾销提供口实。

（2）不熟悉知识产权游戏规则。

知识产权是世界经济活动的基本游戏规则之一。知识产权商业战争的高级阶段，已经被许多大型跨国企业诠释为技术专利化、专利标准化、标准国际化。即首先进行技术的专利布局，随后努力将自己的专利写进行业标准，最终在开拓国际市场的同时将标准推向全球。自1985年我国施行《专利法》的第一天开始，外国公司就十分积极地在我国申请专利。而发展至今，我们还有很多企业处于抢注商标、规避他人专利的初级阶段，对于专利预警、专利布局、专利标准战略、专利攻防等运用少之又少。由于平时的储备不足，不熟悉游戏规则，当企业面临重大知识产权纠纷的时候，缺乏应对问题的能力。

（三）专利联盟组建的基础薄弱

1. 我国企业标准化意识薄弱

专利联盟通常是行业标准制定的核心，而目前，我国符合国际竞争要求的产业标准系统工程建设比较滞后。在国内，现有的产业标准陈旧，标准的生产过程缓慢，标准的推广和行业监管相对比较困难，在国外，我国企业几乎没有能力和机会参与众多国际标准的制定，这样导致我国企业在行业标准制定中通常只是为了达标而努力。拥有核心专利的跨国公司可以自由地进入我国市场，而我国企业进入国外市场的机会却相对较少，尤其是进入美国市场时，往往会因为专利问题而遭受"337调查"。

俗话说三流企业做产品、二流企业做专利、一流企业做标准，我国在专利标准化推进方面，虽有相关行业认识到了将技术标准作为专利联盟防护墙的积极作用，例如 AVS 和 IGRS 专利联盟的初步构建，但仍有许多行业并没有统一的技术标准，大多按照国外技术标准配套生产，使得我国企业的发展经常遭遇国外企业的技术壁垒，严重阻碍了我国企业参与国际竞争的步伐，打击企业发展的积极性。

2. 缺乏成熟的专利联盟运作管理经验

国外专利联盟的建立，专业化的专利管理公司发挥了相当大的推动作用，例如 MPEG – LA 公司旗下管理的专利联盟就有 MPEG – 2、ATSC、AVC/H. 264、VC – 1、MPEG – 4 Visual、MPEG – 2 System、MPEG – 4 System 以及 1394 专利联盟。专利管理公司独立于技术标准必要专利权人和用户，具有丰富的开发管理专利授权计划经验，对市场和技术走向拥有准确理解和把握。专业化的专利管理公司能够良好地管理许可计划帮助企业识别、评估和购买知识产权资产来创造新的收入来源，并使得国外技术标准能够快速实现产业化，并且不需要政府的干预，完全进行市场化运作。就目前我国初步建成的专利联盟的模式来看，少有独立的第三方进行专利管理，即使有名义上的统一管理部门，也是由专利联盟内的大企业实际控制，难以做到不受自身企业利益驱使去进行专利运营，因此容易造成垄断和联盟企业间利益分配不公的问题。因此，缺乏成熟的专利联盟运作经验是制约国内专利联盟构建的瓶颈。

四、技术路线图

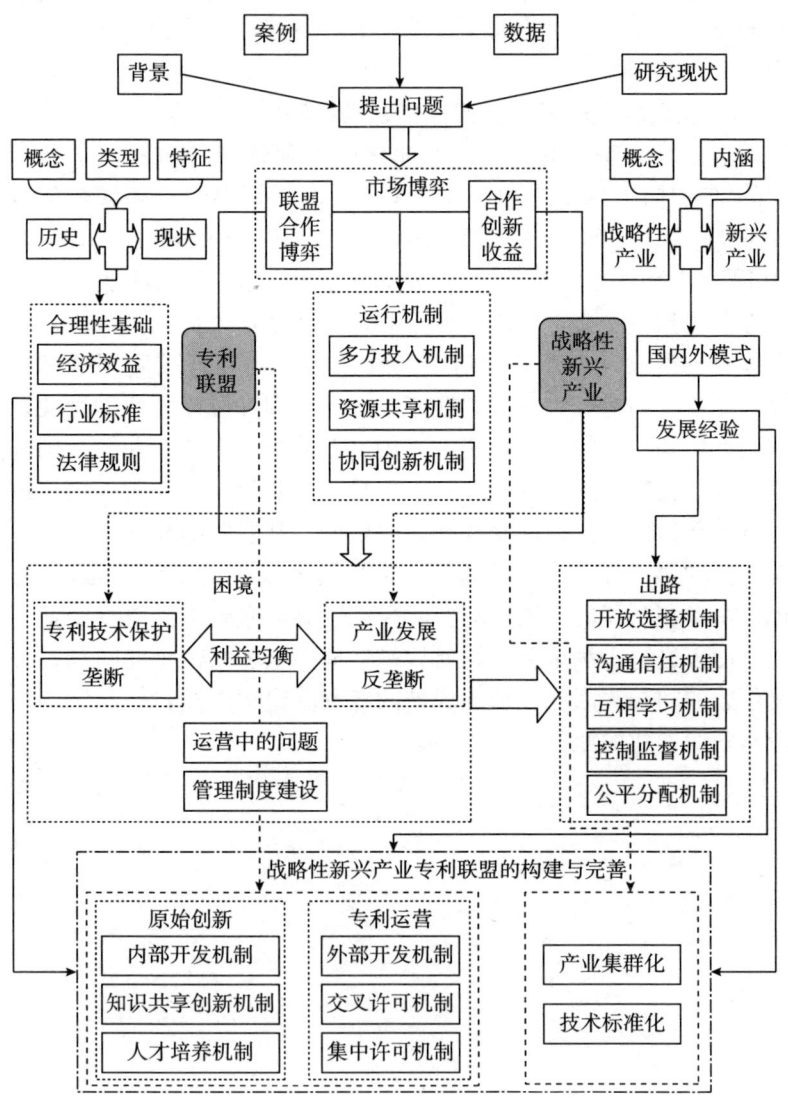

第二章 专利联盟概述

一、专利联盟的概念及其特征

（一）专利联盟的概念

专利联盟源自英文"Patent Pool"，在国内也被学者翻译为专利池、技术联盟、专利联营等，目前多数学者采用专利联盟的翻译，也有学者认为专利联营的表述更为恰当（刘利、朱雪忠）。采用何种表述学者们并无太大争议。在国际上，不同国家、不同组织对专利联盟也有不同的定义。最早的规范定义是美国法院1948年在United States. v. Line Material Co. 判例中给出的，即"专利联盟是指将多个专利使用权组织起来授予一位及几位的专利权人的一种方式"；美国司法部（the Department of Justice, DOJ）和联邦贸易委员会（Federal Trade Commission, FTC）在1995年联合发布的《知识产权许可的反垄断指南》（*Antitrust Guidelines for the Licensing of Intellectual Property*）将专利联盟定义为"两个或多个权利人相互授权或向第三方授权的协议安排"。日本公正交易委员会（JFTC）《技术标准和专利联盟协议指南》（2005年）对专利联盟的定义是："专利联盟是指这样一种组织——多个专利权人将他们的专利权和其他权利委托给它，然后通过它向其成员或其他人进行许可"。欧盟《欧共体条约第81条关于技术转让协议适用指南》（*Guidelines on the Application of Article 81 of the EC Treaty to Technology Transfer Agreements*）定义了与专利联盟近似的技术联盟（Technology Pools）："两个或两个以上的主体将其技术集合起来互相授权或向第三方授权的安排。"目前，国内学者采用较多的是李玉剑、宣国良（2004）在《专利联盟：战略联盟研究的新领域》一文中对专利联盟的定义："专利联盟（Patent Pool）是指由多个专利拥有者，为了能够彼此之间相互分享专利权利或者统一对外进行专利许可而形成的一个正式或者非正式的战略联盟组织。"

简而言之，专利联盟就是多个专利权人为了彼此相互分享各自拥有的专利，并且统一对外进行专利许可而组成的一个联盟组织。

（二）专利联盟的类型

一般认为，专利联盟是企业之间基于共同的战略利益，以一组相关的专利技术为纽带达成的联盟，联盟内部的企业实现专利的交叉许可，或者相互优惠使用彼此的专利技术，对联盟外部共同发布联合许可声明。专利联盟是以专利为载体的一种联盟组织，专利联盟的出现，标志着专利竞争领域的一个重要转变，即从单个专利为特征的战术竞争转向以专利组合为特征的战略竞争。当前，专利联盟分类大体有 3 种。

1. 根据建立的目的分类

（1）以建立行业标准为目的。例如，MPEG-2 专利联盟、DVD 领域的 6C 和 3C 专利联盟、3G 标准相关的专利联盟。

（2）以方便专利使用为目的。例如，金色水稻专利联盟、HIV/AIDS 专利联盟。

（3）以提升产业竞争力为目的。例如，我国"AVS 专利联盟"是为对抗国外"MPEG 系列专利联盟"、我国"TD-SCDMA 专利联盟"是为对抗国外"W-CDMA 专利联盟"等 3G 标准下的专利联盟。

（4）以降低市场竞争度为目的。例如，美国近代史上建立的缝纫机专利联盟等专利联盟。

2. 基于许可对象角度的分类

按照专利联盟许可对象的不同可以将专利联盟分为开放式专利联盟、封闭式专利联盟和复合式专利联盟。

（1）开放式专利联盟。开放式专利联盟是现代专利联盟的主要方式，是指两个或多个专利所有人联合起来组成专利联盟后，除了在联盟内部进行专利的许可活动外，还向第三方提供专利许可，许可费用由专利联盟内专利权人根据其对专利联盟贡献的必要专利的数量来进行分配。

（2）封闭式专利联盟。封闭式专利联盟是由两个或两个以上的公司组成的，联盟成员间互相进行专利的许可，对外不进行专利许可，联盟内的专利技术只有联盟内部的成员才可以使用，该联盟建立的目的就是分享各专利联盟成员独自拥有的专利权。

（3）复合式专利联盟。复合式专利联盟是指两个或者多个专利权人联合起来组成联盟后，不仅在专利联盟内的专利权人之间进行专利许可，还对第三方提供许可。复合式专利联盟实际是封闭式专利联盟和开放式专利联盟的结合，其主要工作也是封闭式专利联盟和开放式专利联盟工作的复合。

3. 根据专利联盟的主导者分类

根据专利联盟的发起者或者具有重要性地位的联盟成员的不同，专利联盟可分为行业协会主导下的专利联盟、大企业主导的专利联盟和小企业主导的专利联盟。其相应的管理组织模式分别是协会式管理组织模式、独任管理组织模式和独立第三方管理组织模式。这种分类更加注重客观条件因素，对企业的选择提供更加直观的条件，使企业能够依据各自不同的条件选择合适的联盟模式。

（1）行业协会主导下的专利联盟。行业协会主导下的专利联盟的成员往往在该领域具备雄厚的科技实力。这种联盟所处的行业基本上都是新兴产业，具有很大的发展潜力，但是技术尚不成熟，仍处于萌芽阶段，多属于未来的支柱产业。

（2）大企业主导下的专利联盟。大企业主导下的专利联盟所处的行业领域通常相对比较成熟，联盟成员的规模与实力参差不齐，有在行业处于领头地位的企业，也有影响力一般的企业。

（3）小企业共同管理的专利联盟。小企业共同管理的专利联盟一般规模较小，联盟成员所拥有的专利多为互补性或者妨碍性专利，在行业内的影响较小。

（三）专利联盟的特征

专利联盟是战略联盟的一种重要形式，有利于激励自主创新、促进产业发展，是企业之间基于共同的战略目标，围绕相关的技术达成的联盟，在联盟内部，成员企业之间进行专利的交叉许可，或者以优惠的价格使用各专利权人的专利技术；在联盟外部，联盟成员企业统一对外进行专利许可，专利许可费收入再按照各成员的贡献进行分配。专利联盟成立的原因之一就是突破"专利丛林"的阻碍，在开发新技术和生产产品过程中不受到其他专利技术的阻碍，使产品生产能够自由进行。作为一种有效的专利群政策，专利联盟所表现出的特征主要有以下几方面。

1. 专利联盟是创新专利的累积

专利联盟对于促进产业技术创新、提高产业竞争力、推动产业转型升级具有重大意义。对于专利联盟的创新专利的累积的特征主要表现在3个方面：首先，专利作为专利联盟的基础，其本身具有技术的创新性。专利申请制度规定，申请专利的技术必须满足创造性、新颖性、实用性的特点。技术的创新是专利价值的根本所在，失去技术创新性的专利就失去了竞争力，必将被更先进的技术所取代，而这些被淘汰掉的专利也将被清除出专利池，因此，专利联盟是创新专利的累积。其次，技术标准的建立必定需要得到行业领头企业的认可，因此，专利联盟的成员中必定包含这些具有先进技术的领头企业，否则专利联盟将在该行业失去竞争力和领导力。这些领头企业因其专利技术的创新使得专利联盟成为行业内的技术领导者，表现出创新专利累积的特点。最后，基于专利联盟管理的动态性特点，专利联盟对于拥有创新专利的企业具有很强的吸纳能力，使得专利联盟不断吸收行业内的创新专利，本身即是创新专利的累积。

2. 专利联盟具有技术集聚性

专利联盟的技术集聚性表现在成员领域的集中性和联盟管理的集中性。专利联盟内的专利往往具有互补性和妨碍性特点，而具有互补性和妨碍性关系的专利都处于同一领域，因此，专利联盟内的专利往往属于同一领域。专利技术的研发对于研发企业的专业性往往要求较高，于是专利权人大多是与专利领域相关的组织或个人。这就决定了专利联盟的成员必须是从事同一领域研究的组织或个人。这种成员领域的集中性反映出专利联盟自身的技术集聚性。

专利联盟管理的集中性主要表现在两个方面：第一，从专利联盟定义来看，专利联盟的管理对象是各联盟成员的相关领域专利，是一个专利集群，而管理目的是内部分享或统一向第三方许可。因此，专利联盟是将零散专利集中化，并进行统一管理的组织。从管理对象层面上讲，专利联盟具有管理的集中性，即专利的集中管理。第二，专利联盟往往会将"打包"的专利权交由一个组织（包括新成立的组织或者成员中的某个企业）统一管理。这个组织负责与第三方企业谈判、签订许可合同、分配专利许可费等专利许可经营的相关工作，以及联盟内部成员间的组织管理。因此，在专利联盟中管理权力是相对集中的。在这一点上，专利联盟与普通战略联盟存在巨大差别，普通战略联盟的组织存在松散性，一般不建立统一管理的实体，所有问题由成员企业共同商讨解决，而专利联盟则将权力交与一个实体，所有联盟事务由其独立进行统一集中管理。这就代表了专利联盟的技术集聚性。

二、专利联盟研究述评

我国法学界、经济学界、管理学界对专利联盟的研究基本始于 2002 年 DVD 事件的影响。比较系统研究的是李玉剑和宣国良。他们在《专利联盟：战略联盟研究的新领域》（2004）一文对专利联盟的相关概念进行了阐释，指出："专利联盟（Patent Pool）是由多个专利拥有者，为了能够彼此之间相互分享专利权利或者统一对外进行专利许可而形成的一个正式或者非正式的战略联盟组织。"这一概念被后来的学者相继引用。文章介绍了美国专利联盟的历史，并在此基础上从专利垄断、交易成本和资源基础理论等角度，论述了专利联盟的理论研究现状及不足。2004 年，李玉剑、宣国良在《专利联盟反垄断规则的比较研究》一文中，对美国专利联盟反垄断规制的演变以及其他国家、地区和组织的专利联盟相关法律规定进行了研究，得出对我国专利联盟反垄断研究的启示，提出从法律、经济学、管理学 3 个方面对专利联盟反垄断规制展开研究的建议：借鉴国外专利联盟反垄断规制的经验，从规制专利滥用角度展开法理和立法研究；改变国内经济学界对于专利联盟研究空白的现状；解决如何用战略联盟中技术联盟、知识联盟、研发合作联盟等的研究成果来解释专利联盟，如何把握住专利联盟独特的运作机理特点等问题。2005 年李玉剑再次发表《专利联盟与专利使用效率的提高》，提出了"累积创新"（即来自对以往技术创新或者其他技术创新的改进、移植和综合所形成的技术创新）的概念，指出在现代累积创新环境下，专利产生了其所特有的协调成本、机会主义成本、诉讼成本等交易成本，基于对上述专利特征的研究，还提出专利联盟不仅可以在一定程度上降低累积创新专利所带来的协调成本、机会主义成本和诉讼成本等交易成本，而且可以提高专利的使用效率，专利联盟的形成有其一定的合理性。

张玲、王洋（2005）和林剑（2006）的两篇文章均从我国DVD产业遭遇跨国公司专利打击入手，从整个产业的角度看待专利问题，反映出专利联盟对于企业在国际市场竞争的重要性，以及国内企业组建专利联盟以应对跨国公司专利冲击的紧迫性。在我国《反垄断法》尚未出台的背景下，张玲的文章具有一定的前瞻性，其侧重分析专利联盟的垄断问题，强调国内企业与国外专利权人进行谈判时，应当特别注意运用专利检索审查权利瑕疵；合理确定专利使用费；确保合同条款完备、具体、准确；避免订立限制性条款。这4个方面有助于我国企业打破跨国企业的专利垄断，对我国企业组建专利联盟后应对可能出现的权利滥用起到警示作用。林剑分析了跨国公司"专利池"策略，强调专利权滥用的现实严峻性，认为中国企业面对外国企业巨头"强迫性一揽子许可"时应利用法律手段争取应有权利。我国企业专利池的构建应依其所处行业的技术阶段的不同而定，技术力量薄弱的行业可采取迂回包围、交叉许可的策略，围绕国外核心专利，积极开发外围专利并布阵形成专利网，以求与国外公司进行交叉许可谈判；对于技术成熟的行业，应积极搭建自己的专利池，实现强强联合、技术互补，形成团队优势。但是，如果只限定在中小企业与中小企业之间，以及行业巨头与行业巨头之间构建专利池，难于解决中国的现实问题，而现实中我国同一行业不同企业间的技术层次并不均衡，甚至技术实力悬殊，不易结成技术联盟，更无法构建专利池。

由于知识产权独占性特征和专利联盟特有的联合行为，专利联盟从诞生开始就与垄断问题牵扯不清，目前垄断仍然是争议和关注的焦点。除李玉剑等的《专利联盟反垄断规则的比较研究》外，许多学者亦对专利联盟的垄断进行了研究。在大陆企业尚没有成熟经验的情况下，台湾地区的地域经验值得大陆企业和学界关注。陈懿、刘平（2004）、罗曦（2006）、刘雪凤（2010）均立足于大陆与台湾地区建立专利联盟的背景与条件的相似性，给予台湾地区"专利策略联盟"模式以高度评价，并力求把这一模式引入大陆，企图复制 e-Patents 技术专利联盟。陈懿、刘平提出短中长期分阶段策略，即联盟组建初期：发挥预警功能、建立培训机制、加强联盟成员间的合作与交流。联盟中期目标：当企业专利机制普遍化、制度化并掌握了一定的专利筹码时，可以通过企业之间的相互授权，增强企业的市场竞争力。联盟长期计划：企业在积累相当的技术开发能力的基础上，由现实的专利策略联盟向未来的专利联盟转变。刘雪凤（2010）对陈懿、刘平的短中长期分阶段策略予以认可，并进一步提出了整体推进战略，即将短期的通过合资、合作、出让股份、收购等技术许可的替代方式获取对方的知识资产来提高短期实力，与长期的通过技术累积达到真正实施进攻性专利联盟相结合的战略。罗曦对以美国为代表的专利联盟和我国台湾地区的专利策略联盟进行比较研究，期待我国台湾模式的分析给大陆企业提供可借鉴之处，但遗憾的是并未结合大陆的现状对这一模式的可行性进行分析，也未对如何引进这一模式进行论述。周蒋文（2012）对我国战略性新兴产业中的基因产业进行了合理的评估，提出了建立我国基因专利池的 4 种可能，并论述了应该如何构建基因专利池以及基因专利池的反垄断规制。

  传统的产业集群与技术联盟的发展相对已经比较成熟，但是中国企业走向世界发展的制高点离不开战略性新兴产业的发展，只有研究与构建专利技术信息相关的战略性新兴产业的专利联盟才能真正解决企业发展的现实困境。王平（2011）、朱敏（2012）等运用实证的方法阐述了我国战略性新兴产业发展的现状，分析制约我国战略性新兴产业发展的原因是技术创新能力不足、产学研联合机制不顺畅、市场拓展能力相对较弱。

  朱星华（2005）的《标准化条件下应对专利壁垒的战略对策》一文从宏观层次分析了国外专利联盟使我国面临技术壁垒的形式，提出政府层面的有关对策建议。祝红霞（2006）则借由外国知识产权滥用使我国企业遭受的严重损失，指出国际上知识产权滥用的规制经历了由完全否定到全面肯定再到合理规制的转变阶段，进而对专利权滥用的界定及分类作了详细的论述。

刘利、朱雪忠（2010）在《专利联营促进竞争的多维性优势研究》一文中从多维的角度分析专利联盟概念，认为"Patent Pool"有不同的翻译方式，比如专利池、技术联盟、专利联盟、专利集管等，但根据《牛津现代高级英汉双解辞典》对 Pool 的解释——"联营的公司行号为避免竞争而协议价格并共同经营且分享利润的措施"——认为专利联营的翻译较为妥当，专利联营不仅对"Patent Pool"有一个直观的解释，而且对"Patent Pool"的内部运行机制也有一个形象的描述。他分别从法学、经济学、管理学的角度对专利联营的各个方面进行研究，认为专利联营促进竞争的优势很明显：有雄厚的物质优势，能够进行资源的有效配置；有比较牢固的组织优势，是一种自愿的契约型组织，可提升专利联营可持续的竞争能力；还有比较宽容的法律优势，能够得到反垄断法一定程度的宽容。

岳贤平、顾海英（2005）从运作理论的角度以促进和阻碍技术创新这两个方面对专利联盟的微观机理进行研究，分析专利联盟的微观价值，通过清除阻止性专利、降低知识产权的交易成本、降低专利技术的实施和诉讼成本及整合互补性专利、促进技术转移的机理；而对专利联盟的非效率机理，抓住专利联盟内不同类别专利的反竞争性、无效专利和非技术专利化技术的反竞争性、互授回授专利权条款的反竞争性、卡特尔反竞争性进行分析。由此能够得出的结论是：专利联盟可通过清除技术研发过程中的专利障碍、降低专利交易成本等作用的发挥促进技术创新和经济发展，但却通过竞争性专利技术的打包许可、无效和未专利化技术的免费搭便车等行为对技术构成了不应有的垄断，从而阻碍了技术进步和经济发展。

刘林青、谭力文等（2006）从经济学的角度分析了专利制度，认为专利联盟特别是专利集中许可可以清除牵制性专利的不利影响，降低交易成本，避免成本高昂的侵权诉讼，整合互补性技术和促进网络效应的形成，从而达到促进竞争和创新的目的，提升社会福利和资源的有效利用。

徐明华、陈锦其（2009）详细阐释了专利联盟的组织结构和运作机理。认为如何规避"专利丛林"❶，克服"反公地悲剧"❷（tragedy of anticommons）是专利权人与相关企业共同的愿望，而专利联盟就是发挥这种作用的一种组织。他借用 Clarkson（2004）对专利关系的分类法，分析专利关系与联盟垄断性的关系，得出专利联盟中应该只包括其功能实现上必需的牵制和互补专利，而不应包括替代性专利的结论。进而分析了交叉许可、独立个体许可、混合模式这3种许可模式对专利联盟实现利益的机制的不同影响，最终对我国企业的专利策略提出3点建议：第一要尽可能确保联盟功能的完备性，避免局外人和"敲竹杠"的出现；第二要形成一个使各成员都得益的协调一致的利益机制，以防因各方利益的冲突而影响效率甚至瓦解联盟；第三要在联盟形成及产业化开始阶段采用免费或低价许可方式吸引更多的联盟外成员，壮大产业队伍，积累优势，从而尽快提升联盟在产业中的地位和影响力。

马忠法（2008）通过实证的方法研究了 DVD6C、WCDMA、MPEG－2 等国外主要专利联盟的许可政策，从与标准、专利乃至知识产权关系密切的专利联盟入手，介绍专利联盟的专利许可

---

❶ 生产企业面临的充斥着"潜水艇专利"、易遗漏的专利以及"专利地雷阵"这样的专利密布的产业化环境形象地比喻为"专利丛林"，以示企业在此丛林中开辟道路来生产和销售新产品的难度和风险。

❷ 与"公地悲剧"相反，"反公地悲剧"是指，由于某一项资源的产权被分割在众多不同的权利人手中，其中任何一个人都能阻止他人的使用，但又不能自己单独使用，从而造成这一资源不能被充分地利用。此处的情形是，每一个专利权人都有权阻止其他专利权人实施自己的专利，而自己专利的实施也受到其他专利权人的牵制，从而使得专利资源得不到有效的配置。

政策和当今世界上几大专利联盟的简单做法。对国内专利联盟的构建及运作具有现实指导意义。

三、专利联盟的发展及现状

专利联盟最早产生于19世纪50年代，作为一种新的组织形式，专利联盟在各个领域迅速发展壮大，但随着其弊端的日益显露和反垄断制度的日益加强，专利联盟逐渐被法律予以否认，其发展也受到了一定的限制。到了20世纪90年代，随着科学技术的迅猛发展，专利日益受到重视，"专利丛林"问题也日益进入人们的视野，成为阻碍技术发展的绊脚石，为了应对这一问题，许多企业开始组建专利联盟，共享技术、共谋发展，使得专利联盟在全球范围内得以复兴。

（一）专利联盟在国外的起源和演进

美国是专利联盟发展较发达的国家，专利联盟在美国的发展态势基本代表专利联盟在国外的发展历程及演进。美国专利联盟的发展先后经历了3个不同的阶段：自由发展阶段（1856～1912年）、限制发展阶段（1912～1995年）和规范发展阶段（1995年至今）。

1. 自由发展阶段（1856～1912年）

美国在1890年通过了反托拉斯法即《谢尔曼法》（Sherman Antitrust Act），但由于美国联邦最高法院对专利联盟的支持，使专利联盟在美国得以发展，比如在1902年的E-Bement& Sons和National Harrow的专利侵权诉讼之后，由6家公司组成的包括85种与浮动弹簧齿犁耙（float spring tooth harrow）相关的犁耙专利联盟，发展成由22家企业组成、国内市场占有率达到了90%以上专利联盟。但联邦最高法院对犁耙专利联盟设定统一的固定价格收取专利许可费，要求被许可者进行排他性销售，强制被许可者不要挑战联盟专利等反竞争性行为并未进行详细的调查,相反却认为"在美国专利法律规定下,对专利权的销售和使用的一般原则是享有绝对自由权,专利法的目标就是垄断……"❶ 正是联邦最高法院的支持,使这一阶段专利联盟得到了长足的发展。

2. 限制发展阶段(1912~1995年)

随着美国联邦法院对专利联盟看法的改变,专利联盟的发展受到联邦最高法院等相关部门的反竞争性调查与限制。1912年,美国联邦法院认定一个浴缸瓷轴生产企业组建标准卫生设备专利联盟的行为构成了垄断,并要求这个联盟解体。由此,美国联邦法院开始用一种"敌意"的眼光看待专利联盟(Ghosal & Joseph,2001)。❷ 在1917年,为了有效遏制由怀特公司和克梯斯公司(the Wright Company and the Curtiss Company)对新型飞机制造的阻碍,由美国海军部推荐成立的飞机专利联盟几乎包含了美国大部分的飞机制造企业,有效地满足了美国第一次世界大战的需要;1924年,为了清除无线电制造过程中的阻止专利的影响,美国政府出面组建了由American Marconi、General Electri、American Telephone and Telegreaph(AT&T)和Wetinghouse等公司组成的美国无线电专利联盟公司。❸ 1930年,美国政府对一些专利联盟进行了调查并解散了部分专利联盟。1945年,美国高级法官Hugo Black在Hartford Empire一案中写道:"美国历史上从来没有经历过像专利联盟这样的垄断经济组织。"由于受到了《谢尔曼法》的严格限制,专利联盟在这一阶段的发展进入

---

❶ LERNER. JOSH, JEAN TIROLE. Cooperative marketing agreements between competitors: evidence from patent pools [EB/OL]. Working Paper, NBER. http://www.epip.ruc.dk/Paper/BREMMER_ Paper.pdf, 2002 - 03 - 20. 转引自:岳贤平,顾海英. 专利联盟的微观机理研究 [J]. 情报科学,2005(5):653-658.

❷ 游训策. 专利联盟运作机理及模式研究 [D]. 武汉:武汉理工大学,2008.

❸ 岳贤平,顾海英. 专利联盟的微观机理研究 [J]. 情报科学,2005(5):653-658.

低谷。

3. 规范发展阶段（1995年至今）

随着高新技术及专利权的发展变化，专利联盟开始趋向于规范化。美国司法部和联邦贸易委员会于1995年联合发布的《知识产权许可的反垄断指南》明确指出："一定条件下的专利交叉许可和联盟有利于竞争。"1997年，美国司法部认定MEP-GLA组建的MEPG-2标准联盟的做法没有带来垄断危险。两年后又相继对两个DVD技术联盟作出了类似的司法说明（Richard，2002）。❶ 在美国专利联盟在全球范围内实施专利许可费的经营策略，专利联盟这一经济实体开始引起世界各国的关注。

（二）专利联盟在我国台湾地区的发展

1. 台湾地区专利策略联盟的出台背景

台湾地区的经济发展成就始于IT产业的崛起，由于制造企业多是在委托加工基础上发展而来，所以企业多擅长制造，而对技术研发重视不够，随着相关产业竞争力的提升，台湾地区企业屡屡受到来自跨国公司的专利诉讼。所以当企业做到一定规模、具有一定的市场地位时，国外专利权人便找上门来索要"专利许可费"。由于台湾地区企业对知识产权重视不够，在面对国外厂商精心准备的专利资料时只好签订"城下之盟"。台积电董事长张忠谋就曾表示，台积电每赚一块钱，就要存五毛来支付金额庞大的权利金（权利金指专利转让费或专利许可费）。结果，"我国台湾地区为此而付出的代价是每年支付国外厂商专利费100亿美元"。好不容易赚到的辛苦钱又付诸东流。❷

---

❶ 游训策. 专利联盟运作机理及模式研究［D］. 武汉：武汉理工大学，2008.
❷ 陈懿，刘平. 我国台湾地区"专利策略联盟"运作方式及启示［J］. 电子知识产权，2004（4）：23-28.

业界分析认为，台湾地区多数公司是中小企业，规模小、资金有限，面对国外厂商的一再追讨，支付难以为继；企业技术储备少，不能与跨国公司进行交叉授权；多数企业尚未建立专利管理体制，掌握的专利信息十分有限，仓促应诉难有胜诉把握。虽然可以向大陆转移制造业的办法来降低经营成本，但这不仅会造成我国台湾地区产业的"空洞化"，而且跨国公司在大陆同样在进行专利布局，拓展的空间有限。因此，台湾地区同样存在群策群力抵御专利围剿的困境。为此电子企业"联电"首先提出由厂商组建专利联盟，以共御敌人。

2. 台湾地区专利策略联盟的运行机制

在台湾地区，专利策略联盟根据台湾的专利技术实际水平和企业生产状况，组建具有本土特色的专利联盟，实质上就是专利联盟的本土化。台湾地区目前专利技术水平和专利持有量尚不足以独自组建具有影响力的大型专利联盟，但可以在已有专利和生产力量的基础上加深产业之间的关联，共同应对国外专利阻挠，成为其谈判的筹码。以 e-Patents 技术联盟为例，2000 年 12 月，台湾地区经济主管部门委托资策会软体工业五年计划室和科技法律中心，推动台湾地区第一个专利策略联盟 e-Patents 技术联盟的成立。

（1）入盟方式。与美国有所不同，e-Patents 技术联盟成员无须携带特定的专利技术加入，从性质上看更像是行业协会。要想成为正式会员，只需与联盟取得联系，填好申请表再交纳一定的费用即可。

（2）目标。联盟的目标是通过介绍美国等发达国家的现实状况，使企业对未来国际软件和网络的发展有一个清醒的认识，并积极投身于软件和网络的开发，借以增加手中掌握的专利筹码，增强自身的专利应诉能力，提高软件产业的技术水平，夯实台湾地区软件产业发展的基础。具体做法是："通过结盟的方式，共同累积对外的专利谈判筹码。其执行策略为：分设专利训练中心、专利情报中心、专利顾问中心及专利互授中心等 4 个中心",❶ 分别承担人员培训、专家问答、情报收集、技术授权等任务。台湾地区经济主管部门委托资策会软件工业五年计划室和科技法律中心,将不同 IT 企业组织起来,结合官、产、学、研的力量,共同开拓企业的生存空间。可以看出,这与跨国公司以开拓市场为目的、纯粹以企业结盟为主要形态的专利联盟有很大的不同。为完成创立的目标,e – Patents 技术联盟制定了短、中、长期实施计划。短期计划是:联盟通过不同的培训,教授企业各种专利知识,搜集国外相关产业专利信息,协助企业建立专利管理制度,真正做到以专利的眼光来安排自己的日常经营,并注意积累专利筹码。中期计划是:在累积了足够专利筹码的基础上,通过成员之间的相互授权,在企业间建立"专利网路社群",以此来应对跨国公司的专利诉讼;长期计划是,以"专利网路社群"为基础,建立台湾地区企业的"反侵权联盟"。

(3) 执行计划。e – Patents 技术联盟下设多个中心,各中心执行不同的工作任务,使得联盟的计划得以实施。其工作任务分别包括:人员训练、专家问答、情报收集、技术授权等几方面。专利训练中心的主要任务是:提升专利认知度与敏感度、培育专利人才、激发创新能力及检索能力;专利情报中心的主要任务是:提供专利趋势情报、提供专利预警机能;专利顾问中心的主要任务是:建立专利管理制度、专利发掘及经营策略、侵权分析与应对策略及侵权追查;专利互授中心的主要任务是:策略专利联盟、推动技术标准、建立专利市场(技术交易市场)。在具体执行任务的过程中,各部门侧重点也不同,具体表现如表 2 – 1 所示。

---

❶ 汪惠美. e – Patents 技术联盟执行现况 [J]. 智慧财产权管理季刊,2001 (3).

表 2-1　e-Patents 技术联盟执行计划表 *

时程策略	近程	中程	长程
目标	积累专利筹码 提升专利产出	专利策略联盟 建立专利保护网	专利互授社群 落实知识经济
专利训练中心	专利趋势研讨会 专利策略研习会	专利工程师养成班 其他训练课程	
专利情报中心	专利快报 智慧财产权管理季刊	智权业书 专利趋势分析情报资料库	
专利顾问中心	科技法律急诊室 赴厂专利宣导 协助发掘专利 研发团队专利宣导 协助专利工程师培训 协助建立专利管理制度	虚拟专利顾问师 专利侵权分析	反侵权联盟 专利侵权分析
专利互授中心	会员联谊会	专利网路社群	专利交易社群 成立 SIG 小组

* 陈懿, 刘平. 我国台湾地区"专利策略联盟运作方式及启示"[J]. 电子知识产权, 2004 (4). 注: 智权业书《含智慧财产权实用文法》《智财产权交战手册》《专利管理高手》《营业（商业）秘密管理高手》共 4 本（属专利培训方面的书籍），皆出版。专利互授社群: 社团组织, 促进企业成员通过该组织将掌握的专利技术相互侵权形成联盟关系。专利网路社群: 大量授权后形成专利网, 对拥有核心专利的跨国公司形成反包围（与互联网无关）。SIG: Special Interest Group, 这里指代不同的产业组。

（4）工作模式与服务内容: 联盟通过会员大会将各界人士召集起来作为活动基础。台湾经济主管部门作为监督机构, 负责定期召开会员大会。大会下设 5 个产业小组, 按不同的产业类群分为: 工具和统计类、多媒体和游戏类、网络商务类、信息家电（Information Appliance, IA）应用类和通信类（Special Interest Group, SIG）。各小组设召集人, 与有关的产业人士针对不同产业领域的热门产品作初步分析,绘出专利地图,协助厂商找出隐藏的专利陷阱,寻找该技术的突破点,进行专利回避设计——发展从属专利,化被动为主动,将从属专利在现有专利周围作策略性部署,既可以增强软件厂商的研发能力,还能为自己拓展谈判空间。联盟还组织各种联谊活动,在联盟内部建立良好的分会,使联盟基础更为牢固。

为配合各小组发展目标的顺利实现,资策会科技法律中心还聘请各方专家组成专家顾问服务团为成员企业提供指导性意见。针对不同产业的具体状况,分析该领域内专利形势特别是软件专利的分布状况及发展趋势,及时公布季度评估报告。针对会员所面临的困境,联盟还设立了科技法律急诊室,会员可通过电话、传真或 E-mail 方式提出要求,由资策会科技法律中心与专家顾问服务团提供在线与离线服务。一方面,通过智慧之星网为门诊的会员提供 72 小时的法律服务;另一方面,视厂商需求、业务性质、规模大小,进行"专家就在你家"的深度辅导服务,为企业提供及时的帮助。

除了给予企业外部帮助,联盟还注意培养企业工作人员的专利素质,在企业内部进行深度挖潜。通过开办各种学习班,专家顾问服务团向企业有关人员传授知识产权管理以及专利、商标等法律知识。例如,软件专利工程师培训班,就是针对目前争议较大的电子商务专利而开设的,课后还向成员赠阅相关的出版物。除了辅导成员掌握相关法律和管理知识,联盟还向有关的主管部门积极建议,这既可以为企业争取到更好的生存环境,也可以为其提供管理上的参考,真正是集官、产、学、研的力量,为台湾地区企业共谋未来。

(三) 专利联盟在国内的发展现状

国内建立专利联盟的企业集中在信息产业领域,如 AVS 专利联盟、闪联专利联盟及彩电专利联盟。

1. AVS 专利联盟

AVS（Advanced Audio - Video Coding/Decoding Standard）是数字音视频编解码技术标准的英文简称。AVS 在其发展过程中呈现的多样性带来了技术标准之间的竞争。我国的 AVS 以及与之竞争的 AVC/H.264 等信源编码标准都希望取代目前全球通用的压缩标准 MPEG-2，其竞争主要考虑以下 3 个因素：技术先进性、专利收费额度以及产品成熟度。从技术角度而言，与 AVC/H.264 相比，AVS 标准具有两个优点：编码效率高、计算复杂度低。然而，在对技术标准的选择上，技术的先进性往往不是唯一的因素，还需要考虑到技术标准在市场上被认可的情况，以及技术标准对用户以及产品维护、更新的影响。❶ 因此，尽管 AVS 已作为我国国家标准，在国内具有法定标准的地位，取得了无可争议的胜利，但这并不代表其在国际技术标准竞争中的胜利。要想在国际音视频编码技术标准的竞争中取得胜利，AVS 必须加快实现产业化，赢得国际市场。只有将 AVS 这个标准真正推出去，才能带动我国音视频产业的发展，因此，AVS 在国际市场上竞争最为关键的问题是如何推动其产业化，推动产业界采用 AVS。在 AVS 工作组支持下，建立 AVS 专利联盟。

2. 闪联专利联盟

2003 年 7 月，经当时的信息产业部科技司批准，由联想、TCL、康佳、海信、长城等 5 家企业发起、7 家单位共同参与的"信息设备资源共享协同服务"标准工作组正式成立（以下简称"IGRS 标准工作组"，又称"闪联"），以共同制定 IGRS 协议规范。如何保证闪联成员在 IGRS 中协调合作、相关知识产权合理授权，一直是闪联标准的关键问题之一。闪联工作组已经建立了一整套知识产权管理体系，设置一个专利联盟，用于闪联成员间

---

❶ 陈益强，刘东华．AVS 移动视频标准及其产业化［J］．电信工程技术与标准化，2005（12）：1-4．

知识产权使用的管理。

闪联专利联盟是由闪联工作组内部审定,并授权闪联成员企业共同使用专利池内的专利技术。闪联成员在 IGRS 相关开发上,都有贡献自己技术的义务并得到使用其他成员成果的权利。对于进入"专利联盟"的专利资格审定,闪联工作组专门成立了闪联知识产权小组。除联想相关人士外,知识产权小组的其他成员均来自闪联成员企业,均由其公司内知识产权和技术方面的专业人士构成。闪联目前有 23 家加盟企业,进入专利小组的成员企业不少于 10 家。

3. 彩电专利联盟

高端彩电行业最关键的技术壁垒是在拥有平板电视"屏"的核心技术上,其生产成本和利润可挤压的环节也是在"屏"上。对平板电视来说,显示屏占了整机成本的 90% 左右。因此,平板屏幕生产的上游液晶屏供应商的竞争决定着下游的波动。就是在这样一个"屏"的环节上,中国的彩电企业没有一家具备相应的生产能力。在 2005 年 5 月召开的彩电峰会上,9 家企业达成共识,未来中国电子视像行业协会将组织国内彩电企业积极参与并推动国内外重大技术标准的制定,促进新技术的标准化和产业化。同时,各家企业协商解决国内彩电企业面临的共性专利问题,组建中国彩电专利联盟,通过互利合作的方式,建立中国彩电产业知识产权保护的完整体系,并在彩电行业组建相应的专利联盟。中国彩电业的知识产权协调委员会的 6 项主要工作包括:一是建立中国彩电行业的专利联盟,以及制定切实可行的管理制度;二是建立中国彩电行业专利谈判组织,以及制定具体管理办法和实施的细则;三是建立专利联盟管理委员会;四是对专利联盟有效专利进行分析;五是寻找有购买价值的专利;六是承担委托,对外进行专利谈判。

4. 电压力锅专利联盟

2006 年,美的受到广东创迪、怡达、爱德 3 家电器公司的专利侵权困扰，拟通过诉讼方式积极维权，却面临比专利侵权问题更大的困境：诉讼不但消耗巨大的人力、时间和金钱成本，而且即使胜诉，对该行业仍然存在的上百家企业不同程度的侵犯专利权行为，无从予以打击。另外，电压力锅行业的产品利润空间已非常有限，4 家企业如果由于陷入诉讼而被其他企业抢占市场，实质上都将成为输家。于是 4 家企业权衡利弊，决定结成电压力锅专利联盟。联盟于 2006 年 10 月在广东省佛山市顺德区成立，被认为是我国家电业的首个专利联盟。❶

2006 年 10 月中国顺德国际家用电器博览会开幕当天，国内首个家电专利联盟组织——电压力锅专利联盟，在广东顺德正式成立。❷ 顺德电压力锅专利联盟最初出于解决专利纠纷的需要，由互相有专利纠纷的企业发起。广东省的美的、创迪、怡达、爱德 4 家公司为解决电压力锅领域专利纠纷的需要，在顺德区科技和知识产权部门介入调解的基础上，发起成立了顺德电压力锅专利联盟。❸ 电压力锅专利联盟执行专员陈广永，承担了联盟最初建立的主要业务。成立联盟最初的出发点是规范市场，在陈广永的主持下，联盟整合 4 家企业共 67 件专利，仿照国际上的一些先例，组建"专利池"——这是一种在国际贸易环境中屡屡让中国企业碰壁的专利运营手段，外国企业通过垄断行业绝大部分专利的使用权而迫使中国企业要么缴纳高昂的专利费用，要么在法律诉讼中退出市场。直到 2007 年 6 月，当持有电压力锅行业另外 70 多件专利的中山时耐电器有限公司（以下简称"时耐"）加入联盟后，联盟才真正具备了"抱团打天下"的实力。至此，该联盟共有美的、创迪、怡达、爱德、时耐 5 家公司，其专利池

---

❶ 肖思思，王攀，孔博. 从"混战"到"抱团"：专利联盟首战告捷 [N]. 经济参考报，2008 - 10 - 16（4）.

❷ 张磊. 从"零散制造"到"共同创造"——贺我国电压力锅专利联盟在顺德成立 [J]. 家电科技，2006（11）：9.

❸ 秦天雄. 我国专利联盟现状研究 [J]. 法制与社会，2013（18）：278 - 279.

已经拥有174件专利，而且全部是不含外观设计专利在内的"真金实银"，技术优势明显。

电压力锅专利联盟成立之后，通过联盟组织，构筑行业专利池，对内通过整合行业专利资源，实现专利交叉许可和利益共享，形成行业核心竞争合力，加速行业专利技术的产品化和标准化；对外通过开展行业联合维权、净化市场，提升行业产品的品质门槛，保障行业发展的共同利益，共同做大做强市场。2008年5家联盟企业生产的电压力锅产品已经占全国市场份额的65%以上，未结盟时5家电压力锅企业的市场份额加起来还不到30%。❶因此，专利成果共享、提升联盟内部企业市场竞争力、扩大市场份额、提升行业质量是联盟成立的宗旨。

四、本章小结

专利联盟是多个专利权人为了彼此相互分享各自拥有的专利并且统一对外进行专利许可而组成的一个组织。专利联盟根据目的的不同及许可对象的不同可以有多种分类。专利联盟是创新专利的累积，具有技术集聚性的特征。专利联盟对内做到联盟内专利共享，对外实施一揽子许可，它的运行和推广成了解决专利问题的有效和必要途径。从美国专利联盟的发展看，专利联盟的成长分为自由发展、限制发展和规范发展3个阶段。我国台湾地区的发展历史与大陆的发展背景有相同之处，因此其成功的运作模式对于大陆构建专利联盟具有一定的借鉴作用。

---

❶ 张磊．从"零散制造"到"共同创造"——贺我国电压力锅专利联盟在顺德成立[J]．家电科技，2006（11）：9．

第三章 专利联盟形成的合理性

在知识经济时代,保护智慧成果的知识产权制度得到空前发展。在现实利益的驱动下,跨国垄断公司更是将专利权作为市场竞争的致命武器,专利联盟逐渐成为一种知识产权战略,国外企业通过专利联盟来限制具有"中国标准"的中国制造产品在世界的贸易。中国在遭遇了 DVD3C 和 DVD6C 两大纵向结构专利联盟的阻击后,深刻认识到专利联盟在产业发展中的作用。专利联盟的成立与发展,对产业竞争的作用,是以什么样的机理在运作,其存在的合理性基础究竟表现在哪些方面,都是值得我们探索与思考的。

一、专利联盟运营的经济效益

专利联盟运营的直接效益,主要体现在联盟企业的经济效益上,具体体现在联盟内企业产品成本的降低、竞争力的加强以及产品质量的稳定所带来的经济价值上。

(一)成本效益

在技术累积创新环境下,专利具有协调成本、机会主义成本、诉讼成本等交易成本,专利联盟可以在一定程度上降低累积创新专利所带来的协调成本、机会主义成本和诉讼成本,还可以提高专利技术的使用效率。

高新技术不再是单一的专有权,往往包含了许多的专利技术。生产商要想生产该产品,必须分别与这些专利持有人进行协商和签订合同,显然增加了信息成本、谈判成本、拟定和实施契约的成本、界定和控制产权的成本、监督管理成本等各种交易协调过程成本。❶ 专利联盟被认为是为节约重新组合互补性专利的交易费用,依照较粗糙的分割而重组产权的一种尝试。❷ 企业生产一种专利产品往往需要多种专利技术,便通过专利联盟经一次性谈判获取所有相关专利技术,大大减少了从不同企业找寻专利技术并进行重复性谈判的交易费用。从联盟内部企业角度看,联盟内部企业可以通过协议形成交叉许可,为其外部专利开发提供便利,降低了外部专利技术获取的交易成本。如果专利联盟内部有规定专利使用免费,还可以节省部分专利许可费。❸

由于契约的不完全性激励了交易主体的机会主义行为动机,而累积创新专利资产专用性使这种机会主义动机有可能转变为现实,如专利持有者会减少对累积创新专利的专用性投资,实施"敲竹杠"。根据交易成本理论,在资产专用性较低的情况下市场交易是成本最低的结构;而在资产专用性较高时,合作治理结构是成本最低的结构。在这两者之间,即资产专用性程度处于中间状态时,混合治理的治理成本最低。作为一种混合治理模式,专利联盟可以有效地降低"敲竹杠"等机会主义行为,降低交易成本。❹ 在同一领域内的不同企业,产生专利侵权和专利诉讼是十分普遍的。无论是作为专利侵权诉讼的原告还是被告,都必须承担高额的诉讼费用。因专利形成的诉讼成本成为专利权人的沉重负担,小型企业和科研单位难以承担这一费用。专利联盟将不同专利权人联合在一起,分摊了专利诉讼成本,使得无力提起

---

❶ 李玉剑,宣国良. 专利联盟与专利使用效率的提高 [J]. 科学学研究,2005 (8):513 – 516.

❷ Corrado P. Efficiency and welfare enhancement in intellectual property protection: an analysis of patent pools. Universityàdi Teramo (Italy) Working Paper, 2001.

❸ 岳贤平,顾海英. 专利联盟的微观机理研究 [J]. 情报科学,2005 (5):653 – 658.

❹ 李玉剑,宣国良. 专利联盟与专利使用效率的提高 [J]. 科学学研究,2005 (8):513 – 516.

诉讼的专利权人的权利得到保护，同时通过联盟内的协议和规定避免联盟成员间的侵权诉讼，大大降低了专利的诉讼成本。❶ 专利联盟中的专利交叉许可行为，可以使联盟内的企业获得所需的专利技术，避免"昂贵的诉讼成本"发生。有时候，专利联盟是在面对专利纠纷的时候成立的。

（二）竞争效应

随着专利技术的发明与营运，厂商潜在的交易成本也将增长。专利联盟为降低重新组合互补性专利的交易成本，将相关技术专利权集合在一起进行授权许可，为该相关专利技术的需求者清除妨碍性专利提供了"一站式购物"的途径，通过削减与所有相关专利权人谈判的必经程序，明显地简化交易环节，降低交易成本，这减轻了技术需求企业的资金压力，为形成产品市场竞争创造了条件。❷ 因此，专利联盟的成立与发展，印证了其在很多产业中简化交易过程的本质。专利联盟的竞争效应主要体现在如下几个方面：（1）当专利权人利用其专利独占权相互阻止对方实施专利技术时，技术的发展、进步必将受到阻碍。而专利联盟这样的契约设计在一定程度上能够打破相互阻碍相互抑制的弊端，鼓励专利技术的推广和发展。❸ 联盟内的企业通过整合妨碍性专利，避免了"反公地悲剧"的发生，正如美国《知识产权许可的反垄断指南》指出，专利联盟能够继续发展的一个基本理由是它清除了妨碍性专利，能够促进技术的开发和利用。（2）专利联盟的另一个促进竞争效应就是整合互补性专利技术。美国《知识产权许可的反垄断指南》明确指出，知识产权授权协议允许对于产品的互补性元素进行整合，并认为这将产生促进

---

❶❷ 游训策. 专利联盟的运作机理和模式研究 [D]. 武汉：武汉理工大学，2008.

❸ RICHARD E. The rationale for patent pools and their effecton competition [D]. Lund：University ofLund，2003.

竞争效应。❶ 因为专利权人基于其专利技术的垄断地位足以使他们能够制定垄断价格，而互补性专利的整合能够获得更高的利润、消费者剩余和社会福利。因此，互补性专利的专利权人发现制定较低的专利包价格（与每一个专利拥有者分别定价相比较）是他们的共同利益。当这些垄断专利整合在一起时，被堆积的垄断专利的双重加价被内部化，价格外部性便产生了，这使整合后的实体能够制定较低的价格，但仍然能够实现较高利润、消费者剩余和社会福利。❷（3）一个企业在没有加入专利联盟时，谈判的烦琐和昂贵的专利许可费用使其面临技术壁垒，在获取相关专利技术的道路上不论是研发成本还是购买成本都较高，这些企业难以获得发展的机会。专利联盟内部能够确保对被许可人和许可人的无歧视性机会，使相关企业都有了平等的机会获取专利技术。（4）专利许可制度里有一个回授（Grantback）条款，回授是被许可人同意给予专利权许可人使用被许可人经过改进的许可技术的协议。回授能够产生促进竞争的效应，尤其是非独占许可时，这样的契约安排提供了一种手段，可以使被许可人和许可人共享技术、共担风险，鼓励许可人进行可能更进一步的以被许可技术为基础或由它提供信息的进一步创新，促进第一时间的创新和以后创新成果的许可。❸ 在联盟内部能够形成技术合力，共同增强竞争力。

（三）价值效益

根据 Cournot 模型、Shapiro 的互补经济学理论和 Heller 等人

---

❶ DAVID SERAFMO. Survey of Patent Pools Demonstrates Variety of Purposes and ManagementStructures ［EB/OL］. 2007，http：//www. keionline. org/misc – docs/ds – patentpools. pdf.

❷ N. ROSENBERG. Inside the blackbox ［M］. Cambridge University Press，1982.

❸ DOJ&FTC. Antitrust guidelines for the licensing of intellectual property ［S］，1995.

的"反公地悲剧"的理论❶❷,一个合作性协定,如交叉许可,就可以清除技术商品化过程中的专利技术障碍,鼓励技术创新并避免已开发的专利技术的使用不足的现象。因为在"反公地悲剧"中,多个权利人均拥有排他权,实质上彼此之间为障碍性专利,结果导致资源的利用不足,以生物医学专利作为例子,因为其中知识产权的大规模扩散导致"反公地悲剧"的发生。专利联盟协议和交叉许可协议能够使障碍性专利联合和集中授权,这将有效解决障碍性专利问题。单独实施一项专利保护,一方面,可以防止企业技术外溢产生利益损失,另一方面,如果保护过分就会影响这项技术的扩散,容易给竞争对手以可乘之机。建立专利联盟,通过企业之间专利的交叉许可、对联盟外企业的有偿许可,在一定程度上弥补了专利技术保护过分的弱点,放大了企业专利技术的扩散效应,有利于新技术的创新、推进与运用。❸ 无论拥有多么雄厚技术背景的企业,在技术发展到一定阶段,也难以掌握整个行业的核心技术,因为单个企业的资源毕竟是有限的,要想获取和保持在技术上的绝对优势,只有通过与相关企业或者研究机构进行合作,才能建立比较完整的一套技术标准体系。企业之间建立专利联盟之后,通过联盟内成员间的协调与技术互补,可以使联盟成员都获得其需要的专利技术。例如,虽然摩托罗拉拥有的 GSM 标准专利相对较少,但是通过加入 GSM 联盟,通过技术共享获取了大量的专利技术的使用权,实现了专利技术之间的协同创新效应。

❶ SEIDE R., LECOINTE M. ANDGRANOVSKY A. Patent Pooling in the Biotechnology [J]. Industry Licensing Journal, 2001: 27 - 28.

❷ MICHAEL A. HELLER, REBECCA S. EISENBERG. Can Patents Deter Innovations? [J]. TheAnti - commons in Biomedical Research, Science, 1998 (280): 698 - 701.

❸ 游训策. 专利联盟的运作机理和模式研究 [D]. 武汉: 武汉理工大学, 2008.

专利联盟作为一种企业间的组织行为，通过相关的专利组合或者搭配，可以在较短时期内改变产业的竞争态势，有效降低企业的风险和成本，弥补单一企业在资金、技术和人才上的不足，有效地提升企业核心竞争力。由于专利本身专有性非常强，替代性非常低，联盟外的企业在没有许可的条件下是不可能获得的，而联盟的专利是每个成员企业核心竞争力的基础。因此，在市场竞争越来越激烈的环境下，跨国公司乐于把专利联盟作为一种共同开发潜在市场的战略，使联盟各方的专利资源的价值在使用中得到充分利用，实现联盟内成员的"双赢"或"共赢"。

二、专利联盟与技术标准的关系

现代专利联盟作为标准专利持有人，以标准为核心、以专利为纽带联合对外进行专利许可，通过其独特的专利评估机制对标准所涉及的必要专利进行筛选，解决了技术标准的"专利丛林"问题，减少了交易成本和诉讼纠纷。同时借助技术标准的网络效应特征，使得技术标准的推广和标准专利持有人的利益增长得到协调发展，技术标准的形成已经由过去的"市场决定标准"转变为"标准引导市场"。

在我国的专利标准化推进方面，虽然有部分行业能够认识到了将技术标准作为专利联盟的防护墙，如 AVS 和闪联专利联盟的初步构建，但到目前为止，中国企业大多数仍在按照国外制定的技术标准进行生产。一个原因是中国企业拥有专利数量有限，更缺乏高质量的专利，另一个原因则是即使中国企业拥有专利，核心技术标准也经常掌握在国外企业或标准制定组织手中，使得中国企业无法突破国外企业的技术壁垒，从而使中国产品无法参与国际竞争。在此背景下，由于目前市场上的产品大部分属于高科技产品，如高端装备、互联网、电信系统和计算机等，而我国不仅希望企业建立自己的专利体系，更希望企业共同努力在高科技产业标准的制定中拥有更多的话语权，技术标准则就显得尤为重要。

(一) 技术标准基本理论

1. 标准的定义

1934年，约翰·盖拉德在《工业标准化——原理与应用》一书中，将标准定义为："是对计量单位或基准，物体、动作、程序、方式、常用方法、能力、职能、办法、设置、状态、义务、权限、责任、行为、态度、概念和构思的某些特性给出定义，做出规定和详细说明，它是为了在某一时期内运用，而用语言、文件、图样等方式或模型、样本及其他表现方法所做出的统一规定。"❶

知名标准化专家桑德斯在1972年出版的《标准化的目的与原理》一书中认为，标准"是经公认的权威机构批准的一个个标准化工作成果，它可以采用以下形式：（1）文件形式，内容是记述一系列必须达成的要求；（2）规定基本单位或物理常数，如安培、米、绝对零度等"。❷ 由于历史的局限，上述对标准的定义更多地符合当时的传统工业和服务业的需求。在以信息技术、生物技术和新材料技术为主导的高新技术迅猛发展的今天，上述定义在内容上则不尽全面。

当今学者从不同角度对标准给予了定义，标准的目的在于为产品或加工提供共同设计的技术规格。❸ 标准是生产者自愿或依照正式协议或监管机构采用的一系列技术规范。❹ 标准是生产者

---

❶ 赵全仁，崔壬午. 标准化词典 [M]. 北京：中国标准出版社，1990：12.

❷ 桑德斯. 标准化的目的与原理 [M]. 中国科学技术情报研究所，译. 北京：科学技术文献出版社，1974：7.

❸ MARK A. LEMLEY. Intellectual Property Rights and standard–Setting Organizations [J]. California Law Review, 2002 (90)：1896.

❹ PAUL A. DAVID, W. E. STEINMULLER. Economics of Compatibility Standards and Competion in Telecom Nelecom Networks [J]. Economics and Policy, 1994 (6)：224.

遵循的技术规定，这些规定可以是正式的技术协定，也可以是约定俗成的。❶ 上述定义强调的是生产者在生产中自愿遵守的共同的技术规则，更多地反映了事实标准的概念。

2. 技术标准概念以及制定目的

技术标准是标准中的一种类型，ISO 对技术标准的定义是："一种或一系列具有一定强制性要求或指导性功能，内容含有细节技术要求和有关技术方案的文件，其目的是让相关的产品或服务达到一定的安全要求或进入市场的要求；有时也包含相关的专门术语、包装、标志、符号或者标签要求。技术标准的实质就是对一个或几个生产技术设立必须符合要求的条件。"❷ 该定义对技术标准的描述较为全面，得到广泛的认可。

世界贸易组织（WTO）在法律文本《技术性贸易壁垒协定》（TBT 协定）的附件 1 中也对标准作了定义："（技术标准）是经公认机构批准的、规定非强制执行的、供通用或重复使用的产品或相关工艺和生产方法的规则、指南或特征性文件。该文件还可包括或专门涉及适用于产品、工艺或生产方法的术语、符号、包装、标志或标签要求。"❸

技术标准制度的主要目的是使得相关的产品或服务达到一定的安全要求或市场进入的要求，其本质可以说是针对一个或几个生产技术设立的必须符合要求的条件以及能够达到此标准实施的技术。在传统产业中，技术更迭速度缓慢，产品质量和生产规模是经济效益的主要决定因素，技术标准制定的目的主要是为了保

---

❶ PAUL A. DAVID, SHAME GREENSTAIN. The economics of compatibility standards: an introduction to recent research [J]. Economics of Innovation and New Technology, 1990 (1).

❷ ISO/IEC GUIDE 2: 2004 (E/F/R) 3.2 [EB/OL]. (2011 - 12 - 10). http://www.iso.org/iso/iso_iec_guide_2_2004.pdf.

❸《常用世贸组织规则》编选组. 常用世贸组织规则 [M]. 北京：人民法院出版社，2000：266.

证产品的通用性和可交换性,因而技术标准与技术专利相互分离。但在经济全球化和信息技术以及数字技术革命的背景下,经济效益更多地取决于技术创新和知识产权,包含在技术标准中的技术要素、技术指标及其衍生的知识产权,使得技术标准成为自主创新的技术基础,技术标准逐渐成为专利技术追求的最高体现形式。"技术专利化—专利标准化—标准国际化"则逐渐演变成为知识经济时代国际市场竞争游戏的新规则。

3. 技术标准的分类

技术标准有很多种分类方法。按照技术标准的层级不同,可以将其分为国际标准、区域标准、国家标准、行业标准和企业标准,这表示技术标准的统一范围不同,这也决定制定该标准的主体的权威性有所差别。

按照标准的约束性的不同,可以将其分为强制性标准和推荐性标准。根据我国《标准化法》第7条第1款的规定:"国家标准、行业标准分为强制性标准和推荐性标准。保障人体健康,人身、财产安全的标准和法律、行政法规规定强制执行的标准是强制性标准,其他标准是推荐性标准。"可见,凡是关系国计民生、产品质量、人身安全等重大公共利益的技术标准,各国一般将其赋予法律强制性,此为强制性技术标准;而其余的、事关产品兼容性等一般性公共利益的技术标准,有权机关一般不赋予其强制力,这些标准为推荐性技术标准。

按照技术标准的形成过程,技术标准可以分为法定标准和事实标准两种。法定标准是由政府相关机构或是国际标准化机构、产业团体所制定的;事实标准是市场运行的自发产物,事实标准又可划分为两类:一类是单个企业或少数极具垄断地位的企业由于市场优势形成统一或单一的产品格式,典型的是美国微软的Windows操作系统和英特尔的微处理器;另一类是单个企业或几个企业的联合出于标准化工作或者标准许可的目的,通过有目的

的标准化工作形成的非法定标准。❶ 事实标准一开始都是企业标准，随着企业的发展而逐渐成为行业标准和国际标准。❷

技术标准还有多种分类方式，详见表3－1。

表3－1 技术标准分类方式

划分方式	类 型
根据技术标准具有的约束力	强制性标准、推荐性标准
根据技术标准涵盖的内容	产品标准、过程标准、服务标准、接口标准、信息技术标准
根据技术标准适用范围	国际标准、区域标准、国家标准、行业标准、地方标准、企业标准
根据技术标准履行的基本功能和所解决的经济问题	兼容性/接口标准、最低质量标准和安全标准、降低多样性的标准、关于信息或产品测度的标准
根据技术标准形成机制	法定标准、事实标准

（二）专利联盟与行业标准的关联性

1. 专利联盟与技术标准结合的原因

关于两者结合的原因可以分别从技术标准和专利联盟的角度来加以分析。

1）从技术标准角度的分析

在实践中，专利与技术标准泾渭分明，并无实质联系。这是由于在传统观念中，标准本质上是经过协商一致达成的对重复性事物和概念作的统一规定，追求公开性和普遍适用性，技术标准的实施强调社会集体利益，更强调在全行业中推广应用；而专利具有很强的排他性和垄断性，专利技术实施的前提是获得专利权

---

❶ 张平，马骁. 标准化与知识产权战略 [M]. 北京：知识产权出版社，2002：22.
❷ 张平，马骁. 从思科诉华为案谈发明、产业标准与知识产权——"企业技术标准与知识产权战略"专题之一 [EB/OL]. (2011－04－03). http：//article. chinalawinfo. com/Article_ Detail. asp? ArticleID＝27644.

人许可，专利权属于私权，不允许未经授权使用专利技术。然而随着知识产权制度对新技术领域的影响，新技术的掌握者大多寻求用知识产权保护自己的新技术，而一项尖端技术往往包含多个技术方案并分别为不同的知识产权所有人掌握，附有内容不同的知识产权，这些知识产权的相互关系也不尽相同，所以，技术标准在制定的过程中，无法绕开这样的"必要专利"，技术标准的制定者不得不将专利纳入到标准中。现代产业技术标准往往同专利结合在一起，技术标准的制定过程便贯穿于专利联盟的整个形成过程。

专利的专有性和标准的公益性是否相矛盾？从二者的核心来看，都具有可实现性、公开性和不断发展的动态性。同时，专利制度设计的最终目的也是为了公众更方便地获取、使用新技术，因此，标准和专利的出发点是相同的，二者相互包含，相互促进，具有同一性。二者的同一性具体体现在，标准大多为成熟的技术，是对已有技术的提炼，可以指导研发活动；作为研发的基础资料，标准可以通过引导市场来指导研发，从而使市场上出现更多新的专利；随着专利数量的增加，新的技术标准需要大量的专利来支撑，仅仅采用市场已有技术来设定技术标准远远不够，在技术标准中纳入新的专利技术，可以为标准拥有者带来更多的经济利益。即通过将专利技术并入标准，通过标准的推广获得超值利益。❶ 同时，专利是标准的组成要素，随着技术的发展，原有旧的标准无法满足新技术的需求，标准的改进和更新便不可避免。

事实上，标准组织也曾经与专利权人有过较量，欧洲邮电大会在1982年主持起草GSM标准时，曾要求拥有核心技术的企业无偿许可其专利，否则该公司将不能在合同中就通信设备自由定价，这一提案被相关的专利权人否决，从而导致GSM标准迟迟

---

❶ 李嘉. 国际贸易中的专利标准化问题及其法律规制 [D]. 上海：华东政法大学，2012.

无法出台，当时仅摩托罗拉一家就拥有18项核心专利，而离开这些专利，技术标准无法制定。专利的私权性决定了作为民间组织性质的标准机构无法强制其限制专利权的行使，目前在国际上具有相当地位的标准化组织均已制定了其知识产权规则。2007年，ISO、国际电工委员会（IEC）、国际电信联盟（ITU）联合发布了共同的专利政策及实施指南，可见专利与标准的结合已成为趋势。

随着高新技术的快速发展，市场对技术的兼容性要求越来越高，特别是移动通信、数字化产品、互联网等领域，这些产业所涉及的技术体系庞大复杂，任何一个企业即便是实力非常雄厚也不可能同时具备领域发展所需要的全部核心技术，而拥有技术的企业大都具有很强的知识产权保护意识，大多获得了专利保护，因此，要想在这些高新技术领域形成技术标准，几乎没有公知技术可以采用，所以标准制定机构必须与专利权人谈判，以取得专利权人的许可。当然，在获得许可后，由于高新技术领域的技术发展速度很快，要让这些标准所涉及的技术能更好地发挥其作用，相关企业有必要建立专利联盟，由一个专门的机构负责管理这些专利，从而解决标准化过程中的许多问题，专利联盟对标准化的形成起到进一步的促进作用。

2）从专利联盟角度的分析

技术标准对专利联盟的构建有很大的推动力，在一些技术领域，往往都是标准先行，谁的专利技术能成为标准技术，谁就能处于市场上的主动地位。技术标准实现了在某一生产领域技术的统一和垄断，企业通过技术标准带来产业规模效应后再进行专利许可，获得巨额利润。因此，企业纷纷争取将其专利技术标准化，以谋求在市场中的支配地位，[1]从而过分加强对技术的专利保护，使得大量专利的累积形成了"专利丛林"。在技术标准

---

[1] 李嘉. 国际贸易中的专利标准化问题及其法律规制［D］. 上海：华东政法大学，2012.

中，所涉及的不可能是单一的专利权，一般都涉及多个专利，因为一个合格产品的生产需要获得很多专利许可和与专利权人谈判的成本，以及可能产生侵权的诉讼成本，所以专利权人的分散给被许可人带来很大困难。专利联盟独特的对外一揽子许可模式及对内多变灵活的许可方式，极大地满足了生产者的需求，提高了生产效率，整合互为补充的技术，节约了谈判成本和许可成本，避免诉讼风险，对于技术的发展与扩散具有极大的促进意义。专利权人还可以借助标准这个平台，与更多的专利权人进行长期、稳定的合作，使自己在所处的行业内能够长期地处于领先地位。❶ 这是由于标准成员被标准采纳的核心技术越多，其享有潜在利益的可能性也就越大，国际上很多有实力的大公司，在经历过自由竞争和垄断资本主义时期，更加懂得利用联盟的威力，进行强强联合，利用专利联盟，在所处的行业中长期引领世界市场。

2. 专利联盟与技术标准结合的影响

专利权和技术标准的结合是科技发展的必然，制定标准的组织希望尽可能地推行标准技术，只有技术标准采用的是具有市场前景的技术才会被顺利推行，而专利技术往往是投入了大量的人力和财力才开发出来的，具有相当程度的合理性和科学性，采用专利技术作为标准技术肯定会提高其吸引力，从而提高技术标准的品质，推动相关市场的竞争和创新。一旦专利技术成为了标准技术，将会为企业带来巨大的经济利益，因此它们都会在标准制定的过程中尽可能地使自己的专利技术成为标准技术。如果专利技术被纳入标准技术后，由于技术标准的强制性，其他竞争者如果想进入市场就必须要得到专利权人的许可，专利权人可能借机提高许可费，或者专利权人拒绝许可，使标准技术无法推行，损害社会公众潜在的利益。

---

❶ 费津红. 含技术标准专利联盟的反垄断规制研究 [D]. 南京：南京大学，2011.

（三）专利联盟与技术标准的结合

专利联盟和技术标准由于互相结合而产生巨大威力的例子有很多。DVD 播放机收费事件中的 DVD 6C 联盟和 DVD 3C 联盟、TD – CDMA 标准联盟、领跑 3G 国际标准的 WCDMA 联盟等无一不是专利联盟与技术标准的结合。DVD 播放机案使我国企业认识到了技术标准和专利联盟的强大威力，一些具备条件的企业纷纷在相关行业内组建了专利联盟，2006 年 10 月 13 日，国内首个家电联盟组织——电压力锅专利联盟在广东顺德成立；2006 年，第一个空心楼盖专利联盟在长沙成立；2009 年，华为加入 WiMAX 专利联盟，中兴也在积极地组建自己的专利联盟。专利联盟组织给国内相关行业带来了生机与活力。

目前，专利权人通过技术标准来推广自己的专利，从而更好地控制市场，建立专利联盟已经成为某些产业发展的基本模式。数字电视（DVB）、MPEG – 4 音频、MPEG – 7、新一代 DVD、MPEG – 4 视频等产业标准都是按照此种模式发展的。2007 年 9 月 20 日，MPEG 专利管理公司又发布了 ATSC 专利联盟许可。这是 MPEG 专利管理公司继 MPEG – 2 视频专利联盟、MPEG – 4 视频专利联盟、DVB – T 专利联盟、AVC 专利联盟等 8 个专利联盟成功许可之后，又一次推出的一个基于技术标准而组建的专利联盟。正如 MPEG 的首席执行官所说："此项专利联营许可的应用进一步证明了这种一站式专利联营管理模式的成功。我们高度赞赏各个专利权人之间的合作，这样的一个市场解决方案将会造福广大 ATSC 用户。"[1] 我国自主研发的 AVS 技术标准也采取了这种许可方式，即凡是参与 AVS 的公司，其专利都必须先入"池"，而专利许可的授权费用和分配方式由一个第三方组

---

[1] MPEG 专利管理公司发布 ATSC 专利池许［EB/OL］. (2007 – 12 – 01). http://tech.sina.com.cn/t/2007 – 12 – 01/00381885745.shtml.

织——专利联盟管理委员会统一管理。

三、专利联盟的法律规制

专利联盟提升了企业的竞争实力,在解决"专利丛林"等问题方面有其他方式所不具有的优势。但是,由于专利本身具有垄断特性,而作为专利集合的专利联盟自然而然也会具有垄断的特性。专利联盟中的某些情形无论其程度如何都会具有垄断的特性。专利联盟在不同情形下,有时是激励竞争,有时是限制竞争,这也是美国反垄断法在对专利联盟进行审查时很多情形并不适用本身违法原则,而是适用合理性审查原则的原因。因此,有必要厘清专利联盟限制竞争效应与反垄断法律规则的关联性。

(一)专利联盟限制竞争效应的分析

1. 专利联盟的垄断倾向分析

专利权的垄断特性源自封建特权。封建君主为了鼓励发明创造,以特许的方式授予发明人一种"垄断权",使他们能够在一定期限内独家享有经营某些产品或工艺的特权,而不受当地封建行会的干预。随着经济社会的发展,专利权逐渐演变成"个人私权",专利权人拥有对于他的发明专利排除他人未经其许可而使用的权利。专利权人能够在一定的时间和地域内获得对其专利产品的生产、销售等的"垄断地位",但这种"垄断"并不等于不正当地获得市场地位的"经济垄断"。这是因为专利法赋予的"独占"市场的权利并不会妨害市场竞争,单个专利由于受到竞争性专利和妨碍性专利的牵制,无法对整个领域形成垄断,市场上还存在其他的替代技术和产品。但是如果专利权人滥用专利权,即滥用其"独占"市场的优势,则有可能会造成限制市场竞争的结果,从而增加社会技术成本,最终阻碍社会的技术进步,同时,还会造成对消费者的损害。

对专利联盟而言，专利联盟将同一领域内的专利联系到一起，联盟内部企业相互许可专利使用权，形成专利网络，加强了专利的垄断能力。同时，专利联盟成员往往是领域内技术实力雄厚的企业，它们本身具有垄断行业市场的动机，而专利联盟又为它们进行行业垄断提供了外部条件，专利联盟很容易沦为某些公司和集团阻碍技术创新和限制市场竞争的工具，如果专利联盟滥用其市场支配地位，限制市场竞争，则会造成经济垄断，阻碍社会进步。专利联盟具有垄断倾向的原因主要有两个：第一，专利联盟拥有妨碍性专利，专利权人可能不将妨碍性专利产品市场化，使消费者买不到改进的妨碍性专利产品，或收取高额的专利许可费抬高妨碍性专利产品的成本。此时，消费者的福利将受到损害，专利联盟也就具有了"垄断性"。第二，专利联盟将竞争性专利进行整合，消除了专利间的市场竞争，打破了竞争性专利拥有者间的博弈平衡，为垄断的滋生提供了良好的生存环境。❶

2. 专利联盟的卡特尔反竞争性分析

卡特尔或卡特尔协议又称为横向垄断协议，指的是两个或两个以上生产或销售同一类型产品，或者提供同一类服务而具有竞争关系的经营者，通过协议而实施的排除、限制竞争行为❷。具体表现为这些经营者达成有关划分销售市场、规定产品产量、确定商品价格等方面的协议。卡特尔是一种通过限制产量以达到提高价格、分享市场和获取更多的消费者剩余的经济组织，是资本主义垄断组织的一种重要形式。专利联盟内卡特尔必须具备两个条件：第一，组织内成员对价格和产量水平达成协定并遵守该协定；第二，具有垄断实力的潜在可能。专利联盟通过专利的集中

---

❶ 游训策. 专利联盟的运作机理和模式研究［D］. 武汉：武汉理工大学，2008.
❷ 曹康泰. 中华人民共和国反垄断法解读——理念、制度、机制、措施［M］. 北京：中国法制出版社，2007：55.

许可，实现对组织内成员和竞争者的产量、价格以及组织内成员的欺骗和背离行为的有效控制，为卡特尔的运行提供控制机制，使其具备第一个条件。同时，专利联盟拥有大量专利，有可能用来建立标准、开发新产品等，这样就有可能形成一定的市场垄断势力，使其具备第二个条件。也就是说，专利联盟通过集中专利和对竞争者进行许可，能够为卡特尔提供控制机制。如果水平竞争者通过专利联盟共谋，进行产量限制或者价值约束，专利联盟可能会对市场竞争带来损害。专利联盟为联盟成员共同设定专利许可费提供了便利，这种机制也容易造成"垄断价格"的出笼。

卡特尔是实现市场垄断最原始、最直接的方式，对市场竞争的危害也最大，是各国反垄断法规制的重点。我国《反垄断法》对于"横向垄断协议"即卡特尔的规定在第13条第1款，该条款规定："禁止具有竞争关系的经营者达成下列垄断协议：（一）固定或者变更商品价格；（二）限制商品的生产数量或者销售数量；（三）分割销售市场或者原材料采购市场；（四）限制购买新技术、新设备或者限制开发新技术、新产品；（五）联合抵制交易；（六）国务院反垄断执法机构认定的其他垄断协议。"对于专利联盟的内部合作协议的规制也全在这一条款之中。如果专利联盟中包含有具有竞争关系的经营者，它们以协议或其他方式，共同决定许可产品的价格，或者限制数量、交易对象、交易区域、研究开发领域等，约束相互间的经营活动，足以影响市场功能时，则违反《反垄断法》。

3. 专利联盟外部许可协议反竞争效应

专利联盟外部许可协议可能引起的反垄断问题主要有两个方面：一个是专利联盟凭借自己的优势地位，迫使处于不利地位的被许可人接受不公平的交易条件，如限定价格、不合理的收取专利许可费等，从而构成反垄断法上的"纵向垄断协议"；另一个是具有市场支配地位的专利联盟，可能滥用市场支配地位，限制市场的竞争，使被许可人和消费者蒙受损害，人为地阻碍技术的进步。对于市场支配地位,我国《反垄断法》第 17 条第 2 款专门对其进行了定义:"本法所称市场支配地位,是指经营者在相关市场内具有能够控制商品价格、数量或者其他交易条件,或者能够阻碍、影响其他经营者进入相关市场能力的市场地位。"所谓支配地位的滥用,是指拥有市场支配地位的企业滥用其市场支配力,并在一定交易领域实质性地限制竞争,违背公共利益,应受到反垄断法谴责的行为。❶ 专利联盟一旦是由竞争型专利所组成,市场上也没有其他的替代技术或以与其竞争,或者专利联盟是由制造符合标准的商品所必要的专利技术所组成的,本身具有相当大的市场力,则该专利联盟可能被认为具有市场支配地位。❷ 这类专利联盟对其市场支配地位的滥用,则会影响到社会经济的正常发展,受反垄断法的规制。

专利联盟中的限制竞争效应主要表现为以下几种形式。

1. 拒绝许可

拒绝许可实质上就是将现有市场的竞争对手予以排除或者防止潜在的竞争对手出现。如果专利联盟纯粹为了排除其他人参与竞争,巩固和加强其垄断地位,而对他人拒绝许可,其反竞争性是不言而喻的。倘若专利联盟为单纯的交叉许可的封闭式专利联盟,那么拒绝第三方许可人无可争议。但若是专利联盟为开放式或者复合式专利联盟,并且已经有过许可第三方的先例,在同等条件下则不能够拒绝许可。

2. 限定价格,不合理地收取专利许可费

一方面,专利联盟对于专利技术的使用者采用"欲擒故纵"的方式,收取高额的专利费;另一方面,具有相互竞争关系的专利权人通过构建专利联盟,消除彼此间的竞争关系,以高于单独

---

❶ 周昀. 试论滥用市场支配地位行为的禁止制度 [J]. 中国社会科学院研究生院学报,2007 (3).

❷ 时亚君. 从飞利浦案论专利集管之市场范围界定 [D]. 花莲:台湾东华大学,2007:10.

任一方的专利使用费的方式要求被许可人接受专利联盟的许可价格。专利联盟能够利用这一优势制定不合理的价格以期获取更多经济利益。例如，DVD 6C 专利联盟在价格限制行为的反竞争效果非常明显。具有市场支配地位的企业往往会通过在不同地域市场上确定不同的价格来使其利益最大化。价格歧视是具有市场支配地位企业滥用其市场优势的一种形式。❶

3. 搭售非必要专利或无效专利

企业在构建专利联盟时，由于专利技术数量庞大，非必要专利或无效专利顺势而入；专利联盟组建后，联盟内部某些必要专利或许因为专利技术的不断研发升级而成为非必要专利，又或许随着时间的推移而变成无效专利。专利联盟在许可其专利的时候，会有意或无意地将非必要专利，甚至无效专利强迫被许可人接受。对于被许可人而言，或是由于无法辨识出非必要专利或无效专利，或是因辨识非必要专利或无效专利需要付出更大的努力而怠于对许可专利的考察，或是不愿承担对非必要专利或无效专利提起诉讼所要花费的诉讼费用和精力，因而长期对非必要专利和无效专利支付许可费用。搭售非必要专利或无效专利的行为提高了被许可人的竞争成本，造成了不公平竞争。

4. 签订回授条款等垄断性条款

回授条款是指在许可协议中，被许可人同意将其对许可人的技术所作的改进及其产生的专利权再许可给许可人使用。❷ 根据是否允许向第三人提供许可，可将回授条款分为独占性回授条款与非独占性回授条款。独占性回授条款是指在专利许可协议中要求被许可人将其在原专利技术上的改进技术独占许可给原许可人，而不允许向第三方进行许可，甚至不允许自身使用的条款。

---

❶ 汤春来. 市场优势的滥用及其法律规制 [J]. 首都师范大学学报：社会科学版，2003（5）：45.

❷ 美国《知识产权许可得反垄断指南》第5.6条。

非独占性回授条款是在专利许可协议中要求被许可人将其在原专利技术上的改进技术许可给原许可人，但不限制是否向第三方进行许可及自身使用的条款。

在各国的反垄断审查中对回授条款的审查往往基于不同的案例而给出不同的审查结果。即使是美国早期的案例也一般认为回授条款不应当适用本身违法原则，最多适用合理性审查原则。对于回授条款的认识在1995年美国司法部与联邦贸易委员会的《知识产权许可的反垄断指南》得到更为明确和客观的规定。根据该指南的规定，回授能够产生有利于竞争的积极效果，特别是非独占性的回授。非独占性回授基本上不具有反竞争的效果，因为被许可人在所授权技术的基础上进一研发的技术成果没有过多的限制，不仅有利于鼓励创新，激发更多的市场力量来参与竞争，还有利于巩固专利联盟，共享收益、共担风险。

回授条款有时会产生限制竞争的效果。在专利联盟中，联盟借助回授条款进一步加强其对相关专利技术的控制，同时被许可人由于需要将对该技术的改进回授给联盟从而失去进一步进行技术创新的动力。除回授条款以外，现行的专利联盟在许可协议中还设置有其他的垄断性条款，如限定价格或者联合定价条款、限制技术改进条款、限定下游企业产品售价、划分销售区域等垄断性限制条款，看似控制被许可人的某一方面，胁迫被许可人接受专利许可协议，实质上则是专利联盟反竞争性的表现。

（二）专利联盟与反垄断法的关系

专利权专属于权利人本身，具有先天的排他性和垄断性，任何人未经权利人允许不得擅自使用或处分。专利联盟是具有专利权的企业将专利权汇集起来，交叉许可或者统一对外许可，实质上又是多个法定垄断权的集合。其与反垄断法所保护的利益存在"冲突"，它们之间的"冲突"主要体现在专利法与反垄断法的立法目标的侧重点不同。我国《专利法》属于民事法律，侧重于保护专利权人的"私权",实现专利权人的私人利益;《反垄断法》是经济法的分支,属于公法领域,侧重于保护公共利益,它是通过预防和制止垄断行为,来保护市场公平竞争,从而提高经济运行效率,维护消费者利益和社会公共利益。专利法和反垄断法的这种"冲突"在事实上并不存在矛盾,二者通过作用于不同的社会关系来共同维护良好的法治秩序。专利制度的精妙在于选择了赋予发明人(申请人)一定时期内垄断权的形式。基于契约理论的权利义务对等原则,获得垄断权的发明人(申请人)必须以公开其发明内容为代价。从而发明人(申请人)在获得收益的同时也促进了社会的进步,是一种双赢的结果。因此,从鼓励创新、提高经济效率、鼓励竞争、促进社会进步等方面来看,与反垄断法的立法精神是一致的。在美国联邦法院看来,竞争法和知识产权法都把激励创新、产业发展和竞争作为自己的目标。[1] 而专利联盟一旦形成垄断,不仅不符合反垄断法的立法精神,也不符合专利法的立法精神。单个专利的垄断并不构成真正意义上的经济垄断,而专利联盟实质上是多个法定垄断权的集合,若不适当地扩大其权利范围,以至超出法定界限,那么将会打破在公共利益与专利联盟个体利益之间形成的利益平衡,最终造成公共利益的损害,显然违背制度设计的初衷,理应受到反垄断法规制。

美国《知识产权许可的反垄断指南》指出:"知识产权法律和反垄断法律拥有促进创新和提高消费者福利的共同目的。通过为新颖的、实用的制品,为更为效率的方法,为原创性作品的创造者提供可执行的财产权,知识产权法律能激励创新,并促进创新的传播与商业化。如果没有知识产权,模仿者能够不付报酬而更迅速地占用创造者和投资人的努力。迅速的模仿会减少创新和

---

[1] DAVID A. BALTO, ANDREW M. WOLMAN. Intellectual Property And Antitrust: GeneralPrinciples [J]. Idea, 2003.

商业价值,削弱投资欲望,最终损害消费者。通过禁止那些可能损害竞争的服务于消费者的现存的或新出现的行为,反垄断法律能够促进创新和消费者福利。"该指南进一步表明当专利联盟的垄断行为损害竞争时,应当受到反垄断法的规制。

(三) 专利联盟与美国反垄断规制

专利联盟在美国已有超过150年的历史,世界上多数国家对于专利联盟的研究和反垄断立法或多或少都受到美国的影响。美国第一部反托拉斯法——《谢尔曼法》于1890年诞生,其主要内容和立法目的就是反对以订立合同或者以企业联合的方式组建托拉斯或类似组织,反对订立限制竞争的协议,反对垄断和反对谋求垄断。为了进一步规制以其他不正当方法进行限制竞争的行为,美国国会于1914年制定了《联邦贸易委员会法》(The Federal Trade Commission Act)。该法对《谢尔曼法》所用的诸多名词加以解释,例如,"限制贸易或商业"的范围包含:固定价格、分割市场、联合抵制、限制转售价格、拒绝交易、搭售、排他交易等。其目的在于使联邦贸易委员会有较大的且具有弹性的执行权限,以更好地发挥该法的功能。其后,美国国会又通过了《马格纽森—摩斯联邦贸易委员会促进法》(Magnuson - Moss FTC Improvement Act)。《谢尔曼法》《克莱顿法》和《联邦贸易委员会法》以及1995年颁布的《知识产权许可的反垄断指南》,构成美国反托拉斯法的重要组成部分。

美国《知识产权许可的反垄断指南》明确了对专利联盟进行反垄断审查的原则、态度和方法,列举了一些典型的实例以便执法参考,为知识产权权利人及其相对人判断其行为是否违反反垄断法的规定起到相应的指导作用。《知识产权许可的反垄断指南》对知识产权与反垄断法的共同目标、知识产权的反垄断领域确立的基本原则、对知识产权许可合同进行反垄断审查的具体原则和方法以及几种最有可能受到反垄断审查的行为进行了阐述。

《知识产权的反垄断指南》关于知识产权的反垄断审查的 3 个一般性原则为统一美国反垄断实务操作中的不同做法提供了依据。《知识产权的反垄断指南》以"安全区"对知识产权者的行为是否有触犯反垄断法的可能提供指引。安全区指的是如果某些行为的反竞争效果几乎是不可能存在的，即处在一个安全区范围内，那么主管机关可以推定该许可安排（即使存在对被许可人的限制）不具有反竞争性。对于安全区以外的许可安排，主管机关不会随意判定其具有反竞争性，而是对相关市场要素进行分析，对许可安排的实际运作及其效果长期关注，从而判断其是否可能存在反竞争的情形，然后再作出是否构成非法垄断的认定。

（四）我国的专利联盟与反垄断规制

我国专利联盟的实践处于"初级阶段"，相关法律规则亦处于探索阶段，实践中缺乏应对国外专利联盟侵权案例的成功经验，实务界在期待理论界的关注与研究。但是关于反垄断的相关法律规定还是能够散见于《合同法》《专利法》《对外贸易法》，同时 2008 年的《反垄断法》亦对知识产权的反垄断问题作了一些原则性的规定。

例如《合同法》第十八章关于技术合同的规定中对专利权的非法垄断行为、限制竞争行为作出了禁止性规定，第 329 条❶、第 343 条❷及第 344 条❸的规定可以参考适用于专利联盟。《专利

---

❶ 《合同法》第 329 条规定："非法垄断技术、妨碍技术进步或者侵害他人技术成果的技术介同无效。"

❷ 《合同法》第 343 条规定："技术转让合同可以约定让与人和受让人实施专利或者使用技术秘密的范围，但小得限制技术竞争和技术发展。"

❸ 《合同法》第 344 条规定："专利实施许可合同只在该专利权的存续期内有效。专利权有效期限届满或者专利权被宣布无效的，专利权人小得就该专利与他人订立专利实施许可合同。"

法》在第六章专利实施的强制许可中,从第 48 条至第 51 条,以列举的方式罗列出法律所允许的实施专利强制许可的情形,从侧面规制了专利权的滥用行为。《对外贸易法》与《合同法》和《专利法》相比,更为具体地从知识产权的反垄断法规制角度作出了规定。例如,《对外贸易法》第 30 条规定:"知识产权权利人有阻止被许可人对许可合同中的知识产权的有效性提出质疑、进行强制性一揽子许可、在许可合同中规定排他性返授条件等行为之一,并危害对外贸易公平竞争秩序的,国务院对外贸易主管部门可以采取必要的措施消除危害。"该法还以列举方式对无效知识产权、强制性一揽子许可,以及约定回授条款等知识产权权利人滥用知识产权的行为作出了禁止性规定,并用"等"字作为兜底,以便于对其他类似的滥用知识产权的行为进行规制。

我国《反垄断法》第 55 条明确规定:"经营者依照有关知识产权的法律、行政法规规定行使知识产权的行为,不适用本法;但是,经营者滥用知识产权,排除、限制竞争的行为,适用本法。"该条款一方面承认了知识产权的合法垄断地位,另一方面也明确指出了知识产权构成非法垄断的两种情形:第一,滥用知识产权;第二,实施排除、限制竞争的行为。《反垄断法》第 17 条列举了多种具有市场支配地位的经营者所作出的滥用市场支配地位的行为,从列举的几种情形来看,专利联盟成员很可能利用该联盟在本行业中的优势地位或市场支配地位,滥用权利,实施本条所禁止的行为,如以不合理的高价制定专利许可费用、拒绝对与其有竞争关系的企业授予专利使用许可等。由于这些行为是对专利权的滥用,而专利权属于知识产权,因此,应当受到《反垄断法》的禁止。另外,《反垄断法》第 13 条和第 14 条列举了《反垄断法》所禁止的垄断协议,这两条均是对实施排除、限制竞争的行为的否定。专利联盟的固定价格行为、限制被许可人开发新技术新产品的行为及联盟成员对某些被许可人的联合抵制构成对《反垄断法》第 13 条的违反。其中,专利联盟的固定价格行为实为对专利的使用费进行定价的行为,该行为本身并不必然构成对《反垄断法》的违反。而专利联盟成员在与被许可人签订的专利使用许可合同中,若要求被许可人必须以某一价格出售含有该专利技术的产品或者限定该产品的最低价格的,应该被视为具有排除、限制竞争的目的,属于违反《反垄断法》第14条的规定的行为,受到《反垄断法》的规制。

四、战略性新兴产业与专利联盟的发展

战略性新兴产业作为技术密集型产业,其发展离不开专利的支撑。美、日、欧的跨国公司是战略性新兴产业专利的主要创造者,也是专利的运用及运营主体。在标准与专利结合日趋紧密的背景下,国外战略性新兴产业专利联盟背后,通常都有技术标准的影子,不少专利联盟直接是为标准而生。专利联盟成为跨国公司推行自身标准,维持竞争优势的重要手段。

战略性新兴产业的技术创新与知识产权创造机制的核心是主导设计及专利研发。主导设计是指在不同的技术标准进行竞争中最后胜出并被广泛采用的技术标准,全球战略性新兴产业竞争的实质是主导设计的竞争。❶ 随着社会经济的不断发展,行业在制定技术标准的时候不可避免地将专利纳入,那么专利如何保护、许可、应用等都关系着战略性新兴产业的发展,因此在战略性新兴产业的知识产权战略中,专利权的取得是不容忽视的。发达国家正在利用专利和技术标准阻挠我国战略性新兴产业的发展和自主创新能力的提升;国内企业长期主导"以技术换市场"的战略思维亦延误了战略性新兴产业的跨越式发展。然而,战略性新兴产业的发展,需要的不只是只能影响一家或者若干家企业的技

---

❶ 孙颖,包海波. 战略性新兴产业的知识产权作用机制研究[J]. 科技管理研究,2013(5):141-145.

术专利，而是能够影响整个产业发展的专利联盟和技术标准，这样才能提升战略性新兴产业乃至整个国家的竞争力。要使战略性新兴产业的发展有制度基础保障，必须将战略性新兴产业的发展与专利联盟和标准化战略相结合并置于国际技术背景下安排。

全球战略性新兴产业竞争的实质是技术标准的竞争——技术专利化和标准化才是战略性新兴产业参与到国际市场中竞争的利器，专利是战略性新兴产业国际竞争的制高点。我国要在未来国际竞争中占据有利地位，只有掌握关键核心技术及相关专利权。专利的推进与实施必须符合战略性新兴产业发展的全局性、长远性、导向性和动态性要求。同传统产业相比，战略性新兴产业的发展具有3个突出特点：技术创新水平高且技术链复杂、基于创新网络的产业链、较高的知识产权保护环境要求。这3个特点决定了知识产权组织与制度的影响能够贯穿于战略性新兴产业发展的不同阶段与各个环节。❶ 因此，充分利用知识产权制度完善战略性新兴产业发展的专利联盟机制，实现高水平投入、有效保护、优化配置，赢取国际市场竞争主动权。构建专利联盟战略，通过专利联盟的运营，促使专利技术的开发与运用，完善企业自身专利技术法律保护体系。

五、本章小结

专利联盟已经成为企业取得市场竞争地位的重要知识产权利器，其对经济的促进是巨大的，不可替代的；国外企业已经改变在专利方面"单打独斗"的竞争方式，转而以专利联盟的形式，将具备专利技术优势的企业捆绑在一起，参与市场竞争，共谋竞争优势，进而形成技术标准，控制整个市场，因而专利联盟的存

---

❶ 孙颖，包海波. 战略性新兴产业的知识产权作用机制研究 [J]. 科技管理研究，2013（5）：141-145.

在，无论是对经济社会，还是对企业自身来说，都具有重要的意义。然而专利联盟的存在，可能会将多个专利的"垄断权"汇集在一起形成事实上的经济垄断，在这种情况下就需要反垄断法的规制，以维护正常的市场秩序，做到专利联盟与市场经济健康而又协调有序的发展。基于专利联盟的重要意义，对于发展战略性新兴产业来说，也是不可或缺的重要部分，因此，战略性新兴产业的发展和其在国际上的竞争，离不开专利联盟这一利器。可以毫不夸张地说，专利联盟，俨然已经成为国际竞争上的制高点。

第四章 专利联盟的应用与产业发展

专利联盟是企业之间基于共同的战略利益,以一组相关的专利技术为纽带达成的联盟,联盟内部的企业实现专利的交叉许可,或者相互优惠使用彼此的专利技术,对联盟外部共同发布联合许可声明。专利联盟是以专利为载体的一种联盟组织,专利联盟的出现,标志着专利竞争领域的一个重要转变,即从单个专利为特征的战术竞争转向以专利组合为特征的战略竞争。

专利联盟通过专利的共享,在联盟内部可保证企业拥有必要的、充足的技术保障,最大限度地降低企业之间的知识产权风险,使企业免于因知识产权问题而导致成本上升、生产中断、融资受限等一系列问题,保障了产业和企业的平稳和谐发展。对于联盟外部,专利联盟可通过开展产业专利分析评议,建立专利预警机制,共同研发规避侵权的设计方案,或集中力量共同进行专利许可谈判,为企业防范专利风险或降低专利许可使用成本,维护产业的发展安全。

一、专利联盟的模式与类型分析

专利联盟根据建立目的、许可对象、联盟主导者的不同有3种不同的分类。

1. 根据建立的目的分类

(1) 以建立行业标准为目的。以建立行业标准为目的的专利联盟是现在市场上最为常见的专利联盟,例如,MPEG-2专利联盟、DVD领域的6C和3C专利联盟、3G标准相关的专利联盟。这类专利联盟内的专利往往是围绕某一行业标准的相关专利，联盟内设有专门的行业标准建立部门，对建立行业标准涉及的相关专利信息进行收集整理，之后由谈判部门将这些相关专利的专利权人吸收进联盟。这类专利联盟往往规模较大，联盟成员的实力较强，对行业具有较强影响力。由于行业标准的设立必须拥有行业标准涉及的绝大多数专利并得到行业内多数企业的认可，因此，以建立行业标准为目的的专利联盟具有很强的开放性和包容性，其管理也具有动态性特点。我国目前以建立行业标准为目的的专利联盟较为少见，深圳市新能源标准与知识产权联盟便是一例。该联盟为解决新能源产业标准体系的不完善而建立，致力于提高新能源行业的标准化信息服务和知识产权创造、运用、管理和保护，增强企业自主创新能力，促进深圳市新能源产业标准化和知识产权战略体系的实施，通过推动知识产权与标准相结合，促进新能源产业转型升级。

（2）以方便专利使用为目的。以方便专利使用为目的的专利联盟一般为小型的专利联盟，例如，金色水稻专利联盟、HIV/AIDS 专利联盟。这类专利联盟一般只进行联盟内的相互许可，不进行第三方许可。联盟内的专利关系以互补性和妨碍性为主，且属于同一领域，相互之间关联性较强。联盟成员一般属于同一行业，生产的专利产品不具有竞争性。这类专利联盟一般不参与联盟间的竞争，对市场的影响较小。

（3）以提升产业竞争力为目的。例如，我国的 AVS 专利联盟是为对抗国外 MPEG 系列专利联盟，我国的 TD－SCDMA 专利联盟是为对抗国外 W－CDMA 专利联盟等 3G 标准下的专利联盟，我国的中国彩电知识产权联盟（以下简称"中彩联"）是为了对抗美国先进制式委员会（ATSC）的收费标准而建立的。以中彩联为例，目前全球彩电一半以上由中国制造，2011 年彩电出口连续超过 6000 万台，如果按照专利权人针对美国 ATSC 的标准收费，中国彩电企业将不可承受。不解决好这个问题，作为我国工业经济支柱之一的彩电产业链，将会步 DVD 的后尘，整个产业会一蹶不振，于是我国九大彩电企业出资组建专利联盟，以提升产业整体竞争力。联盟建立后成果显著，中彩联通过前几年组织彩电专利集体谈判，与国外专利巨头进行了针锋相对的谈判与诉讼，已经把彩电出口付费从41美元/台降到20美元/台以下，切实维护了产业的利益。

（4）以降低市场竞争度为目的。以降低相互竞争程度为目的的专利联盟一般是违反竞争法的，在市场上也比较少见。这类专利联盟内的专利以竞争性专利为主；联盟成员间存在竞争关系，生产的产品间具有替代性；联盟以打包竞争性专利向第三方集中许可的方式降低成员间的竞争程度来获取更高的利润。这类专利联盟由于阻碍了专利间的竞争，抬高了专利的市场价格，增加了专利产品的成本，减少了消费者福利，而被判定为具有垄断性，经常受到竞争法的限制，甚至被依法解散。例如，美国近代史上建立的缝纫机专利联盟等专利联盟。

2. 基于许可对象角度的分类

按照专利联盟许可对象的不同可以将专利联盟分为开放式专利联盟、封闭式专利联盟和复合式专利联盟。

（1）开放式专利联盟。开放式专利联盟是现代专利联盟的主要方式，其是指两个或多个专利所有人联合起来组成专利联盟后，除了在联盟内部进行专利的许可活动外，还向第三方提供专利许可，许可费用由专利联盟内专利权人根据其对专利联盟贡献的必要专利的数量来进行分配。专利联盟对外许可实施活动可以由联盟内的核心企业组织实施，也可以由专利联盟的协会组织实施，也可以委托独立的第三方来实施。向第三方进行专利许可是专利联盟成立的重要目的之一。而以向第三方进行专利许可为目的的开放式专利联盟也是现在市场上最常见的专利联盟类型。开放式专利联盟作为专利权人和被许可者之间的桥梁，其主要工作是汇集专利、打包专利、专利许可、收取专利许可费和分配专利许可费。在我国实行这种模式的专利联盟，有DVD 3C专利联盟和 DVD 6C 专利联盟。

MPEG 是 ISO 和 IEC 第一联合技术组（ISO/IEC JTC1）1988 年成立的运动图像专家组（Moving Picture Expert Group）的简称，先后制定了 MPEG-1、MPEG-2、MPEG-7 等一系列标准。MPEG-2 是开放式专利联盟的代表，在 MPEG-2 标准制定阶段，人们就意识到了专利许可问题的重要性。作为 ISO/IEC 下属的标准工作组，MPEG 只负责制定标准，而知识产权方面遵守国际标准化组织的知识产权政策。因此，该标准制定过程中所有的参与者都承诺在 RAND（Reasonable and Non-discriminatory）原则下进行许可。在对所有标准的必要专利权人开放的基础上，MPEG-2 专利联盟不断扩大了联盟内专利覆盖的范围，这一方面在世界范围内吸引了更多必要专利的加入，从而使该标准更好地在世界范围内进行推广；另一方面通过联盟成员的联合诉讼，提高了联盟的防御能力及谈判能力，从而扩大了联盟对外许可的范围，使联盟成员获得了巨大的专利许可收益。迄今为止，MPEG-2 专利联盟已成功向全球 1037 家企业进行了专利授权，其中包括佳能、时代华纳、诺基亚、先锋等，极大地促进了 MPEG-2 标准的推广。

（2）封闭式专利联盟。封闭式专利联盟是由两个或两个以上的公司组成的，联盟成员间互相进行专利的许可，对外不进行专利许可，联盟内的专利技术只有联盟内部的成员才可以使用，该联盟建立的目的就是分享各专利联盟成员独自拥有的专利权。封闭式专利联盟的许可关系只存在于联盟内部各成员之间，第三方是不存在的。封闭式专利联盟由于没有第三方的参与，只在联盟内进行专利的许可活动，也不需要不断淘汰和吸纳必要专利，所以联盟的成员一般比较固定，而且由于许可实施活动比较简单，专利联盟的权利也比较分散，如果出现专利许可的实施履行问题，一般直接通过联盟内部解决，解决方式也以双方协调为主。

美国的 GSM – 摩托罗拉联盟是专利联盟历史上赫赫有名的封闭式专利联盟，摩托罗拉拥有的专利多是涉及无线电信息发送系统领域的，为实现专利技术共享，摩托罗拉公司于 1993 年联合诺基亚、阿尔卡特、爱立信和西门子共同组建了一个基于专利交叉许可的专利联盟。摩托罗拉对联盟内的其他成员进行限制地域且排他的交叉许可，即摩托罗拉可以分别与联盟内的其他公司共享 GSM 标准必要专利以及所需要的其他相关专利技术，但这种许可起初仅限制于欧洲地区，而摩托罗拉也不对联盟外的企业进行许可。之后，随着 GSM 标准商业化的不断发展，摩托罗拉才将许可的地域限制取消。

（3）复合式专利联盟。复合式专利联盟是指除专利联盟成员间交叉许可外，还可对专利联盟成员外的第三者进行统一的专利许可。或者说，复合式专利联盟是指两个或者多个专利权人联合起来组成专利联盟后，不仅在专利联盟内的专利权人之间进行专利许可，还对第三方提供专利许可。复合式专利联盟实际是封闭式专利联盟和开放式专利联盟的复合，其主要工作也是封闭式专利联盟和开放式专利联盟工作的复合。组建复合式专利联盟大多是为了解决"专利丛林"问题。现实中很少有绝对的开放式专利联盟或封闭式专利联盟，大多数专利联盟都采用复合式，仅仅是由于组建专利联盟的不同的目的和影响因素而使得复合式专利联盟具有不同的侧重点。在复合式专利联盟中，如果专利联盟以降低与对手的竞争、进行专利许可为主要目的，则可定性为侧重开放式；如果专利联盟内以为交叉许可专利提供便捷的条件为主要目的，则可定性为侧重封闭式。

（4）不同类型专利联盟的比较。以上 3 种类型的专利联盟的共同点主要体现在以下两个方面：一是都汇集了技术标准相关的核心专利，整合了联盟成员相互间互补性的专利资源，从而促进成员间的技术共享并有利于将技术标准产业化。二是通过组建专利联盟，增强了联盟成员的市场竞争力，从而获得更多利润。与此同时，3 种联盟类型各自也呈现出了不同的特点，详见表 4-1。

表 4-1 不同类型专利联盟的比较

要素	开放式专利联盟	封闭式专利联盟	复合式专利联盟
入盟要求	所有专利权人都能加入，只有必要的专利才能纳入联盟	由联盟管理者选择少数的、拥有互补性专利的必要专利权人	依联盟组建目的的不同而不同
许可方式	联盟成员对联盟管理机构进行非排他性许可，再由联盟对外提供打包许可	联盟管理者与各其他联盟成员分别进行交叉许可，不对外许可	联盟成员间交叉许可，多数情况下对外统一许可
获取竞争力的途径	不断扩大联盟内必要专利的数量，扩大许可范围，获得高额的许可费	通过拒绝对外许可将竞争者排除在市场之外	对内降低专利使用成本，对外选择性的垄断市场

3. 根据专利联盟的主导者分类

根据专利联盟的发起者或者具有重要性地位的联盟成员的不同，专利联盟可分为行业协会主导下的专利联盟、大企业主导的专利联盟和中小企业主导的专利联盟。其相应的管理组织模式分别是协会式管理组织模式、独任管理组织模式和独立第三方管理组织模式。这种模式类型的分类比起前述联盟模式的分类更加注重客观条件因素，对企业如何选择专利联盟模式提供更加直观的选择条件，使企业能够依据各自不同的选择条件选择合适的联盟模式。

（1）行业协会主导下的专利联盟。行业协会主导下的专利联盟的成员往往具备雄厚的科技实力，属于该行业的领头企业。此类专利联盟所处的行业基本上都是新兴行业，技术处于发展阶段,具有巨大的市场潜力,可能是未来的支柱型科技产业。由于技术不成熟,所带来的风险也很大,企业虽然知道行业的巨大发展潜力,但是仍然不肯轻易背负巨大风险投入资金。如果政府为了国家利益和未来的发展,适当为企业提供风险担保,通过行业协会组建专利联盟会是一种较好的模式。联盟成员通过专利交叉许可,甚至统一管理进行科研分工,不断研发创新行业发展所必需的专利技术,带动整个行业的发展速度,在技术成熟时制定行业标准,对第三方进行专利授权,同时不断吸收新的专利技术,拓展行业发展空间,促进行业的可持续发展。

(2) 大企业主导下的专利联盟。大企业(或称龙头企业)主导下的专利联盟所处的行业领域通常相对成熟,联盟成员可以参差不齐,有在行业具有重要影响力的企业,也有影响力一般的企业。该类联盟通常是复合式专利联盟,联盟成员通过对第三方授权收取专利许可费,并且与第三方签订专利回授协议,不断吸收新的联盟成员,扩大联盟影响力,同时联盟成员内部也进行专利交叉许可,达到资源共享、共同发展的目的。大企业主导下的专利联盟一般都会成立单独的管理部门对联盟内部的专利技术进行管理,管理方式也比较复杂。

(3) 中小企业共同管理的专利联盟。中小企业共同管理的专利联盟一般规模较小,联盟成员所拥有的专利多为互补性或者妨碍性专利,在行业内的影响力较小。联盟成员为了各自的发展目标组建专利联盟,通过协调达成各自可接受的发展目标,在联盟内部进行专利交叉许可,从而共享专利技术,借助联盟的力量扩大自身影响力。此类专利联盟的联盟成员一般不具备雄厚的综合科研实力,仅仅在某些方面具有一定优势,组建联盟的目的也很简单,为了在日益激烈的市场竞争下保存微弱的发展优势,联合发展。

(4) 不同类型的专利联盟组织管理模式相互间的比较参见表4-2。

表 4-2 不同类型的专利联盟组织管理模式比较

要素	行业协会主导的专利联盟	大企业主导的专利联盟	中小企业共同管理的专利联盟
联盟成员	相关产业影响力大	相关产业影响力参差不齐	相关产业影响力小
所处产业领域	一般处于萌芽或发展阶段	一般处于成熟阶段	有可能处于产业技术晚期阶段
风险承担对象	主要由行业协会承担	联盟企业共同承担	联盟企业共同承担
专利技术	可能占据产业领域中绝大多数份额的核心专利技术	一般在产业领域中占据大份额的核心专利技术	占据专利技术份额较小
竞争实力	竞争实力较强	竞争实力较强	竞争实力偏弱

(一) 专利联盟模式选择因素

专利联盟组建之初面临联盟模式选择的问题。有许多因素影响联盟模式的选择,大体可分为主观因素与客观因素。主观因素主要是组建专利联盟的目的和意义,而客观因素主要是组建专利联盟的风险、资源投入、效益产出。

1. 风险因素

第一个风险因素是司法风险。专利联盟一直受到垄断问题的困扰,如果专利联盟被司法机构认定具有垄断性质,那接下来专利联盟基本会被解散,这就造成了大量的人力、物力的浪费,也是联盟成员不愿意看到的。专利联盟垄断性的重要判断标准是其对市场竞争的影响:如果专利联盟的形成促进了市场竞争,则联盟没有构成垄断;反之,联盟的垄断行为将受到相关执法机关的追究。专利联盟的组建如果降低了相关产品的价格,则促进了市场竞争,不构成垄断;反之则构成垄断。通常,专利联盟垄断问题往往出现在较大的专利联盟中，联盟成员一般都是在产业中具有相当大影响力的企业，这种大型专利联盟在组建时应通过可能带来的巨大社会经济效益吸引政府的关注，组建由行业协会主导的专利联盟，这样既带来社会以及企业经济效益的提升，又能够在政府的指导下成功避免市场垄断行为的发生，降低法律风险。

第二个风险因素是专利技术风险。联盟成员的专利技术是决定专利联盟模式选择的重要因素。开放式专利联盟获得收益的方式之一便是对第三方授权从而收取专利许可费，一方面如果联盟成员的专利技术是过时的或者即将过时的则无法吸引第三方购买，这就使专利联盟的发展受到限制。另一方面如果联盟成员的专利技术并不成熟，却选择组建封闭式专利联盟，则可能会导致专利技术无法快速发展，难于形成产业化，导致专利技术被其他可代替的专利所取代，失去了市场前景。

第三个风险因素是资金风险。专利联盟模式的选择同样应考虑联盟成员各自的财产状况。由于高新技术企业专利联盟需要投入大量研发经费，并将专利技术产业化，这个过程充满了不确定性因素，很多专利技术无法顺利开发或者专利技术无法得到市场的认可和相关产业的支持，如果联盟成员没有足够的资金支持将无法应对这些不确定性，无法带动整个专利联盟的发展。只有联盟成员具有足够的财力实力支撑，才能够组建行业协会主导以及大企业自身主导的大型专利联盟；联盟成员经济实力薄弱的话不足以支撑带动大型专利联盟的发展，只能够组建中小企业共同管理的小型专利联盟。

第四个风险因素是市场需求风险。专利联盟所涉及的专利技术和产品的市场需求是专利联盟组建时应考虑的重要因素。市场需求是专利联盟良性发展的前提，组建专利联盟时应充分调查市场并进行评估，根据结果决定专利联盟模式的选择以及规模的大小。如果选择组建了大型专利联盟，投入了大量科研经费，最后却得不到市场的认可，则会导致联盟成员的亏损，断送了专利联盟的前途。相反，如果选择组建小型专利联盟，在市场上没有竞争优势，同样不利于联盟成员以及整个专利联盟的发展。

第五个风险因素是行业政策风险。行业政策是行业发展的指向标，行业的发展不仅靠行业中的企业的发展，还离不开国家宏观政策的正确调控。同样，在企业决定建立专利联盟前，应充分了解并预测行业的政策以及政策的发展趋势。行业的政策是决定专利联盟模式如何选择的重要因素之一，决定了专利联盟的生存空间和发展走向。当前，"十二五"发展规划为未来几年的发展道路提供了理论基础，高新技术企业应该明确发展方向，组建专利联盟时应根据政策的变化选择恰当的组建模式，规避与行业政策不符所带来的风险。行业政策支持的产业领域可以依靠联盟成员自身的实力以及目标选择大企业主导的专利联盟这种大型专利联盟，而行业政策不支持的产业领域不适合组建大型专利联盟，以免投入的大量资源达不到预期的经济效益目标，造成资源的浪费。

2. 资源投入因素

由于专利联盟的特殊性，联盟成员所投入的资源也有其独特的性质。

第一是财务资源。财务资源构成了专利联盟的经济基础，是其发展的基础条件之一。从联盟总体角度看，财务资源的投入决定了专利联盟规模的大小以及研发资金的多少。从联盟成员角度看，财务资源的投入反映了联盟成员对专利联盟的发展预期，以及成员对专利联盟的重要性认识，在一定程度上决定了专利联盟组建的规模。行业协会主导和大企业主导的专利联盟具有联盟规模大和联盟成员对联盟发展预期长远等特点，因此具备这两种条件的企业在组建专利联盟时往往会优先考虑这两种专利联盟模式；而中小企业共同管理的专利联盟一般规模较小、发展预期不确定（容易根据利润的多少决定成立与解散），不易投入大量资金,这是小型企业或者组建联盟的成员数量少时的选择。

第二个是信息资源。专利联盟成员需要共享相关的专利技术信息。但是,由于为了使自身利益最大化,有些成员会违反契约,造成联盟内部相互间的信息不对称,带来了联盟信用风险。信息资源的投入过程中会间接反映参加专利联盟的成员企业是否存在信用问题,对专利联盟的模式选择有一定影响。

第三个是管理资源。管理资源是专利联盟一项非常重要的资源要素,影响着联盟资源的有效利用率。管理资源大体包括联盟成员所规定的专利联盟管理制度、独立的专利技术信息管理机构、联盟的管理策略等。行业协会主导和大企业主导的专利联盟由于各种资源都很丰富,带来的相关管理风险也大大提高,这就给专利联盟的管理带来了难度,只有具有丰富的相关管理经验的企业才能够将自身经验融入专利联盟中,有条不紊地处理专利联盟日常的管理事务。因此在选择专利联盟模式时,相关管理资源也是其重点考虑的因素。

第四个是技术资源。技术资源的投入决定了专利联盟在其产业中的地位先进性,影响联盟成员加入的积极性。技术资源的投入加大了专利联盟核心技术流失的风险,投入技术资源较多的联盟成员会更加注重专利联盟的技术保密性并对其他联盟成员窃取其核心技术加以重点防范。技术资源多的企业有组建专利联盟倾向时才能够说服吸引更多的相关企业以及政府的参与支持,才有可能组建大型专利联盟,在发展前景良好的环境下,行业协会主导或者大企业主导的专利联盟是促使联盟快速发展的优先选择。

第五个是人力资源。它是最重要的资源,其他资源都要通过人力资源得以实现各自的功效。专利联盟的组建规模和模式、组建后的产业地位、发展前景都与专利联盟的人力资源实力有密切关系。

（二）专利联盟模式的选择条件

1. 行业协会主导的专利联盟模式

选择行业协会主导的专利联盟模式的前提是相关行业的需要。现有行业协会主导下的专利联盟所涉及的技术领域研究往往风险很高，产业一般处于萌芽和初步发展阶段，技术相当不成熟，但该领域将会引领未来的技术变革或者会成为新的支柱型产业；或者产业所处的战略地位较高，政府需要该产业领域的技术发展来带动提高国家或者地区竞争力。为了调动高新技术企业参与技术研究的积极性，往往会提供一系列优惠的行业政策甚至发放研究经费来降低专利联盟的风险，使得联盟成员可以减轻自身的风险，全心全意地投入到技术的开发中去，提高研发速度，更快得到研发成果。

当然行业企业必须具有相当的实力。企业需要在技术实力、管理经验、人才、领域信息等各方面拥有较丰富的资源，在行业协会组建专利联盟时才能够符合其所选择的成员企业的要求；或者如果是专利联盟说服行业协会参与专利联盟，只有拥有克服研究开发长期性和困难性的技术实力，才能够争取到行业政策上的优惠以及经费上的扶持。由于行业协会主导的专利联盟本身所处产业领域的技术特点，专利联盟偏向于长期效益的获取，因此只有更加看重长期利益的高新技术企业才有可能选择这种模式。行业协会主导模式的选择条件因素如图 4-1 所示。

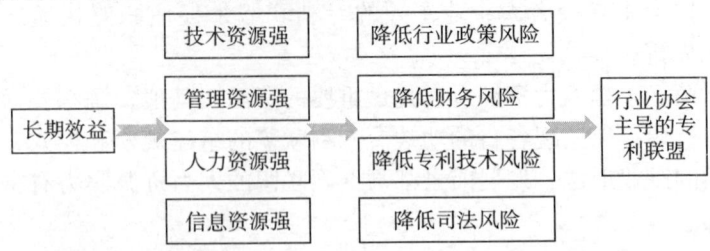

图 4-1　行业协会主导模式的选择条件因素

2. 大企业主导的专利联盟模式

大企业主导的专利联盟需要有一些成员企业相关资源实力比较丰富，领域影响力较大，联盟成员的选择没有行业协会主导下的专利联盟条件苛刻，可以吸纳综合实力相对较弱但是可以对专利联盟产生贡献的企业。由于风险完全由联盟企业自身承担，企业一般在技术领域相对较成熟的情况下才会选择这种专利联盟。在效益产出的期望上，一般适用于在效益产出方面没有定性目标的企业，既可以是为了获取长期经济效益也可以是获取短期经济效益或者两者皆有。大企业主导模式的选择条件因素如图4-2所示。

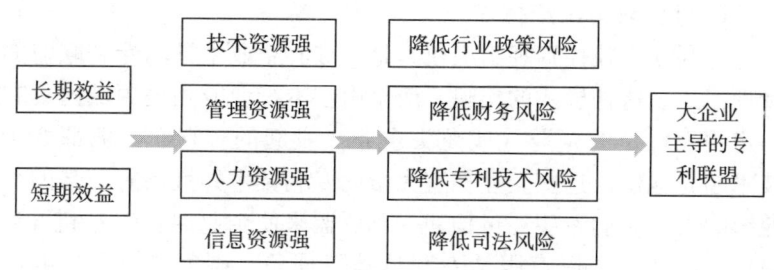

图 4-2　大企业主导模式的选择条件因素

3. 中小企业共同管理的专利联盟模式

中小企业共同管理的专利联盟模式适用于实力相对较弱的企业，一般无法影响专利联盟涉及技术领域的发展方向，只能在现有的技术资源上进一步发展，这种联盟模式的收益目标一般具有短期性。联盟成员能够投入联盟的各方资源比较有限，但能够做到资源互补，以节省各个成员的现有资源。企业可以通过选择这种专利联盟较大幅度地规避了严重风险，平摊成本，节省大量的资源投入，解决资金利用或者短缺问题，以小的代价提升市场占有率，增加经济效益。中小企业共同管理模式的选择条件因素如图4-3所示。

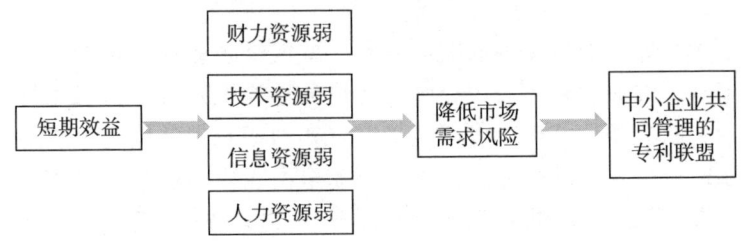

图4-3 中小企业共同管理模式的选择条件因素

(三) 专利联盟的组织管理模式

1. 独任管理组织模式

专利联盟独任管理组织模式是由核心企业主导的专利联盟的管理模式。这种模式的构建一般是由在本行业或相关领域内具有一定领先地位的企业（或龙头企业）发起的，它们一般都处于技术领先地位，这些企业拥有大量的专利技术并且具有较强的行业影响力，它们希望通过构建专利联盟来使企业拥有的专利得到最广泛的使用，以克服"专利丛林"现象，避免侵权现象的产生，使企业能够平稳地推进专利战略，取得最大利润。在这种组织模式下，核心企业扮演着主导者的角色，它们拥有核心专利技术的竞争实力，能够投资或领导伙伴的发展，带动其他企业的发展速度和方向，在日常的运作中充当着组织者、协调者和决策者的角色。因此专利联盟的组织管理、成员企业的入盟与退盟以及专利联盟运作的相关规则和程序都由核心企业完成或者领导完成。独任管理的专利联盟中专利联盟核心企业占据主导地位，其实核心企业可以被认作专利联盟的盟主，盟主负责制定联盟运行规则、协调联盟成员间的关系、在其他成员出现冲突时进行协调。这种专利联盟其实是一种星型模式的联盟形式，核心企业和其他成员间的关系如图4-4所示。

第四章　专利联盟的应用与产业发展

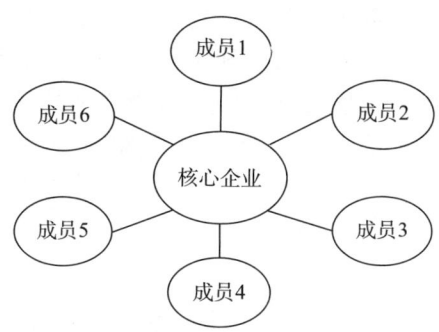

图 4-4　专利联盟独任组管理组织模式

2. 协会式组织管理模式

协会式管理模式的专利联盟下的成员企业间一般具有平等地位，实力较为均衡，优势互补，所以成员企业间没有明显的强势和劣势地位之分，各企业具有高度的自主权，共同制定联盟运行规则，共同进行专利的技术许可活动，提高联盟企业的市场竞争力，共同抵御来自联盟外的技术威胁。专利联盟成员以在内部建立协会的形式来对联盟的日常专利许可和贸易行为进行管理。专利联盟成员间其实是一种平行模式，成员间的关系如图 4-5 所示。

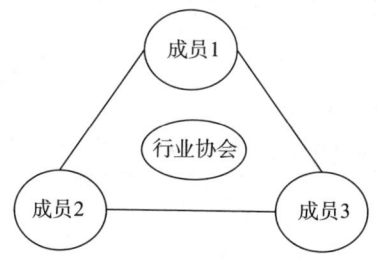

图 4-5　专利联盟协会式管理组织模式

3. 独立第三方组织管理模式

专利联盟独立第三方管理模式是指专利联盟将日常专利联

81

盟的日常运作和管理等任务授权给独立的第三方进行管理，而专利联盟与独立第三方在人事和资金上没有什么牵连。该种专利联盟也是一种平行模式的联盟，只不过与协会式专利联盟的运作管理不同之处在于，该种专利联盟将专利的日常运作任务授权给独立第三方进行管理，因此专利联盟成员间的关系如图4-6所示。

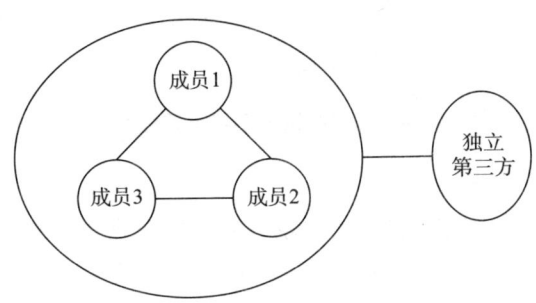

图4-6 专利联盟独立第三方管理组织模式

4. 专利联盟3种管理组织模式比较分析（见表4-3）

表4-3 专利联盟3种管理组织模式比较分析

管理模式	独任管理模式	协会式管理模式	独立第三方管理模式
特征	核心企业具主导优势和控制权，是专利许可的主要获利者，合作主要体现在核心企业与非核心企业之间	专利交叉许可行为较多，且各成员能获收益	是一种较为成熟的联盟模式，该联盟在同行中具明显的技术优势和强大的资金与专利技术实力，以及丰富的知识资源，对联盟外的专利技术依赖较少，不受制于联盟外的技术实体

续表

管理模式	独任管理模式	协会式管理模式	独立第三方管理模式
优点	1. 核心企业获最大益处，核心企业在联盟中的技术溢出合法化； 2. 增强企业的市场竞争力； 3. 对专利许可活动的影响较为直接有效	1. 优势互补，联合后更具市场竞争力； 2. 增强成员间的专利技术交流参与性与贡献性； 3. 成员间的矛盾相对较少，促使成员集中精力在联盟收益与提高上	1. 积极对外技术许可，成员获利更大； 2. 可避免联盟与专利权人的干涉与直接影响，降低垄断可能性； 3. 更能促进联盟的和谐和发展，面临的法律风险较小； 4. 成员间的冲突较小
缺点	1. 限制对市场的影响力； 2. 容易发生垄断行为； 3. 联盟的灵活性和适应性较差； 4. 对核心企业以来过大，如果核心企业有问题，可能导致专利联盟无法正常运行	1. 成员间的沟通交流和信任较困难； 2. 存在个体的利益和专利联盟整体利益上的冲突，协会如处理不好，容易导致成员间的摩擦，不利于联盟整理目标的实现	1. 专利权人对联盟内部专利的许可活动的影响具非直接性； 2. 联盟需要聘请第三方进行联盟日常事务的管理，管理成本加大
目标与任务	1. 加强专利技术的保护与管理； 2. 进行技术开发来积累专利； 3. 搭建企业间专利技术交流平台，提高学习能力	1. 追求在技术上垄断市场，在标准的制定中充当重要角色； 2. 广泛开展专利的授权许可活动； 3. 适时分析、分享行业与市场的各项有关信息，以调整联盟的计划与目标	1. 努力成为行业技术标准的参与者和制定者； 2. 积极开展对外专利技术许可，提高成员的获利水平； 3. 放眼国际，开展专利技术许可的国际贸易； 4. 致力于我国专利的保护与发展，预防和抵御来自国际市场的专利威胁，抵抗国际专利诉讼
实例	GSM－摩托罗拉专利联盟	AVS 专利联盟	MPEG－2 专利联盟

二、专利联盟运行机制的演化

(一) 专利联盟的发展阶段及其特征

专利联盟的运作从初始的创立开始,随着联盟成员的不断增加,专利联盟的运作也会不断地成熟与完善,联盟在所属行业所占的技术地位也会显得越来越重要,乃至最后成为该行业技术标准与市场标准的决定者。根据专利联盟的发展程度及不同的运作特征,可以将专利联盟的发展分为3个阶段,如图4-7所示。

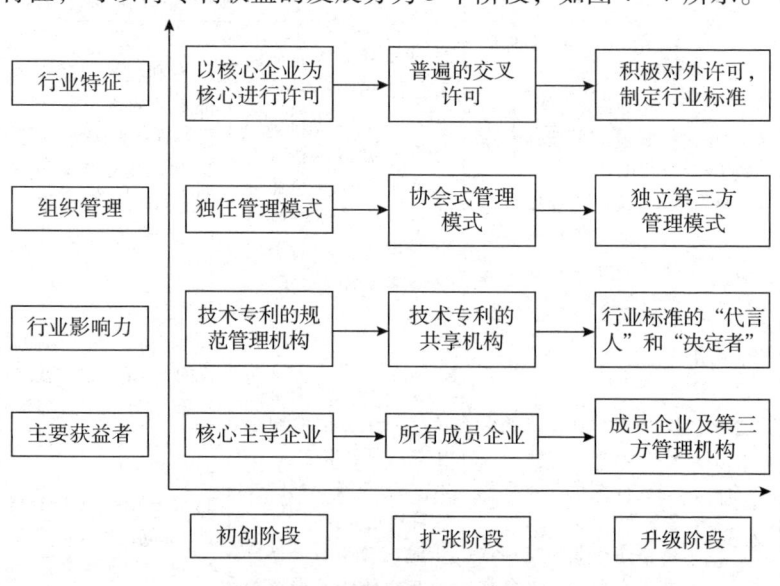

图4-7 专利联盟的发展阶段

1. 行为特征方面的特征

专利联盟成立的初创阶段,企业的主要工作在于加强自身内部知识产权的管理,对知识产权的管理进行规范建制,专利许可主要表现为以专利联盟内核心企业为中心的单向或双向许可。随着专利联盟的不断扩张，成员数目不断增加，专利联盟的活动内容逐步深入、规范，在专利联盟的扩张阶段，联盟成员企业间专利技术交叉许可活动得到普遍开展；当专利联盟发展进入升级阶段时，联盟将积极开展联盟外的专利运营与许可活动，继而成为行业技术标准或市场标准制定者。

2. 组织管理方面的特征

专利联盟的组建往往是由行业内部在技术上处于领先地位的企业发起，这些企业拥有大量的专利技术，通过专利联盟的形式可以使自身拥有的专利得到最广泛的利用。因此，在专利联盟的初创阶段，核心主导企业将在其中发挥重要的组织管理的作用。随着联盟成员的增加与许可制度的逐步建立，成员企业相互间的交叉许可得以实施，此时以核心企业为主的管理模式将难以实现公平、公正的有效管理。因此在专利联盟的扩张阶段，成员企业共同参与的协会式组织管理是适合其运作特征的。在专利联盟的升级阶段，将逐步导入第三方的独立运作模式。独立第三方运营模式可以极大地消解联盟形式可能面临的垄断指控，而且避免了某些强大成员对联盟的直接操控，同时专业化管理机构的运营也更具有稳定性。

3. 行业影响力方面的特征

专利联盟成立的初创阶段，为了后期运作的顺利开展，将督促成员企业规范自身以知识产权为主的内部基础管理工作，因此，专利联盟扮演着规范技术专利管理的中介机构的角色；进入扩张阶段以后，随着成员企业技术交叉许可的广泛推行，专利联盟从初期的规范化管理角色，上升到了促进技术专利共享收益的机构；到了升级阶段，专利联盟的影响力在行业内部举足轻重，逐步成为行业技术标准以及市场标准的"代言人"或是"决定者"。

4. 主要获益者方面的特征

初创阶段，专利联盟的专利技术主要来自核心主导企业，因此主要获益者就是核心主导企业；在扩张阶段，专利联盟内的所有成员因为普遍的资源共享而共同受益；而在升级阶段，由于进行的是第三方管理，那么主要的获益者除了联盟内的各成员外还包括第三方的管理机构。

（二）专利联盟的初创阶段

在初创阶段，专利联盟的运作模式一般是以核心企业主导的独任管理模式，运作的总体目标与工作在于做好基础性的管理，为后续专利联盟规范、有序、有效地运作做准备，具体表现在以下3个方面。

1. 运作的主要目标

1）规范联盟企业技术专利的管理

技术管理的规范性包括两个方面：一是各企业内部自身知识产权的规范管理；二是联盟间单向许可制度的形成与规范。

企业内部知识产权管理的规范化：企业内部应建立日常制度化的知识产权管理部门，对产品或技术的专利进行归档保护。产品的专利权，不仅意味着该产品在技术上的专有权，也意味着在市场上的占有权。如果自身的专利或技术管理不得当，很容易导致技术流失，不仅是自己的技术让别人拥有了，而且无形地也会增加自己在市场上的竞争对手，从而影响自己在市场上的竞争力。很多企业刚开始并不注意此问题，认为别人仅凭产品是无法知道真正的技术的，但是殊不知现在市场上会有很多仿造的产品出现，更有甚者是有人能够研究出产品的成分含量。因此在联盟的初创阶段就要有一定的预警，采取适当的规范措施保护企业内部的知识产权，加强技术以及专利的管理，这是专利联盟运作的基础。一般的保护措施有：技术的指纹识别；技术数据进出由人员交叉管理；约定竞业禁止，即企业员工离职后3年内不得从事同类行业；建立专门的知识产权管理机构等。

许可制度的形成与规范：在专利联盟初创阶段，一般只是单项许可活动。单向专利许可是一种有关专利的相关权能（如所有权、使用权、销售权、专利申请权等）在许可双方的单向流动，其实质上是一种契约行为。单向许可从不同的角度对其作如下分类：从授权范围的角度可分为普通许可和排他性许可，从许可的内容多少的角度可分为单一的专利许可和捆绑许可，从是否受国家强制力约束的角度可分为一般许可和强制性许可。单向专利许可的目的主要是获得报酬以便对前期的研发投入进行一定的补偿和为了获得市场竞争优势而进行的一种策略性应用，如进入壁垒，规避被许可人生产的私人信息而带来的利润损失等。但是不管是哪一种形式的专利单项许可，也不论是出于何目的进行的单向许可都必须要制定相关的许可制度，使这种单向许可是符合规范性的，而不是随机处理的。

2）累积专利筹码

专利联盟在初创阶段，企业的专利总数没有形成规模，市场影响力有限。在此阶段以积累、扩充为主，构建"专利池"是联盟企业共同追逐的目标。专利联盟通过研发或购买积累大量的专利，获得专利技术上的一种量变，从而在与联盟外企业进行谈判的过程中增加了自身专利的竞争力，无形中会提高联盟的市场影响力。专利联盟累积专利筹码，除了可以通过联盟企业的合作技术开发来实现以外，还可以采用引进外来专利来实现。

3）建立联盟企业的技术交流平台

专利作为一种特殊资源是专利联盟竞争优势的主要来源，它决定了契约型专利联盟的合理性和优越性。必要专利是专利联盟的核心组成要件，对于技术标准也是不可或缺的，各成员企业提供的必要专利往往对于各自来说又属于互补性专利，因此在创造方面能够发生巨大的协同效应，这使得专利联盟能够持续性发展，并保持较强的稳定性。要想让专利联盟的成员企业能够发挥出这种互补共进的协同效应，各成员企业间的技术交流便必不可少。成员企业间技术交流的内容包括：关于某项先进技术的公开研讨会议、有关专利及其改进的公开交流会等，这些活动均直接关系到专利的累积与开发、把握行业技术发展态势、分享技术成果。企业间建立联盟组织，无形中就搭建了企业间知识技术交流的平台，确保通过该平台实现技术知识资源的共享。

2. 运作的主要内容

1）防止技术外溢，并适当进行专利扩散

在初创阶段，为防止技术外溢，适当地进行技术扩散是运作的主要内容之一。所谓技术溢出是指在贸易或其他经济活动中，先进技术拥有者有意识或无意识地转让或传播它们的技术。对于专利联盟来讲，技术溢出包括技术在联盟企业间的溢出，也包括向联盟外企业的溢出。技术溢出效应会影响企业技术创新的积极性，因为如果企业无法将其研发投资的成果内部化时，企业就不太可能进行这类活动。专利联盟的组建，一方面要防止技术向联盟外的溢出，保持联盟的技术优势；另一方面要减轻联盟企业间的技术溢出效应，专利联盟通过保证联盟内的每个成员都能够既作为技术溢出的产生者同时也是接受者，从而减轻了技术溢出效应。除了防止技术外溢、减轻溢出效应，专利联盟还需要适当地进行专利技术扩散。专利扩散与专利保护是一对矛盾统一体，一方面，专利保护可以防止企业技术外溢产生利益损失；另一方面，如果保护过分就会影响这项技术的扩散，容易给竞争对手以可乘之机。如果专利联盟的成员仅仅只是站在自身的利益立场上实施专利保护，则共享的技术交流平台难以搭建，联盟的协同效应无法发挥出来。因此，除了防止技术向联盟外的溢出，联盟内需要适当地进行技术扩散，这是专利联盟有效运作的基础活动。

2）专利联盟的技术开发

在专利联盟的初创阶段，成员企业所拥有的专利总量较少，难于形成专利规模。为了逐步建立专利联盟在行业的市场影响力，在联盟发展的初期，有必要从战略上明确如何进行技术开发，累积专利筹码，为联盟的后续壮大打下基础。专利联盟的技术开发有两种途径：第一种是成员企业合作技术开发，合作技术开发应以市场需求为导向，查新文献、广泛调研、充分论证，做到知己知彼。充分进行专利文献检索，对本领域或相关技术领域专利技术发展动态跟踪，了解该技术领域最新发展方向，找出切入点，分析开发的可行性、技术含量与市场前景，以及该项技术后续开发和延伸的价值；分析该项技术的市场前景有无竞争对手及对手的实力，推向市场后的投资回收速度以及投资回报率，以及成员企业各自的收益情况；分析联盟企业各自的技术实力、优势和弱点；充分发挥优势互补的聚合效应。第二种是技术引进，如美国杜邦为发明尼龙用了多年时间，耗资2500万美元，而日本东丽引进该项专利技术只投入700万美元，投产后2年内却净得利润9000万美元。不由单个企业出面，而是以专利联盟为主体实施技术引进，既可以节约成本，使成员企业共同收益，又可以避免很多其他由于侵权等带来的不必要的麻烦事件。

3）专利许可活动的初步开展

在专利联盟的初创阶段，由拥有较多专利的核心企业发起，该核心企业在其所在行业一般都居于技术领先地位，为了确保其技术优势，防止技术外溢带来的负效应，核心企业希望通过组建专利联盟，使联盟内的技术溢出合法化，同时享有自身技术扩散带来的收益，以及其他企业带来的技术资源。专利联盟由核心企业倡导组建，核心企业将是最早实行专利许可的成员企业，因为其领先的技术优势，专利许可也一般表现为以核心企业为中心的许可活动。为了许可活动能够得以持续与发展，在专利联盟的初创阶段必须建立较为规范的许可制度。

3. 适合采用的组织管理模式

在专利联盟的初创阶段，尚未形成明确的运作模式，联盟的组织管理也基本处于探索之中。在此阶段，适合采用的联盟管理模式可以是从核心企业为主的独任管理模式。核心企业在联盟中扮演组织者、决策者、协调者的角色。核心企业拥有行业内一定量的核心专利，具有较强的行业影响力，可以发动行业内或相关行业的企业来组建专利联盟,成为联盟的发起者;核心企业作为联盟组织管理的承担者,有权力决定成员企业的入盟与退盟条件,制定相关规则,规则的实行需要大多数成员企业的认可;在专利联盟的初创阶段,涉及了防止技术外溢、实现技术扩散、技术开发、以核心企业为中心开展单向或双向的许可活动,核心企业在这些活动中能否协调好与其他成员企业的关系决定着联盟运作效果的好坏。❶

以 GSM - 摩托罗拉专利联盟为例,20 世纪 80 年代,ETSI 统一制定了 GSM。最终确定的 GSM 标准涉及了许多专利技术,而这些专利技术为多家公司所有,其中拥有标准的必要专利最多的是摩托罗拉。然而,作为一个美国公司,摩托罗拉与参与 GSM 标准制定的欧洲公司有不同的标准化策略:在参与欧洲 GSM 标准制定前,摩托罗拉已参与美国的 D - AMPS 移动通信系统等其他通信标准的制定,为避免 GSM 标准的扩张影响它在其他地区的利益,摩托罗拉反对 GSM 标准的全球化发展战略。最终,为解决 GSM 标准的专利许可问题,摩托罗拉决定组建以其为主的专利联盟。在 GSM - 摩托罗拉专利联盟中,摩托罗拉对联盟的运作起到了决定、控制、协调的作用。摩托罗拉联合诺基亚、阿尔卡特、爱立信和西门子共同组建以其为核心的专利联盟。摩托罗拉不对联盟外的企业进行许可,同时,它对联盟内的其他成员进行限制地域且排他的交叉许可。摩托罗拉分别与联盟内的其他公司共享 GSM 标准必要专利以及所需要的其他相关专利技术,摩托罗拉与其他联盟成员之间存在双向许可活动,但是它控制着其他成员,并不允许其他成员之间进行相互的交叉许可活动。❷

---

❶ 张磊. 从"零散制造"到"共同创造"——贺我国电压力锅专利联盟在顺德成立 [J]. 家电科技, 2006 (11).
❷ 游训策. 专利联盟的运作机理及模式研究 [D]. 武汉: 武汉理工大学, 2008.

第四章 专利联盟的应用与产业发展

（三）专利联盟的扩张阶段

专利联盟扩张阶段的运作模式比较适宜采用协会式的组织管理模式。在联盟的初创阶段，最主要的目标只是积累专利，是一种量变的过程，但是当联盟发展到一定程度进入扩张阶段时，追求的不仅仅是专利数量的增加，而更多的是追求专利的质变过程，即通过专利使企业获得更多的收益。

1. 运作的主要目标

1）建立联盟企业在技术上共同垄断市场

专利联盟的组建从开始就具有主导甚至垄断市场的倾向，这种倾向可以使专利联盟的成员企业获得"反转"优势，避开"赢者通吃"的市场风险。在专利联盟的经营逐步走上正常化轨道的成长阶段，形成联盟企业在技术上共同垄断市场的局面，应该成为专利联盟运作的首要目标。知识产权的产品和服务常常表现出"网络效应"，即对特定公司产品或服务的个别需求与其他人的普遍使用属于正相关关系，在具有网络效应的市场上，有一种事实上的标准化自然倾向，这意味着所有人同处于同一系统之中。因为强烈的正反馈因素，系统市场特别容易"反转"，即一旦获得最初的优势，它便会一步步吞噬竞争对手的市场，直至独占整个市场。"反转"已在很多情况下被观察到，例如在 AM 立体收音机、FM/AM 收音机、彩色和黑白电视机、VHS/Beta 录像机和打字机键盘等市场均出现过"反转"现象。这样的市场是典型的"赢者通吃"型，一旦发生市场反转，竞争对手即便拥有更好的产品，也很难再打入这一市场。对于像电信、软件、DVD、生物技术等初期投资巨大、技术复杂的产业，一旦失败将使企业遭受灭顶之灾，建立专利联盟，通过联盟间相互的技术许可，将联盟企业的专利技术捆绑在一起，可以使联盟企业很容易获得"反转"的优势，同时又能避开"赢者通吃"的市场风险。

2）普遍获取共享收益

在专利联盟运作的扩张阶段，为了保持联盟的成长势头，保证联盟的成员企业均能从中获取收益的情况下，保障核心企业获取收益的比例是此阶段必须实现的运作目标，它直接关系到所组建的专利联盟能否良性地持续运作。联盟企业收益的获取包括显性收益获取与隐性收益获取两个方面。显性收益获取是既有来自联盟内的，也有来自非联盟企业的，主要是成员企业交叉许可所获得的许可费用，以及对非联盟企业使用联盟内的专利技术所收取的专利使用费，如"DVD事件"中的6C和3C。技术实力很强的联盟公司可以凭着自己拥有的"专利壁垒"，收取很高的专利使用费。专利使用费最终会在联盟企业内部进行分配。隐性收益是指联盟后成员间实现了技术资源的共享，从而增加了成员企业各自的无形资产数量。

2. 运作的主要内容

1）加强联盟成员间的合作与交流

专利联盟的扩张阶段，对应共同技术垄断的运作目标，联盟成员间深入的技术交流与合作必不可少。在专利联盟初创阶段，已经建立起了技术交流的平台与合作技术开发的战略，在成长阶段需要将技术交流与合作开发深入下去，成员企业需要建立起联合起来一致对外的默契。在此阶段，各成员企业应该在前期规范化技术专利管理的基础上，完善各自的情报搜集、信息分析及技术发展预测等功能，适时地进行专利信息的交流，使成员企业能够及时了解相关领域技术发展情况，绕过联盟外公司或实体布下的"专利陷阱"，避免侵权诉讼的产生。

2）开展联盟成员的互授和交叉许可

专利联盟真正运作起来，联盟内部广泛的交叉许可是一个标志。专利联盟的建立就是通过内部互授和大量的交叉许可来实现的。通常专利联盟成员通过交叉许可获得了整个专利池，同时成员必须把根据该专利池发展出的新专利回授给联盟全体成员。尤其是互补性专利联盟，由于互补性专利只有结合起来才能实现最大市场价值，为了保证成员专利技术的领先性，更倾向于要求强制性的专利回授。回授是被许可人同意将经过改进的专利技术授权给许可人使用，回授具有一定的促进竞争效应，尤其当回授是非独占许可的时候。这样的契约安排可以使被许可人和许可人共享专利技术革新的利益，有利于创新成果的再次创新。

专利联盟的出发点之一就是共享科研资源，形成整体竞争力。交叉许可是实现这一价值目标的基本手段，特别是互补性专利的交叉许可是实现行业整体进步的必要手段。一般来说，专利的互补性是指在法律权利上相互独立，但在使用上有必要且有可能相互配合，以实现技术的实际应用、降低成本或者促进创新激励。也就是说，一项产品或技术往往是若干个不同专利技术的组合体，不同的专利技术分别覆盖该产品或技术的一个方面或者一项功能。这些专利技术彼此不可以相互替代，其中任何一项专利技术的实施都必须运用到其他专利技术，得不到许可将无法实施，因此没有得到许可的专利技术便成为障碍专利。通过专利权人的交叉许可，互补性专利得到共享和组合，从而使行业技术得到最大化应用。

3）成员入盟和退盟的管理

随着联盟的发展越来越正式，对于联盟成员的加入与退出也必须管理得更为规范。对于成员的入盟，必须有一定的入盟条件。一般认为，在专利联盟中包含的专利应该是在某一技术领域内具有相互补充作用的核心专利，即某一标准在推行过程中不可避免会涉及的专利。这些补充性专利之间通常为垂直关系，即我们认为当两个公司彼此拥有对方单独利用某一技术所需要的支撑性专利，且任何一方都不能通过独立开发避开对方所拥有的障碍性专利时，这两个公司之间被认为存在完全的垂直关系。美国司法部反垄断司在3个商务意见书中也特别指出了专利联盟中包含的专利应该是对标准推行而言"核心的"而非"仅仅是更有优势的"专利,即从实用性的角度上讲,在专利联盟涉及的领域内产品的生产不可避免会侵犯到的某一专利权。至于何谓"核心的",美国司法部反垄断司也提供了两种衡量方法:一是在"技术上是核心的",即此专利权必须与专利联盟许可范围内生产产品的规格直接相关,MPEG-2专利联盟即采纳了这种方法;二是在"商务上是核心的",即某一技术从实际应用性的角度讲是核心的,为生产符合标准的产品将会侵犯到这一专利。"实际应用性"依据在实践中绕开障碍性专利的成本效率进行分析,如果绕开某一障碍性专利必须投入巨大的成本,此障碍性专利在实际应用的角度上讲也是核心专利。DVD 6C专利联盟就通过了"没有现实性的选择"来阐述这一概念,而DVD 3C专利联盟则运用了"在实际应用中是核心的"这一表述。

对于退出的成员,不得再免费使用联盟内的专利,同时不得带走任何与专利有关的信息,否则将会受到起诉。如果退出联盟的成员还需要继续使用联盟内的专利的话,是必须支付专利使用费的。

3. 适合采用的组织管理模式

在专利联盟的扩张阶段,专利的交叉许可是其中的主导活动。随着联盟成员的不断增多,许可活动的大量开展与规范化运作,核心企业在其中的主导作用被大大削弱了,此时原有的以核心企业为主的独任管理模式完成了联盟的组建与推动初始运作的使命,对于联盟的规范化运作不再适应,这时应该引入新的管理模式。

专利联盟实质是一系列专利许可协议的集合体,各联盟成员依然保持对各自专利的所有权,仅是通过谈判达成专利与标准许可协议。作为一种典型的非股权战略联盟组织形式,专利联盟各成员的独立性较强,成员间不存在股权交叉,它们之间仅仅是以专利为纽带由许可协议连接而成的战略关系,其本质上是一种准市场式的契约型联盟。对于这种组织形式，比较适用的是协会式组织管理模式。

（四）专利联盟的升级阶段

专利联盟升级阶段的运作模式一般采用独立第三方的组织管理模式。

1. 运作的主要目标

1）提高应诉能力，彻底摆脱技术上受制于其他实体

专利联盟发展到升级阶段，将在本行业内部建立绝对的技术优势，具有彻底摆脱技术上受制于联盟外技术实体的可能性。在市场竞争日趋激烈的今天，自主知识产权和自有技术已成为决定市场成败的关键因素。随着中国企业越来越多地参与国际竞争，其面临的困境也越来越明显：由于没有自主专利技术、难以制定自主技术标准，我国企业只能作为拥有核心专利技术的外国公司的打工者，逐渐沦为没有自主品牌、自主技术的廉价"代工商"。事实上，在目前国际市场竞争十分激烈的情况下，我国企业往往由于没有自主知识产权，不但谈不上发展，甚至面临生存危机。在经济全球化与市场一体化的态势下，面对知识产权保护的种种规定和要求，面对国外企业的专利打压，我国企业只有通过自身努力，提高创新能力，拥有自主核心技术，加速开发拥有自主知识产权的产品，才能突破国外的"专利圈地"。从长远来看，国内企业若想提升自己在国际市场竞争中的地位，必须发展自主专利技术并努力使其纳入技术标准。这不是单靠某个企业的力量可以实现的，在我国组建专利联盟，发展专利联盟，最终目的是要彻底摆脱技术上受制于其他实体，特别是国外技术组织的打压与控制的困境。通过专利联盟的发展成熟，建立专利预警机制，开展专利许可贸易业务，促使专利与标准的结合，可以提高我国企业的集体应诉能力，共同应对跨国诉讼，在知识产权方面形成对外国公司的反包围局面。

2）申请国际专利，开拓国际市场

我国企业发展的最终目标不仅仅是守住中国市场，同时也要积极进攻国外市场。我国企业组建专利联盟，不仅要控制中国市场，更要为抢占国外市场创造条件。由于专利权保护的地域性限制，围绕构建专利联盟的过程中，我国企业也要积极地走出去，利用自主技术标准到美国等发达国家大量布局技术标准的核心专利。企业进行国际申请时，申请地域可包括出口市场、潜在市场及原料供应国。鉴于每个国家的专利制度都不尽相同，我国企业在申请之前应该了解该国或该地区的专利制度。此外，在进行国际申请时，还要注意国际优先权原则。在知识产权保护日益国际化的背景下，企业竞争力的强弱不再取决于资本、劳动力，也不是企业的厂房、机器设备，而是取决于企业的核心技术优势。发达国家的跨国公司纷纷构建以专利技术为后盾的技术优势。对此，我国企业要阻止国外企业对国内市场的进攻，就必须大力发展自主专利技术。

3）成为行业技术标准的制定者

成为所属行业的技术标准与市场标准的制定者是专利联盟发展到升级阶段的标志，也是专利联盟的发展所追逐的最终目标。专利联盟能够成为行业标准的决定者，必须具有3个方面的潜在条件：一是拥有大量的专利，具有垄断势力的潜在可能性，能够协调产量控制和制定共同价格，并且有可能利用优势建立标准，开发新产品，形成强的市场势力。二是联盟的运作可以对外来进入者或竞争对手并构建技术壁垒，利用联盟的影响力，强迫竞争对手接受包含竞争者不需要或不想要技术的一揽子专利许可获得高额利润。成功地提高竞争对手的成本，起到排除竞争和进行掠夺式定价的作用，在一定情况下能够将竞争对手逐出市场，从而维护已有的技术标准与市场标准。三是联盟已经成为了行业内部的一个重要的中介组织，能够争取政府政策的倾斜与支持。

2. 运作的主要内容

1) 采取主动对外的进攻模式

进攻型模式，是指通过专利技术的对外许可，以获取资金回报和市场竞争优势的一种行为。当专利联盟发展得较为成熟，不仅联盟内许可普及化，联盟组织积极、主动地进行对外许可将成为另一重要的运营内容。

进攻型模式在实践中有着良好的应用案例，典型的案例是德州仪器公司（TI）。此外 IBM、英特尔以及后续亚洲的日立、富士通和三星等公司都有较好的应用。这种模式的特点是：行业内的大公司拥有各种类型的丰富的技术资源，这些资源是其他企业产品生产所必需的技术资源的外部来源；公司具备强大的资本实力，在发现其他企业对本企业存在专利侵权时，有能力提起诉讼或提起的诉讼具有威慑力，从而迫使对方支付许可费等；公司的目标是多重的，除了获取研发回报、专利技术商业化和榨取技术本身所具有的信息租金外，更重要的是通过专利资产组合及其运作以巩固和提升市场竞争优势或行业支配地位；公司具备完善的知识产权管理部门，在发现专利侵权时便有专家系统进行专业化操作，以获得法律上的竞争优势。当联盟内公司拥有这些特点时，适宜采取进攻模式。

2) 积极对外许可，索取专利费用

当专利联盟发展到升级阶段，联盟组织作为一个整体可以进行对外专利许可活动，实现专利许可合理收费。专利许可费用的合理是影响该阶段专利联盟成功运作的关键所在。一方面，如果专利联盟收取的许可费过低，掌握关键专利技术的专利权人往往会因为许可收入太少而不愿加入联盟。另一方面，在日渐激烈的技术标准竞争中，只有"物美价廉"的技术标准才是庞大的技术市场可接受的，在技术水平相似的情况下，使用成本低的技术标准将更具优势。因此，专利联盟超出合理范围的许可收费会成为阻碍相关企业甚至整个产业发展的障碍。典型的案例如 MPEG – 4

技术标准，MPEG-4 标准因为相关专利联盟采取过于苛刻的收费模式（消费者使用解码设备除购买设备时需要缴纳的一次性专利费外，还将按使用时间进行收费），导致该标准被众多运营商围攻，无法商业化运营。

因此，我国专利联盟的构建与运营应总结当前国际专利联盟的经验，接受国际范围内专利联盟过高的收费索求制约技术标准发展的教训，结合实际情况，综合各方面因素，制定出有利于自主技术标准推广的专利许可收费模式及费率，选取在整体上有利于专利联盟发展的专利许可费政策。

3) 制定行业技术标准

要与跨国巨头展开直接的竞争，就要建立国内行业企业的专利池。通过有效的市场运作使技术成果转化为市场标准，直接参与国际技术标准的制定，由规则的参与者转变为规则的制定者，做到以技术控制市场、创造市场。当专利联盟发展到成熟阶段时，专利联盟的成员具有更强的竞争优势，这种优势就是利用联盟中专利的相互关联性，将单项专利的权利要求范围连接起来，形成一个完整的、保护范围更大的专利保护网。因此，专利联盟这个"超级专利"为其联盟成员带来的竞争优势是单项专利无法比拟的。总的来说，专利联盟的竞争优势具体有以下几个方面：第一，通过尽量扩大专利保护范围来减少对以后内部创新的阻碍，如专利回避设计等；第二，通过不断扩大排他权来吸引相关的外部创新成果加入专利联盟；第三，通过提高迫使假定原告退出市场的可能性来避免高成本的诉讼，即专利联盟的威慑作用；第四，提高谈判位势；第五，提高防御位势；第六，提高吸引资本的能力。

3. 适合采用的组织管理模式

在联盟发展的升级阶段，适合采用独立第三方管理模式，即专利联盟的管理事务托付给一家与专利权人没有关联的独立第三方承担。

近年来的专利联盟案例中出现了多种不同形式的组织模式。根据美国司法部公布的审查资料,专利联盟的组织模式已经发展为独任管理模式、合资机构管理模式和独立第三方模式。联盟内的专利权人把专利共同授予其中一个成员独任管理的模式,专利权人对许可业务的影响力更为直接有效,但也容易引发实施垄断行为的嫌疑。相比之下,联盟内专利权人共同出资组建的独立合资机构管理的模式法律风险较低。但最为安全的方式还是独立第三方管理模式,因为这种模式将有效排除专利权人的不当影响和共谋垄断倾向。专利联盟的组织模式考虑因素主要包括法律风险、成本风险、组织构建以及运营稳定性。独立第三方管理模式极大地避开了联盟形式可能面临的垄断指控,避免了某些强大成员对联盟的直接操控,同时作为专业化机构的运营也更具有稳定性。采用独立第三方管理模式,成员企业可以全心去做自己其他的工作。独立第三方管理机构,对以下工作可以自行掌控。

1) 与政府沟通,建立专利信息平台

管理机构应主动与政府机构沟通,借助政府机构的主导作用,组织高等院校、科研院所、中介机构、行业协会、企业等社会各界主体积极参与到专利信息服务平台和专利管理平台的建设中来,开发出规模大、质量高、专业强的专业信息资源库,以及方便实用的专利信息检索系统、专家咨询系统和专利信息分析系统,帮助我国企业随时掌握与专利有关的信息。

2) 制定专利联盟的运作原则

联盟的运行原则是:企业自愿参加,管理机构组织协调,专家支撑服务;联盟内资源有偿共享,通过产权协调合作,谋求共赢发展;完善加入联盟的手续与机制。

3) 开展知识产权法律咨询服务

设立知识产权法律咨询与诊断室,聘请知识产权法律专家上门就诊。当联盟成员遇到困难时,还可以通过互联网形式及时互动，例如电话、传真、邮件提出请求，通过管理机构专设的网站提出请求，寻求解决方案。

三、专利联盟与战略性新兴产业的市场博弈

（一）战略性新兴产业的兴起

1. 战略性产业

战略性产业是美国经济学家赫希曼（A. O. Hirschman）提出的，他将战略性产业定义为与投入产出关系联系紧密的经济体系。另一位美国经济学家保罗·克鲁格曼提出了识别战略性产业的两项标准：一要有大量的利润存在，即这一产业的资本或劳动的回报率很高；二要有较强的外部经济效应，这个产业在获得国际竞争优势同时有自我加强的趋势。显然战略性产业始终与成本效益有密切关系。

新兴的战略性产业一般具有高新技术密集的特点，实践中主要有：

第一，以新技术产业发展形成的龙头产业。企业的发展建立在新技术的突破、产品或服务创新而产生的产业，是一种非显而易见的新发明，并非依靠传统技术而形成的一系列产业，当然也可能是对原有的技术、产品或服务进行改进与创新而产生的新产业，对传统技术有着较强的依赖性；新的技术或许只是属于一种知识形态存在，在研发过程中其成果逐步产业化，最后转化形成一种具有很高的市场占有率的产业，故叫做高新技术产业。例如，基因工程在20世纪五六十年代只是作为一项生物技术，现在已经发展为生物工程产业。

第二，以高新技术改造传统产业而形成的战略性新产业。例如，蒸汽机技术改造传统手工纺机，形成纺织行业，最终带动整个纺织行业的飞跃；现在使用新技术改造钢铁行业，产生了新材

料产业，生产出的复合材料及耐磨、抗碱、抗酸、柔朝性好的新兴材料；用新技术改造传统商业，发展为现代物流产业等。

第三，根据市场需求而生的产业，新兴产业是由于社会生活的改变或新的消费需求产生，而使新的产品或服务具备潜在、可行的商业机会，从而促成新产业的发展，是需求带动产品、技术、服务乃至管理模式创新而产生的新兴产业。需求拉动产业，产业最后还是得依靠技术创新。

2. 战略性新兴产业的特征

战略性新兴产业包含"战略性"和"新兴性"的特征，中央将战略性新兴产业界定为掌握关键核心技术，具有市场需求前景，具备资源能耗低、带动系数大、就业机会多、综合效益好的新兴产业，部署了节能环保产业、新能源产业、新一代信息技术产业、生物产业、高端装备制造业、新材料产业及新能源汽车产业7个重点领域，显然，战略性新兴产业具有战略性、创新性、导向性、关联性、长远增长性、突破性、风险性、动态可变性、可持续性等特征。

战略性——国家战略目标体现在国家、社会和人民的整体利益，在国民经济发展中占有重要地位，关系到国家安全和综合实力的提升。产业的形成与发展有利于促进经济结构调整和经济发展方式的转变，解决经济可持续发展过程中面临的资源及能源约束，在未来可成为主导产业和支柱产业。

创新性——掌握关键核心技术。战略性新兴产业的研发主要围绕企业和产业的创新理念，拥有的专利技术代表着世界新技术方向。当前战略性新兴产业市场潜力大且能够掌握核心技术，具有较高的劳动生产率，已成为各国发展的重点。

导向性——能够引领和带动相关产业的发展。战略性新兴产业代表了先进技术水平，其技术、工艺、产品、所满足的市场需求都是最新的，引领产业发展的追求，广阔的市场潜力对国民经济其他产业亦具有领航作用，对经济具有长期、持续的带动作用。

关联性——具有强大的关联及溢出效应。战略性新兴产业在国民经济发展中具有重要地位，所以其产业关联度高，产业链条长，可以带动其相关和配套产业的发展，可以实现产业间的技术互动和价值链接，创造就业机会，提高社会总体消费水平，提升国民经济总体产业高度。

长远增长性——市场需求大、前景长远。战略性新兴产业代表了先进的技术及前沿产品，广阔的市场潜力可以保证对国民经济长远的增长率贡献，既能支撑当前经济和社会发展，也能引领未来经济和社会可持续发展。

突破性——突破资源约束。战略性新兴产业能够依托新能源、新技术的开发而带动整个经济发展的产业，具有新兴科技和新兴产业深度融合的特征。它突破了原有的依赖资源实现增长的经济增长方式，甚至可能会引发新一轮的产业革命。

风险性——有诸多的不确定性。由于战略性新兴产业具有先导性特征，在内容和形式上都没有现成的经验可循，只能在实践中不断总结经验，不断创新改革，摸索前进，这一过程同样伴随着较多风险。在技术、市场、体制、机制等方面的诸多不确定性，加之产业相关政策及配套体系的不完善，使战略性新兴产业投资带有较大风险。

动态可变性——产业内容和领域不断更新。战略性新兴产业是一个动态的，不断发展更新的概念。随着不断地创新和技术变革，战略性新兴产业的内容和重点领域也将出现新的调整和变化。

可持续性——实现了资源与环境保护的理念。战略性新兴产业属于技术密集、知识密集、人才密集的高科技产业。通过创造性地使用新能源、新技术，摆脱资源约束，提高产品附加值，对发展低碳经济、绿色经济，实现高质量经济增长质量有重要作用。

3. 战略性新兴产业与其他产业的关系

战略性新兴产业是当今世界科学技术发展的前沿和方向，关系到国家和社会经济发展的全局，其与高技术产业、高新技术产业以及传统的主导产业、支柱产业和基础产业有区别但依旧具有一定的关联性。例如，信息技术、生物技术、新材料技术、能源技术、农业高新技术、现代制造技术与电子自动化技术、海洋技术和民用高新技术等，既具有"高技术、新技术产业"，也具有传统产业的再创新。战略性新兴产业在产业划分的侧重点上有所不同，高技术产业的分类方法主要有产品分类法和产业分类法，主要考虑各个产业的技术密集度，高新技术产业则没有统一的划分标准。战略性新兴产业不仅要考虑其技术密集度，更要考虑这一产业的技术的前沿性、市场前景、对其他产业的带动效应以及对社会经济引领作用和对国家安全的重大影响。高技术产业和高新技术产业都强调产业的技术属性，而战略性新兴产业在注重产业的技术属性的同时，更注重国家的战略。

比较而言，主导产业是指在特定区域的经济发展过程中，在区域产业系统中处于主要的支配地位，对区域经济发展起主导作用的产业。既可以作为国家的主导性产业，也可以指代某一地区的主导性产业。而战略性新兴产业一般是针对整个国家而言，属于更宏观的范畴。支柱产业是指在产业结构体系总产出中占较大比例的产业，往往是一国财政收入的主要来源，对整个国民经济的发展和国民生产总值的增长均有重要作用。支柱产业和新兴产业在一国产业结构体系中都具有重要战略地位，但支柱产业往往只侧重于该产业的产值在国民经济中的比重，而非注重产业的技术属性和发展前景。战略性新兴产业是具有市场前景的产业，代表着市场未来的发展方向，会成为一国新的经济增长点，并可能成为新的支柱产业。基础产业是指产业结构体系中为其他产业的发展提供基本条件，并为大多数产业提供服务的产业，包括电力、石油、煤炭、冶金、机械等生产基本生产资料的基础工业。基础产业和战略性新兴产业在一国的产业结构体系中都具有战略地位,但两者的着重点不同。基础产业主要是考虑产业对整个国民经济的基础性作用及其他产业对该产业的依赖性。战略性新兴产业则侧重于该产业技术的先进性、前沿性、未来的市场前景和是否对一国在未来的综合国力竞争中取胜具有重要作用(见表4-4)。

表4-4 战略性新兴产业与各产业的区别与联系[1]

产业类型	战略性新兴产业与各产业的区别		战略性新兴产业与各产业相关性
	划分重点	产业范围	
战略性新兴产业	技术的先进性	新能源、新材料、信息网络、生物医药、生命科学、空间海洋开发、地质勘测七大产业*	
	战略的重要性		
	经济的效益性		
高技术产业	技术密集度	航空航天器制造业、电子及通信设备制造业、电子计算机及办公设备制造业、医药制造业和医疗设备及仪器仪表制造业五大产业	都要求技术先进;生物制药、电子信息等产业相互重叠
高新技术产业	技术属性	非常广泛	战略性新兴产业包含在高新技术产业的范畴内
主导产业	产值在区域经济中的比重	电子信息产业、建筑业等	都对一国经济具有中药的战略意义;战略性新兴产业有可能发展成为新的主导产业
	对其他产业的带动作用		

---

[1] 姜大鹏,顾新. 我国战略性新兴产业的现状分析 [J]. 科技进步与对策,2010(17):65-70.

续表

产业类型	战略性新兴产业与各产业的区别		战略性新兴产业与各产业相关性
	划分重点	产业范围	
支柱产业	产值在区域经济中的比重	建筑业、石化产业等	都对一国经济具有重要的战略意义;战略性新兴产业非常有可能发展成为未来我国经济发展的新支柱
基础产业	其他产业对它的依赖性	石化产业、煤炭产业、通信产业	基础产业会对其产生较强的依赖性,而战略性新兴产业的发展也离不开石化产业、煤炭产业、通信产业等一些基础性产业为其提供基础;战略性新兴产业的发展能促进基础产业的结构升级,强化或削弱其基础地位

* 此处的战略性新兴产业的类别划分与上文国务院颁布的《国务院关于加强培养和发展战略性新兴产业的决定》中提出的7个重点领域不同。

(二) 联盟合作博弈分析

专利联盟是联盟参与方之间的一种合作博弈,其中各方之间存在契约问题,联盟内部利润分配和成本分担问题,可以用合作博弈的理论与方法来解决。因此有必要了解合作博弈的 Shapley 值法和 Rubinstein 讨价还价模型。

1. 合作博弈的 Shapley 值法

Shapley 模型具体定义为:假设集合 $N=\{1,2,3,\cdots,n\}$,如对 N 的任何一个子集 S 都对应一个实值函数 $v(S)$,且 $v(S)$

满足以下这些条件：
$$v(\emptyset) = 0$$
$$v(S1 \cup S2) \geq v(S1) + v(S2), S1 \cap S2 = \emptyset, S1 \subseteq N, S2 \subseteq N$$

则称 $[N, v]$ 为 N 人合作博弈，$v(S)$ 称为对策 S 的特征函数。$\varphi_i(v)$ 表示 N 中第 i 个主体从合作的最大收益 $v(N)$ 中分配到的一部分，所以关于合作博弈的收益分配可以表示为：
$$\varphi_i(v) = (\varphi_1(v), \varphi_2(v), \cdots, \varphi_n(v))$$

各主体合作成功必须满足以下条件：
$$\begin{cases} \sum_{i=1}^{n} \varphi_i(v) = v(N), & i = 1,2,3,\cdots,n \\ \varphi_i(v) \geq v(i), & i = 1,2,3,\cdots,n \end{cases}$$

此时，各合作主体 i 所得收益分配的 Shapley 值为：
$$\varphi_i(v) = \sum_{S \in S1} \omega(|S|)[v(S) - v(S/i)], i = 1,2,3,\cdots,n$$
$$\varphi_i(v) = \sum_{S \in S1} \omega(|S|)[v(S) - v(S/i)], i = 1,2,3,\cdots,n$$
$$\omega(|S|) = \frac{(n-|S|)!(|S|-1)!}{n!}$$

其中 S_i 为 N 中包含成员 i 的所有子集，$|S|$ 是子集 S 中的元素个数，$\omega(|S|)$ 是加权因子。$v(S)$ 为子集 S 的收益，$v(S/i)$ 是子集 S 中除去成员 i 后可获得的收益。$v(S) - v(S/i)$ 表示主体 i 对收益的边际贡献。

Shapley 值的思想可以从概率的角度来理解。假设参与人按照随机顺序形成联盟，每种顺序发生的概率都相等，均为 $1/n!$。参与人 i 与其前面的 $(|S|-1)$ 人形成联盟 S，参与人 i 对联盟的边际贡献为 $v(S) - v(S/i)$。由于 S/i 与 N/S 的参与人的排序共有 $(|S|-1)!(n-|S|)!$ 种，因此，每种排序出现的概率就是 $\frac{(n-|S|)!(|S|-1)!}{n!}$。可见，参与人 i 在联盟 S 中的边际贡献的期望得益恰好就是 Shapley 值。

Shapley 值是满足有效性、可加性、虚拟性和匿名性 4 个性质的唯一解。具体描述如下：

(1) 有效性：要求配置符合集体理性，所有参与者获得的收益之和等于所有局中人总联盟的收益，即 $\sum_{i \in N} \varphi(v) = v(N)$。

(2) 可加性：对于所有的合作博弈都有 μ 和 v，都有 $\varphi(\mu + v) = \varphi(\mu) + \varphi(v)$。可加性公理又称为集成性公理，是要求任何两个相互独立的博弈的联合所组成的新博弈是原来的两个博弈的值的直接相加。

(3) 虚拟性：如果对于 $\forall S \subset N/i$，都有 $v(S/i) = v(S)$，即 $\varphi_i(v) = 0$，则博弈 (N, v) 的参与人 i 被称为虚拟参与人。也就是说，如果一个参与人是虚拟参与人，那么它加入还是不加入联盟对联盟的得益都没有影响，不分配给它任何收益。

(4) 匿名性：如果对于任意博弈 (N, v)，$\forall i \subset N$，以及 $\forall \pi \subset \prod_N$，都有 $\varphi_{\pi(i)}(\pi v) = \varphi_i(v)$，其中，博弈 πv 定义为：对于 $\forall S \subset 2^N$，$\pi v(\pi(S)) \equiv v(S)$。也就是说，联盟中处于同样地位的参与人所分配到的收益是相同的，应该平等地对待地位相同的人。分配给某个参与人的支付应该按照其对联盟的贡献大小，而不分加入联盟的时间。

2. Rubinstein 讨价还价模型

纳什讨价还价解是一个合作博弈模型，它是由几个看起来合理的公理导出的结果，这些公理包括效用测度的无关性、帕累托有效性、无关选择的独立性和对称性。在实际讨价还价中，这些公理都可能在背后起作用，但讨价还价通常是一个不断的"出价—还价"过程，鲁宾斯坦（Rubinstein, 1982）的轮流出价模型，试图模型化这样一个过程。

两个人分一块蛋糕，在时刻 1, 3, 5, …（奇数时刻）由局中人 1 提出一个分配方案 $(x, 1-x)$（这里 $0 \leqslant x \leqslant 1$，可以看成一块蛋糕的某个比例），对于这个方案，局中人 2 可以接受也可以拒绝。如果局中人 2 接受，则博弈结束。如果局中人 2 拒绝，那么他在时刻 2，4，6，…（偶数时刻）可以提出自己的一个分配方案。对于局中人 2 所提出的分配方案，局中人 1 也有接受或者拒绝两种选择，接受的话，博弈到此结束。否则，局中人 1 再次提出自己的方案（可以坚持原先的主张，也可以提出一个新的方案），这样继续下去，形成了双方交替地报价直到博弈结束。然而，在实践中，很少出现有人或者有某种规则指定在那个时刻必须停止讨价还价，绝大多数的情况是，无法断定博弈在什么时刻结束，可以说结束的"时刻"是随机的。在 Rubinstein 的模型中，由于讨价还价可以使无限次地进行，所以会涉及"时间延迟成本"问题。通常人们用贴现因子来解决，就是说，下一时刻得到的整块蛋糕只相当于这个适合的一块蛋糕的 δ（$0 \leqslant \delta \leqslant 1$）份额。假设局中人 1 和 2 的贴现因此分别为 δ_1 和 δ_2，且 $0 < \delta_1 < 1$，$0 < \delta_2 < 1$，当局中人关于接受或者拒绝某个报价表现出无所谓态度时，则认为该局中人会接受此报价。

这个博弈有唯一的子博弈完美均衡：如果局中人 1 首先报价，他立即提出把盈余 $\dfrac{\delta_2(1-\delta_1)}{1-\delta_1\delta_2}$ 部分分给局中人 2，而自己得到 $\dfrac{1-\delta_2}{1-\delta_1\delta_2}$ 部分，局中人 2 接受这个分配方案。如果局中人 2 首先报价，那么他在报价的第一时刻，提出给予局中人 1 有关盈余的 $\dfrac{\delta_1(1-\delta_2)}{1-\delta_1\delta_2}$ 部分，留给自己 $\dfrac{1-\delta_1}{1-\delta_1\delta_2}$，局中人 1 接受这个分配方案。

对于无限水平的讨价还价（分蛋糕）博弈，根据它的子博弈完美均衡的策略剖面，如果固定 δ_2 不变，令 $\delta_1 \to 1$，易见 $x = \dfrac{1-\delta_2}{1-\delta_1\delta_2} \to 1$，局中人 1 几乎获得整块蛋糕；反过来，若 δ_1 不变，令 $\delta_2 \to 1$，局中人 2 几乎获得整块蛋糕。这说明，讨价还价的双方，谁更有耐心，谁就会笑到最后。如果局中人 2 极无耐心到一刻都不能等待，那就是 $\delta_2 = 0$，那么首先报价的局中人 1 提出 $x = \dfrac{1-\delta_2}{1-\delta_1\delta_2} = 1$，得到整块蛋糕。但是如果首先报价的局中人 1 极无耐心，即 $\delta_1 = 0$，局中人 2 仍然不能得到整块蛋糕而只能得到 δ_2 块蛋糕，极无耐心的局中人 1 还是可以得到一个大于 0 的量，这主要得益于他"具有先动优势"。具有先动优势的局中人 1 沾光的地方不仅仅体现在他极无耐心的时候，即使他与局中人 2 具有同样大小的程度的耐心：$\delta_1 = \delta_2 = \delta$，按照子博弈完美均衡的策略剖面，局中人 1 提出的 $x = \dfrac{1}{1+\delta} > \dfrac{1}{2}$，充分体现了他的得益优势。如果令 $\delta \to 1$，就有 $x \to \dfrac{1}{2}$。这个结果趋向于分蛋糕的讨价还价问题中的纳什讨价还价解。

因此，在无限水平的讨价还价模型中，在第一时刻报价的局中人 i 应该提出"蛋糕"的如下分配方案：

$$\left(\dfrac{1-\delta_j}{1-\delta_i\delta_j},\ \dfrac{\delta_j(1-\delta_j)}{1-\delta_i\delta_j}\right)$$

其中第一个份额是分配给提出报价的局中人 i 的，这个分配方案被另一个局中人 j 接受，讨价还价过程结束。该讨价还价解中两个局中人的所得是唯一的子博弈完美均衡，这个结果依赖于两个因素：贴现因子 δ_1 和 δ_2，两个局中人报价先后顺序。

（三）专利联盟不同合作模式下的创新收益分析

一项专利技术从研发到市场，往往建立在其他基础专利之上，对于缺乏核心专利而加入专利联盟的企业，其自身专利创造能力是否会得到提升，可以通过对"官、产、学、研、介"中各个主体的创新收益进行分析。

政府、企业、科研方（高校和科研机构）、中介机构是各个专利联盟形式中最主要的几个主体，通常政府提供政策支持，企业是创新的主体，科研方具有较强的基础研究能力，中介机构是促成政府、企业、科研主体之间合作的桥梁，同时为整个合作提供有价值的科研服务。对于4个主体间的任一组合，都对应着一个创新成果 Q 以及实值收益 V，下面分析技术创新活动中4个主体不同组合情况下的收益函数。

1. 企业独立创新模式

$$Q_1 = A(t)K^\alpha L^\beta \tag{1}$$

其中 Q_1 表示企业独立创新的成果输出；$A(t)$ 表示某一时期的综合技术水平，α 是资金投入产出的弹性系数，β 是人力投入产出的弹性系数，其中 $K \geq 0$、$L \geq 0$；且 $\alpha \geq 0$、$\beta \geq 0$。

假设企业专利创新成果的边际收益为 ρ，由（1）可知，此时企业的收益函数 V_1 可以表示为：

$$V_1 = \rho Q_1 - K - L$$

$$V_1 = \rho A(t)K^\alpha L^\beta - K - L \tag{2}$$

此时企业获得的收益 V_1 为企业所独有，不涉及收益分配问题。

2. "企业+政府"合作创新模式

在专利创新方面，政府的政策引导在很大程度上能够提高企业的积极性。假设政府为鼓励企业对创新的投入力度和积极性，决定以企业投入的资金 K 为基础，给予固定比例的补贴，补贴系数为 δ，即企业投入资金数量为 K，则政府给予补贴为 δK。此时，企业创新投入输出成果 Q_2 以及收益函数 V_2 可以分别表示为（3）和（4）。

$$Q_2 = Q_1 = A(t)K^\alpha L^\beta \tag{3}$$

$$V_2 = \rho A(t)K^\alpha L^\beta - (1-\delta)K - L \tag{4}$$

此时，企业创新输出成果虽然没有变化，但是由于政府的补贴，企业的利润函数有了变化，很明显可以比较出来 $V_1 < V_2$，但是政府目的在于引导企业行为，并不参与利润分配，此时利润 V_2 为企业所独有，也不涉及收益分配问题。

3. "企业+政府+科研方"合作创新模式

高校和科研机构的研发人才投入，可以提高企业专利创新的成功率，缩短创新周期，从而影响企业的创新成果输出，相对于政府的资金补贴，高校和科研机构在专利创新方面对企业的帮助主要体现在人力方面，提供经验丰富的研究型人才，假设其对企业的人力投入为 ΔL，那么企业在加入联盟之后，其专利创新活动输出成果为：

$$Q_3 = A(t)K^{\alpha}(L+\Delta L)^{\beta} \tag{5}$$

此时，企业的收益函数 $v(S)$ 可以表示为：

$$V_3 = \rho Q_3 - (1-\delta)K - L$$

$$V_3 = \rho A(t)K^{\alpha}(L+\Delta L)^{\beta} - (1-\delta)K - L \tag{6}$$

显然可以比较出来 $V_1 < V_2 < V_3$，但是，此时企业技术创新获得的收益 $v(1,2,3)$ 还必须分配一部分给合作的科研方，而如何分配这一收益将会影响企业与科研方之间的合作关系。

4."企业+政府+科研方+中介机构"合作创新模式

专利中介是专利生态系统中的活跃分子，为企业搭建相关平台提供好的方案，促使企业专利能够通过积极参与市场交易直接获取最大收益。针对中小企业，其知识产权意识和能力较弱，专利战略的制定需要中介机构的帮助，才能最大化已获得专利的价值，尤其在专利联盟形成期，中介机构的作用尤其明显。因此，中介机构能够充分实现专利的现实价值，能够提升专利创新成果的边际收益，假设中介机构的加入使得专利创新成果的边际收益增加 $\Delta \rho$，此时企业获得的专利创新输出成果表示为：

$$Q_4 = Q_3 = A(t)K^{\alpha}(L+\Delta L)^{\beta} \tag{7}$$

此时，企业的收益函数 $v(S)$ 可以表示为：

$$V_4 = \rho Q_4 - (1-\delta)K - L$$

$$V_4 = (\rho + \Delta \rho)A(t)K^{\alpha}(L+\Delta L)^{\beta} - (1-\delta)K - L \tag{8}$$

根据以上分析所得（2）、（4）、（6）、（8），可以明显比较出来 $V_1 < V_2 < V_3 < V_4$，企业与其他主体进行合作获得的收益大于独自创新获得的收益，因此专利联盟的构成是符合经济理性的。但是，此时企业专利创新 $v(1,2,3,4)$ 还必须分配一部分给

合作的科研方和中介方，这一利润的分配将会直接影响企业与科研方、中介机构之间的合作关系。而联盟各方对创新收益进行分配时可依据 Shapley 值法进行合理的分配，以维护联盟合作关系的稳定与长远发展。

四、专利联盟与战略性新兴产业发展

当今世界，知识产权已成为战略性新兴产业生产要素和创造新竞争优势的基础。由于知识产权在国际市场竞争中的巨大作用，主要发达国家纷纷加快知识产权战略布局，推动节能环保、新能源、信息、生物等新兴产业快速发展，这些发达国家的跨国公司利用"专利先行"实现"跑马圈地"，通过早期的专利布局赢得市场竞争的先机，作为排挤竞争对手、改变市场占有份额的主要"撒手锏"。2000 年美国一份研究报告称，美国高新技术产业的知识产权的价值已经超过有形资产，在资产总值中所占的比例高达 60%，其知识产权助推战略性新兴产业的发展是非常成功的。知识产权与战略性新兴产业发展经历了一个与实务结合并不断提升的过程。例如，美国的版权制度、专利制度和商标制度都起源于英国法，但美国作为专利战略的创始国，在高度重视研究开发的同时，高度重视专利权的获取，走出了一条和本国知识产权战略相适应的战略性新兴产业发展道路。

（一）国外战略性新兴产业的发展

1. 美国

20 世纪后半叶，美国的经济增长得益于电子、信息、新材料、生物科技等新兴产业的发展。针对环境恶化、能源危机，美国提出"能源新政"，确保能源安全作为经济发展的重点方向；重点投资基建和科研、教育、可再生能源与节能项目、生物医药、环境保护等项目；国际金融危机之后，奥巴马政府先后于

2009年和2011年两次发布国家创新战略,将研发投入提高到国内生产总值(GDP)3%的历史最高水平,同时将知识产权政策作为其中的重点,企图以技术创新的知识产权优势继续保持其领先地位。

早在克林顿执政期间,美国就先后出台了"先进技术计划""制造技术推广计划""平板显示器计划""信息高速公路"等,有效地促进了产业结构的升级和优化。近20年来,美国对先进技术的研究与开发总投资每年都达1600亿美元以上,并确定了以信息产业为主的战略性新兴产业发展方向,将环境保护、计算机、通信、咨询软件工业及服务业等知识产权密集型战略性产业作为六大重点出口产业;着力扶持"军民两用"的技术如计算机程序、电子机器人、人工智能等领域的合作与开发等;每年还从军事研究预算中拿出300亿美元,投资到光纤通信、全美计算机网络、生物技术等民用技术中。

2. 德国

21世纪初德国的发展重点是与知识产权密切相关的九大重大领域,即新材料、纳米技术、微电子学、光子学、微系统工程、软件与计算机模拟分子电子学、细胞生物技术、信息、生产与管理工程,作为战略性新兴产业发展。德国是工业强国,其经济实力居欧洲之首。长期以来,德国致力于推进知识产权战略与新兴产业发展战略高度整合的工作,促使德国在专利申请量常年占据欧洲第一的位置,推动产业做大做强。根据2009年欧洲专利局的统计数字,德国以25107件(18.7%)申请稳居首位。[1] 德国企业在德国专利商标局平均年申请专利总数为60222件,其中13%来自西门子、奔驰、罗博特·博世、Infineon技术公司等4家德国大企业。从专利分布来看,德国企业申请的欧洲专利和国际专利,有2/3集中在德国10家大公司,包括奔驰、宝马、

---

[1] 欧洲专利局2009年度报告。

西门子、拜耳、巴斯夫等大批世界顶级跨国企业。德国知识产权战略与新兴产业发展战略整合获得良好的绩效,仅制造业出口就贡献了 GDP 增长的 60%。

机械制造是德国传统产业的王牌,"德国制造"已成为国际市场上"质量与信誉"的代名词。为了使德国机械制造业得以持续发展,德国确立了三大发展目标,即"绿色制造""信息技术"和"极端制造",并以信息系统集成技术提升制造业设备的自动化水平,广泛采用电子商务模式对企业知识产权产品的生产和销售进行管理。汽车、机械制造、电子电气、化工始终是德国的四大支柱产业。近年来,德国可再生资源、纳米技术和环保产业也取得了突破性的发展,成为德国知识产权优势产业。信息通信技术与知识产权新兴产业的融合将会产生巨大的发展机遇,因此德国有潜力成为系统集成和标准化领域的领头羊。

3. 日本

日本在战略性新兴产业专利实施方面取得了很高的绩效,其专利技术平均实施率为 52%,大大高于世界平均水平。针对美国专利战略,日本推出的"信息技术国策"中就明确规定,要用规模高达 1000 亿美元的投资来发展信息技术等战略性新兴产业,并以一系列促进战略性新兴产业专利技术开发的战略措施,推动了战略性新兴产业研发和产业化的良性互动。据统计,日本战略性新兴产业集中了全国 60% 的科技人员和 80% 的 R&D 经费❶,确定了从专利及其产品中获取利润,并将赚取的利润投入到新的研发,不断良性循环的战略思想。在专利资产经营中,日本公司衡量一件专利的价值,主要看其增加公司收入的能力;通过专利资产经营,将公司的知识产权管理部门从成本中心转型为

---

❶ R&D 经费指全社会研究与试验发展经费。R&D 经费支出指统计年度内全社会实际用于基础研究、应用研究和试验发展的经费支出,包括实际用于研究与试验发展活动的人员劳务费、原材料费、固定资产购建费、管理费及其他费用支出。

利润中心，为日本战略性新兴产业技术创新成果的研发并迅速进入生产经营打下良好基础。

(二) 国外战略性新兴产业专利联盟发展模式与机制的比较

1. 美国战略性新兴产业专利技术联盟的发展

美国是最早发展产业专利联盟的国家之一，1862年的《莫雷尔法案》及一系列法律促进了高校、科研部门和生产部门的结合，推动了产业技术联盟雏形的发展。事实上，"二战"期间美国的大学就参与了政府引导的技术创新活动，主要集中在军工与电子信息产业，其标志是研发原子弹的"曼哈顿"工程和第一台电子计算机"埃尼阿克"❶的研制。美国大学作为国家技术创新动力源的地位还体现在其将军事、电子信息技术领域的产业技术联盟模式推广到民用科技领域，并将其作为国家科技创新体系的核心。为此，美国国会于1950年通过了建立"美国国家科学基金会"（National Science Foundation，NSF）的法案，表明美国的产业技术联盟已经上升到国家战略的高度。

第三次科技革命促使美国的产业结构发生了变化，产业技术联盟也被提到了前所未有的高度。从20世纪80年代开始，美国产业界、政府、大学以前所未有的姿态相互配合协作，发掘新商业设想、研究新技术、开拓新市场，成立了许多产业技术创新联盟。美国政府为配合产业技术联盟创新的有效开展，出台了《技术创新法》在内的诸多相关政策、法案、报告，将产业技术联盟科技创新上升到了国家战略的高度。为新材料、新兴电子技术和信息系统、新兴制造技术、新兴生物医药等新兴产业提供了良好的法制环境，美国产业技术联盟因此得以稳步发展（见表4-5）。

---

❶ "埃尼阿克"（ENIAC），电子数字积分计算机的简称，英文全称为 Electronic Numerical Integrator and Computer，于1946年2月14日在美国宾夕法尼亚大学诞生。

表4-5 1980~2000年美国联邦政府出台的有关产业技术联盟的政策

年份	法案、报告名称
1980	《技术创新法》《贝赫——多尔法案》《大学与小企业专利程序》
1981	《经济复苏法》
1982	《小企业创新发展法》
1984	《国家合作发展法》
1986	《联邦技术转移法》
1988	《综合贸易和竞争法》
1989	《国家竞争性技术转移法》
1990	《美国科技政策》
1991	《技术优先法》
1993	《技术促进经济增长》报告
1994	《科学与国家利益》报告
1995	《国家技术转让与促进法》
1997	《联邦技术转让商业化法》、"塑造21世纪的科学和技术"科技政策报告
1998	《开启未来——面向21世纪的科技政策》
2000	《技术转化商业化法》

2. 美国产业专利技术联盟的发展模式

1) 科技工业园区模式

美国最具代表性的科技工业园区是"硅谷",硅谷成为高技术产业的代名词,科技工业园区模式也被称为"硅谷模式"。硅谷是美国IT等新兴产业的创新地,是美国最为成功的高技术开发区之一。斯坦福大学于1951年创建的"斯坦福研究园"是美国最早的科技园区之一。研究园的建立增加了斯坦福大学的经费收入,促进了美国西海岸高新技术的发展,并为全球最大的电子工业基地"硅谷"的崛起奠定了基础。"硅谷",以区域附近一些具有雄厚科研力量的一流大学如斯坦福大学、加州大学伯克利分校和加州理工学院等为依托,以高技术的中小公司群为基础,聚集了苹果、英特尔、惠普、思科、朗讯、英伟达等大公司,融科学、技术、生产为一体。在政府、学校、研究机构、公司以及一些培训机构之间建立的产业技术联盟关系中不断地产生、流动、传播和再创新,极大地促进了硅谷的发展,成为硅谷迅猛发展的"科研血液"。硅谷模式之后,以麻省理工学院为中心孕育的波士顿128号公路高新技术园,以北卡罗来纳州立大学为中心孕育的北卡三角科技园等,标志着以大学为中心孕育的科技园区成为美国产业技术联盟合作的主要模式。

2)关键技术战略计划项目

关键技术战略计划是美国国家层次的高技术产业计划,也是新兴产业发展战略计划的重要组成部分。回顾关键技术及其产业的发展历史,20世纪40年代的"曼哈顿计划"和60年代的"阿波罗计划"促进了航天技术、电子技术、半导体与计算机技术及其产业的发展;80年代的"星球大战计划"几乎囊括了当代所有的关键技术和前沿学科,按专业领域分类出台了"高性能计算与通信计划""全球变化研究计划""先进材料与工艺计划""生物技术计划""科学、数学、工程和技术教育计划""先进制造技术计划"等6个重大高科技计划;据美国空间政策中心测算,截至20世纪末,与"星球大战"相关的6个产业,使美国的国民生产总值增加了650亿美元。90年代,克林顿政府又公布了一系列高技术发展战略文件,提出21世纪继续保持在所有关键技术领域的世界领导地位的战略目标。

3)企业孵化器模式

20世纪70年代,美国产业技术联盟为满足发展高新技术和小企业的需要,同时也为了弥补科技工业园区模式的不足,尝试创建企业孵化器。美国的企业孵化器分为4种类型:(1)由地方政府或非营利组织主办,创办目的是创造就业机会推动区域经济的多样化发展以扩大税收来源,如"芝加哥产业开发委员会"就是由非营利组织创办的,其目的是扶植当地小企业的发展。

(2)由大学和研究机构主办的孵化器,它是大学和研究机构为了增强在开发高新技术产品中的竞争力,迅速推广科研成果和推进学校所在地区的研发活动而创建的。如美国乔治亚理工学院于1980年成立的具有孵化性质的"最新技术开发中心",该中心成立以来已有100多家企业"毕业"。(3)由私营企业主办的类孵化器,一般由风险投资公司、种子基金投资公司主办,也有大企业和房地产经营者合办。(4)公私合营的孵化器,由政府、非营利机构和私人合股兴办。这些企业孵化器致力于培养创新型、技术密集型的新建小企业,通过提供整套服务设施设备和管理咨询服务,使小企业失败率降到最小限度,并通过经营小企业的实践锻炼和企业孵化器的辅导,造就一大批科技型企业家。显然,企业孵化器是加强产业技术联盟合作、扶植小企业的一种有效模式。

3. 日本战略性新兴产业专利技术联盟的发展

日本早在20世纪50年代就开始重视产业技术联盟这一技术创新合作模式,当时的产业技术联盟合作主要是有两类:第一类,主要由半官方的行业组织推动。包括了"日本生产性本部"下设的产学协作委员会,经济同友会设立的促进"产学协作中心"以及经团联和日经联联合投资建立的"产学协作中心"等。第二类,以产学合作为主,重点培育产业人才。包括产学教育制度咨询报告的正式出台,文部省设立的委托研究制度以及1960年颁布的"国民收入倍增计划"中提出通过产业技术联盟合作解决教育培育问题。[1]

20世纪80年代后期的日本是世界经济和技术大国,同样面临经济全球化的竞争,为此日本政府一直把支持产业技术联盟合作作为一项重点工作。1981年,日本科技厅和通产省确立了

---

[1] 刘彦. 日本以企业为创新主体的产学研制度研究[J]. 科学学与科学技术管理, 2007 (2): 36.

"产学官"三位一体的科研体制;1982年,为促进学术研究与社会的结合,日本学术振兴会成立了"综合研究联络会议"和"研究开发专业委员会";1983年,文部省建立了"国立学校与民间企业等的共同研究制度",促进产业界与学界的全面合作;1986年,日本制定了《研究交流促进法》,鼓励研究人员到企业参加共同研究,国立研究机构的设施向企业研究人员开放。为加强产业技术联盟合作,建立了"官民特定共同研究制度"。❶

20世纪90年代后,日本进一步加大了"产学官"合作力度。1996年制定的《科学技术基本计划》中把产学官合作上升为基本国策。1998年制定《大学等技术转让促进法》,2000年制定《产业技术力强化法》,在大学设立技术转移机构;建立加快尖端科技领域产学合作新制度,鼓励企业长期委托国立公立大学进行研究开发。2001年起每年召集"产学官"合作负责人会议和"产学官"合作促进会议。2002年制定了《产学官合作促进税制》。❷ 日本政府重视产业技术联盟在各个领域间的均衡发展,并且注重不同层次的技术开发研究的资源分布,产业领域涵盖了:生命科学、信息通信、环境保护、纳米技术与材料,还有与社会发展密切相关的能源、制造技术、生活基础设施、军事等。在创造新知识的基础研究方面,创建能产生国际高水平成果的环境;在研究开发方面,创建能使产业技术联盟真正紧密合作的环境,以及能使年轻的研究人员发挥最大创造力的环境。最终,发展能创造新产业的产业技术,恢复日本强大的国际竞争力。

4. 日本产业专利技术联盟的发展模式

受托委托模式,即高校接受来自民间企业和中央其他政府部门委托的课题项目,同时按照委托者的要求,双方就研究的范围、期限、经费、专利和版权所有、保密责任等签订合同,通过

---

❶❷ 刘彦. 日本以企业为创新主体的产学研制度研究 [J]. 科学学与科学技术管理, 2007 (2): 37.

合同的形式实施委托研究，向企业提供研究成果，以此协助民间企业的研究开发。1995 年日本文部省等相关政府部门推出"促进特殊法人等部门有效利用政府资金开展基础研究的制度"，鼓励国立大学接受委托研究，为学术研究创造了更加良好的环境。

共同研究模式，是指日本国立大学从产业界接受研究人员和研究经费，大学研究人员和产业界的研究人员就共同研究课题，以对等的立场进行的合作研究开发活动。共同研究的实施主体是企业，以企业为主体的实施项目占共同研究项目的 80% 以上。共同研究所产生的发明专利权等研究成果属研究各方共有，而产方在一定期限内可以优先实施。该制度的建立将国立大学的研究能力和企业的技术能力结合起来，创造出很多优秀的研究成果，同时在一定程度上为产业部门进入大学从事研究提供了条件，也鼓励了产业部门参与实施专利的积极性。这种新的模式实施以来，各方的参与程度与日俱增，合作项目逐年增加，日本政府不断完善相关规章制度，以鼓励更多的国立大学和企业参与共同研究。

五、本章小结

战略性新兴产业作为技术密集型产业，其发展离不开专利的支撑。美、日、欧的跨国公司，是战略性新兴产业专利的主要创造者，也是专利的运用及运营主体。

通过对国外战略性新兴产业的发展现状，以及美、日两国产业技术联盟合作的发展历程、合作模式与机制的探究表明，在产业技术联盟三者的相互关系中，大学和研究机构的学术开拓和实用性开发是产业技术联盟合作的基础和前提。实现科研成果的产品化、市场化是产业技术联盟合作的最终目的。而对产业技术联盟合作进行协调并提供包括财政、法律法规等各种支持，则是产业技术联盟合作的根本保证，也是各国政府义不容辞且不可替代的责任。

美、日两国的产业技术联盟的结合以及后来产业技术联盟的兴起始终与新兴产业的发展密不可分。新兴产业的发展激励了两国通过产业技术联盟的方式在新兴产业领域取得技术优势,因此,产业革命、科技革命发生之时,是产业技术联盟创新的高速发展期。

发达国家的产业技术联盟发展经历了一个由点到面、由企业—产业—国家—世界的发展过程,伴随这一过程,人们对产业技术联盟合作创新的认识逐步深刻,从零星、分散的企业行为变为系统的国家战略,变为国家统一的意志和行动,尤其是政府各相关部门与产业界和学研机构的协调发展。同时,国家的意志和行为使得产业界、科研机构以及社会各阶层形成科技兴国的共识,为产业专利联盟资源整合营造良好的氛围和环境。

企业的目标是利润,科研机构的主要任务是科学研究。在市场经济条件下,由于资源的稀缺性和不确定性,任何一方都只能占有资源的一部分。因此,在经营环境中要依赖其他企业或组织,通过合作来解决资源的稀缺性和不确定性问题,这就是构建产业技术联盟合作创新的基本动因。

在美、日两国产业技术联盟合作创新的发展过程中,人才、产业、风险资本全方位、多角度的集聚与融合是产业技术联盟合作得以实现的主要途径,遍布全球的高科技园区的设立和发展就是最好的实证。例如,日本的筑波科学城汇集了筑波大学、筑波空间中心、高能物理研究所、日本宇航局、日本电子技术实验室等在内的学研机构以及高级研究人员,同时也聚集了大量的风险投资公司,这些公司为高风险的产业技术联盟结合企业的贷款提供80%的担保;美国的硅谷是高科技创新和发展的开创者,该地区的风险投资占全美风险投资总额的1/3,风险资本极大促进了硅谷的成长。1980年苹果的上市吸引了更多风险资本来到硅谷。Sand Hill在硅谷成为风险资本的代名词。

总之，发达国家的产业技术联盟合作都离不开政府的作用。在美国，政府对产业技术联盟合作提供资金支持、政策优惠、人才的引进。在日本，政府为产业技术联盟合作给予法律上的保障、产业上的引导等。

第五章　战略性新兴产业专利联盟运行机制的安排

专利联盟的实质是一种系统化的交易机制，它整合联盟成员的相关专利并向联盟外的第三方或在联盟成员内统一进行许可。系统论观点认为：机制是系统中各要素之间相互作用、相互制约，推动系统良性循环、可持续发展的规则、程序等，是决定系统运动方向的载体与方式。运行机制是指系统内各子系统、各要素之间相互作用、相互联系、相互制约的形式和运动原理，以及内在的工作方式。它通过微观层次运动的控制、引导和激励来使系统微观层次的相互作用转化为宏观的定向运动。[1] 专利联盟运行机制指从产生组建联盟的意愿开始，到联盟利益分配结束过程中各环节的运行原理和作用方式。因此，有必要探讨专利联盟的运行机制，结合战略性新兴产业的特征，提出建立战略性新兴产业专利联盟的运行机制。

专利联盟的运行，通过动力机制的作用，调动联盟成员合作积极性，通过契约机制的运作，选择必要的专利和良好联盟伙伴，实现资源共享和协同创新；运行中离不开联盟内部管理机制、信任机制、知识产权开发机制等的协调与运作；联盟通过监督保护机制规范联盟成员的行为，为联盟的运作提供了可靠的保障，为联盟新目标的确立和新一轮的技术合作奠定基础。专利联盟的相关机制以及机制的相互作用参见图5-1。

---

[1] 刘恒江，陈继祥. 基于动力机制的我国产业集群发展研究[J]. 经济地理，2005（9）：607-611.

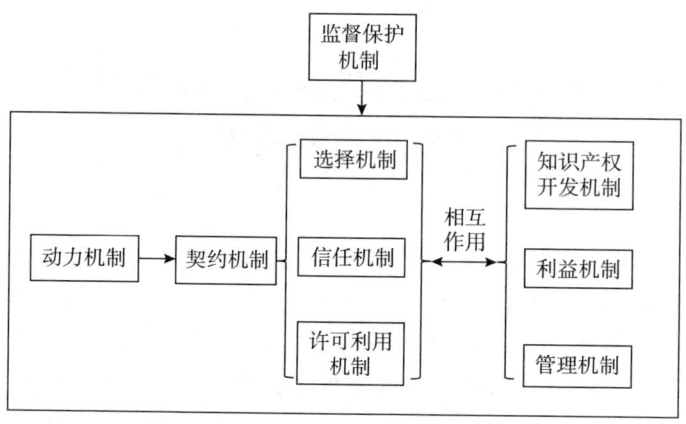

图 5-1 专利联盟的运行机制

一、专利联盟的动力机制

动力机制通常是以清除"专利丛林"为目标而建立的一种专利联盟运行机制,指通过一系列的因素,促使拥有专利的企业间产生结盟的意愿,巩固联盟发展的有关政策、制度及运作方式。专利联盟如何形成?企业是如何产生结盟的意愿?Merges[1][2]指出,目前有许多专利联盟是在达成行业标准的驱动下成立的。由于行业标准的形成需要企业间频繁的磋商,成立拥有正式规则甚至是统一指导的管理机构(专利联盟),有助于减少交易成

---

[1] MERGES ROBERT P., Nelson. RICHARD R. On the complex economics of patent scope [J]. Columbia Law Review, 1990 (4): 39-916.

[2] MERGES, R. P. Institutions for Intellectual Property Transactions: The Case of-Patent Pools. Boalt Hall School of Law Working Paper, University of California, Berkeley. 1999.

本（transaction costs）。Carl Shapiro❶ 指出，当前专利制度在下面几种情况下提高了交易成本：（1）生产的专利许可问题。产品生产过程无意之中就侵犯了某种专利技术，因此，产品生产需要得到多个专利权人的专利许可，这在一定程度上增加了生产的协调成本。（2）"敲竹杠"问题。专利权人彼此间依赖程度的提高以及合作契约的不完备性，很容易诱使个别专利持有人凭借手中的专利进行"敲竹杠"行为。他提出，上述情况的改变需要专利制度的改革，但企业也可以通过组建专利联盟来降低上述交易成本。事实上多数专利联盟成立的目的在于解决或者避免由于专利侵权或专利有效性的争议所引起的专利诉讼。

在现实中，由于互补性和妨碍性专利的存在，许多专利在利用上往往是互相牵制的。例如，某企业想要推出一个新产品或者使用一个新技术，如果不能拥有相关的所有或者多数专利的使用权，其产品商业化或制造新产品的希望将难以实现。为此，企业必须向其他许多拥有妨碍性和互补性专利的厂商取得使用专利许可，否则将不可避免地侵害相关专利权人的权利，面临侵权诉讼，导致"专利丛林"现象。❷ 随着社会分工越来越精细化，处于某个产业链条的各个企业都可能成为其所处分工领域的龙头企业并拥有数量可观的专利，而产业链条的终端产品往往由大量材料和零部件组成，因此附着了大量相互联系却由不同专利权人持有的专利技术。产业分工越精细，围绕产品或者技术研发申请的专利数量越多，产品的专利化水平越高，就越有可能形成"专利丛林"，即依附在某项产品或者技术之上的权利被分解为单个独立的知识产权并归属于不同的权利人。若想有效地开发某项产品

---

❶ CARL SHAPIRO. Navigating the patent thicket：Cross licenses，patent pool s，and standard - setting [A] //ADAMJAFFE，JOSHUA LERNER，SCOTT STERN. Innovation Policyand the Economy. Boston：MIT Press，2001.

❷ 詹映，朱雪忠. 标准和专利战的主角——专利池解析 [J]. 研究与发展管理，2007，19（1）：92-99.

或使用某项技术，必须支付巨额的专利许可费并花费高昂的交易成本，而把被"专利丛林"覆盖的权利重新整合，使其成为可以统一使用的权利则往往是一个较为复杂而缓慢的过程。因此，"专利丛林"问题将会导致部分有价值的资源可能处于无法充分利用的闲置状态。

根据累积创新理论，专利是知识产权的一种，具有使用价值，属于无形资产。专利价值是指专利预期可以给其所有者或使用者带来的利益在现实市场条件下的表现。[1] 科技创新是一个累积的过程，一项后续创新的进行往往必须同时利用多种在前基础创新研究的成果。当期的创新成果也是下期创新的投入品，提高对在先创新者的激励，加强对在先基础研究创新专利成果的保护，可能会降低对后续创新开发者的激励。如果在先基础创新的专利成果形成了"专利丛林"，不仅会增加后续创新的交易成本，造成对上游专利创新成果利用不足和基础研究闲置的"反公地悲剧"，总体上也阻碍了创新。专利联盟的出现，是专利竞争领域的一个重大突破。专利联盟作为不同专利权人之间联合彼此专利并统一对外许可的正式或者非正式组织，通过专利的组合搭配，可以在短期内改变产业的竞争态势，为企业赢得竞争市场。而通过对联盟专利的合理利用可以清除障碍专利，降低诉讼成本和边缘溢出效应，分散专利联盟成员间的风险，促进技术标准的推广和产业化的快速发展，被视为避免"反公地悲剧"的一种有效的解决途径。因此从理论上说，专利联盟是单个专利权人放弃专利的独占权以共享专利的一种互惠协议。企业通过组建专利联盟的形式能够有效地实现规避"专利丛林"和"反公地悲剧"现象。

专利联盟的动力机制主要包括外部动力和内部动力两个方

---

[1] 万小丽，朱雪. 专利价值的评估指标体系及模糊综合评价 [J]. 科研管理，2008（3）：185–191.

第五章 战略性新兴产业专利联盟运行机制的安排

面。专利联盟的外部动力是指联盟以外的力量对联盟产生的推动力,包括技术推动力、市场推动力和政策推动力3个方面:(1)技术推动力,现代科技朝着跨学科和高度综合的方向发展以及社会分工的不断细化,要求企业专利技术联合起来,发挥协同效应。协同是指相对于各独立组成部分进行简单汇总而形成的企业群整体的业务表现,是在资源共享的基础上,两个企业之间共生互长的关系,并强调企业协同的核心是价值创造,必须高度重视子公司之间的协同,以适应当今经济发展的要求。❶(2)市场推动力,经济全球化的市场竞争日趋激烈,消费者的需求不断变化导致企业的生存压力与日俱增,鉴于企业资源有限以及提高资源利用效率的考虑,企业只有进行合作不断进行创新,才能提高生产效率,以至于在市场竞争中不被淘汰。(3)政策推动力,专利联盟对国家创新体系的建设有着重要的作用,因此政府有必要制定各种优惠政策如设立专项基金等,来激励企业产生结盟的意愿。

专利联盟的内部动力是指来自联盟成员自身的驱动力,包括利益驱动力、发展需求和优势互补3个方面:(1)利益驱动力,利益驱动对企业的作用主要体现在分担企业的研发风险,缩短企业的研发周期,获得更多市场机遇,帮助企业清除阻碍性专利,扫清专利障碍;若企业的专利技术成了标准技术,将会在市场当中形成一定的垄断,占有该市场的主要份额,从而获取经济利益。如果专利联盟的形成促进了市场竞争,则联盟没有构成垄断,反之联盟的垄断行为将引起法律责任。这种由设立技术标准所产生的经济利益就是驱动专利联盟的内部动力。(2)发展需求,企业都希望通过专利联盟对资源进行最大化利用,整合企业间的资源互补优势,提高企业的创新实力,维持其在市场中的竞

---

❶ ANSOFF H. Corporate strategy [M]. Revised edition. New York: McGraw 2 Hill Book Company, 1987: 35 – 83.

争优势,以便持续在产品市场中盈利。(3)优势互补,优势互补对联盟企业的吸引主要体现在企业很难占有发展所需的全部资源,只有通过专利联盟才可以获得持续的人力资本、知识、技术、信息资源,提高技术创新能力和知识学习能力,降低交易成本、诉讼及协调成本,整合互补技术,促进技术转移。

随着计算机、数字通信以及生物医药为代表的现代科学技术的快速发展,技术标准在产业竞争中地位的不断增强,技术标准下的专利联盟再度兴起,技术标准成为专利联盟形成的一个重要的动因。在全球一体化的进程中,产业技术标准化催生了专利联盟。产业技术标准是产业竞争的制高点,受技术标准网络效应的影响,现代产业技术标准往往同专利结合在一起,技术标准的形成过程也伴随着专利联盟的形成过程。

(一)专利联盟动力机制的运行

专利联盟是以清除、限制产业相关专利技术商业化的"专利丛林"为主要目的,从而获取竞争优势和经济利润。其运行机制特征在于企业为弥补单个专利权有限性的缺陷,应对"专利丛林"现象,避免侵权诉讼,确保企业专利的自由使用,企业将焦点由单个专利技术转移到专利技术群上,并尝试规划企业技术的可专利性和与相关专利权人谋求合作,企业间便形成专利联盟,具体通过交叉许可、集中许可和标准制定等来实现。

例如,绿色荧光蛋白专利联盟❶是 GE 医疗集团于 2001 年集合 Invitrogen 知识产权控股公司和 Fisher BioImage ApS 公司关于折叠和红移突变的专利权,创建的一个覆盖所有维多利亚水母绿色荧光蛋白(Aequorea victoria Green Florescent Protein,AvGFP)

---

❶ GE healthcare. GFP Licenses [EB/OL]. (2010 - 09 - 26). http://www.gelifesciences.com/aptrix/upp01077.nsf/Content/Products? OpenDocument &parented = 658510&moduleid = 166932. 2001 - 10 - 20/2010 - 09 - 26.

变种单独许可的专利联盟,由 GE 医疗集团提供充分使用完整的 GFP 技术的必要专利的排他许可权利。AvGFP 是一种最典型的荧光蛋白,野生型的 GFP 来源于生活在寒冷海水中的水母中,某些基因突变的引入能够显著提高 37℃ 的正确折叠的绿色荧光蛋白分子的产量,红移突变也是使得荧光被标准实验荧光检测仪器探测到的必要物质。而 Invitrogen 知识产权控股公司、Fisher BioImage ApS 公司在美国和欧洲都拥有这些突变的授权专利。该专利联盟的主要目的是清除限制 GFP 商业应用的"专利丛林"。GE 医疗集团的 GFP 许可覆盖了有关增强 AvGFP 突变性能的美国、欧洲以及日本专利。哥伦比亚大学控制的授权专利也覆盖了 AvGFP 在蜂窝系统中的使用,因而也加入到该专利联盟中。在 AvGFP 专利联盟的许可条款中,如果这项研究不给商业实体提供服务,且该研究也不转移给一个营利性组织的前提下,学术和非营利性组织基于研究目的可以免费使用 AvGFP 专利。因此,GE 医疗集团除了授予 GFP 联合许可,也单独授予哥伦比亚 GFP 许可。

(二) 动力机制与技术标准

从战略性新兴产业专利联盟的走势来看,技术标准专利化带来了巨大利益,技术标准与专利的结合叠加了知识产权的战略价值。跨国公司开始注重将自己的专利技术上升为技术标准,以期通过技术标准的运作,达到垄断市场的目的。即使其他企业的技术创新进展迅速,受锁定效应的影响也很难打破技术标准形成的壁垒。对于拥有专利权较少的发展中国家的产业和企业来说,技术标准专利化则是一个严峻挑战。技术标准的制定和采用会对我国战略性新兴产业的技术发展方向和市场竞争格局产生重大影响,我国战略性新兴产业若想在世界中立于不败之地,建立专利联盟时技术标准的制定是不容忽视的。

产业标准战略是指政府或企业有意识地制定促进技术标准形

成和推广的相关政策及措施，旨在使本国产业和企业在技术标准竞争中取得有利地位。而技术标准的形成机制是产业标准战略的核心问题，技术标准的形成机制主要有市场机制、组织机制、政府主导机制和寡头垄断机制。在市场竞争比较充分的情况下，市场机制和组织机制各有利弊，但都优于政府主导机制和寡头垄断机制。我国目前多数企业缺乏技术创新实力，尤其是足以影响产业技术标准的创新能力特别薄弱，如果像美国那样主要采用市场驱动方式，虽然在技术上有可能产生最优标准，但其结果却很可能是跨国公司已经获得知识产权保护的事实标准进一步控制中国的高技术产业。因此，我国技术标准的形成机制应混合采用市场机制和组织机制，发挥两者的优势。企业联盟作为组织机制的一种形式，具有影响用户预期，支持相关企业开发互补产品，采用有利于市场渗透的定价策略等作用，从而有利于率先建立起规模化的用户安装基础，在技术标准的市场竞争中抢占优势地位。因此，在战略性新兴产业企业发展的过程中，建立起基于战略性新兴产业专利联盟的技术标准形成机制，无论是对于战略性新兴产业企业个体的发展，抑或是对专利联盟整体而言，都是比较现实的选择。当然，对于我国这样一个具有巨大市场，同时又处于技术赶超阶段的国家而言，政府对于战略性新兴产业联盟组建、发展的作用，除了通过产业技术政策支持与技术标准开发相关的研发计划，以及制定竞争政策规制跨国公司滥用知识产权的行为之外，还应该有更多的发挥空间。政府应适时、适量针对战略性新兴产业专利联盟给予资金和税收支持，在市场需求不稳定的情况下，政府的需求就成为决定技术标准存亡的关键因素。此时对于各种技术标准来说，谁能够最先获得大量的用户进而达到临界容量，谁就最有可能主导产业的事实标准。如果能够适时地充分发挥政府购买力的影响，就会较大程度地提升中国技术标准的市场竞争力，进而促进战略性新兴产业联盟的发展。世界知识产权组织在关于专利与标准的报告中指出："专利与标准有着共同的目

的，促进并支持技术创新及技术传播，然而如果专利权的行使是以阻碍标准更广泛的实施的方式来进行，两者则可能出现冲突。"❶

建立技术标准流程一般是：首先，由标准设计部门设计技术标准，罗列出标准所涉及的全部专利技术；其次，由专利开发部门将这些专利技术吸纳进入专利联盟；再次，通过谈判取得标准涉及领域内重要企业的认可；最后，建立并成为行业的技术标准。建立技术标准的业务流程中技术标准设计是一个非常重要的过程。技术标准设计必须要符合战略性新兴产业专利联盟现有的规模和能力，如果标准范围设计过大，而专利联盟没有能力集合范围内的全部核心专利，或专利联盟没有足够影响力得到重要企业的认可，将会造成技术标准无法建立；如果标准范围过小，生产企业将轻松绕过技术标准，使得技术标准空剩一个名号而无实际用途。因此，战略性新兴产业专利联盟在设计技术标准时必须考虑联盟的影响力，量体裁衣才能够建立合理可行的技术标准。

二、专利联盟的契约机制

契约是保障专利联盟运作的重要手段，契约的基本功能在于以最小的交易成本达成交易各方的交易目标。交易的复杂性、异质性和多样性决定了交易规制结构，即契约的复杂性、多样性。❷ 专利联盟的正常运行也离不开契约的约束。专利联盟的契约机制是指联盟内部主体合作的规则与方式。在契约机制下主要包括选择机制、信任机制以及许可利用机制。

---

❶ See WIPO Report on Standards and Patents, Standing Committee on the Law of Patents of the WIPO Secretariat SCP 13/2, para. 5（Feb. 18, 2009）available at http://www.wipo.int/edocs/mdocs/scp/en/s cp_ 13/scp_ 13_ 2. pdf, Mar, 05, 2012.

❷ WILLIAMSON E. The economic institutions of capitalism [M]. New York: Free Press, 1985: 137 – 143.

专利联盟的运作通常涉及三大主体：联盟成员、专利联盟管理组织和被许可人。有的专利联盟管理组织由某个联盟成员兼任，如 DVD 6C 专利联盟，专利需求是由其成员企业东芝负责专利池的管理；有的专利联盟管理组织则是由单独成立的新机构，如 MPEG－2 联盟所成立的 MPEGLA 组织。根据对专利联盟三大主体的利益关系与约束条件的分析，控制专利联盟保持稳定性的约束条件主要体现在三类契约上：专利联盟和联盟成员之间的契约、联盟成员之间的契约、专利联盟与被许可者之间的契约。这些契约规定了各方主体彼此之间的权利义务。例如，专利联盟和联盟成员之间的契约规定专利信息的披露规则，在专利联盟与被许可人之间的契约中规定专利回授条款，在联盟成员之间的契约中规定保障专利交叉许可的"互授"条款，这些条款都会对专利联盟的稳定、降低风险、生存和发展起到关键作用。

（1）专利联盟与联盟成员之间的契约。"专利信息披露"是专利联盟与联盟成员之间的重要契约，其主要目的是约束联盟成员隐瞒相关专利的行为，以保护所有联盟成员的利益。专利联盟一般要求成员披露各自拥有的与专利联盟相关的专利信息，联盟成员在联盟组建过程中有义务对自己拥有的专利进行专利检索，对可能涉及专利池的专利信息进行披露，并表明其专利共享的意愿。如果专利联盟成员在联盟组建过程中故意隐瞒其可能涉及的核心专利，或者通过不作为的形式不做专利检索，并在联盟组建完成进入运行后单独对外许可或将其在这一技术领域的核心专利推向市场，将严重阻碍联盟的正常运作，那么由此认为该成员违反了披露义务。专利信息披露契约有两个要点：第一，专利联盟组织成员需要披露的专利是限于专利联盟技术推行中可能涉及的专利，对于与专利联盟技术无关的专利则无义务做专利检索和表明许可意向。第二，披露义务的内容不限于核心专利，也不限于存在的专利，对于正在申请中的专利，将来可能获得的与联盟技术有关的专利情况也应当作出披露。

（2）联盟成员之间的契约。"专利互授条款"是专利联盟成员之间的重要契约，其目的是约束联盟成员不愿在联盟内部分享自己的专利，有损专利联盟交叉许可职能的行为。"互授"是指联盟成员必须对现有的和将来的专利的使用权进行交叉许可。这就使得专利联盟成员之间出现相互牵制的关系。专利联盟中存在大量的互补性专利和妨碍性专利，如果专利联盟解体，联盟成员必须对原来免费使用的专利付费，同时各专利联盟成员之间失去协调机制，形成竞争关系。专利联盟成员在追求最大化收益的条件下，单独进行专利运营比专利联盟互授专利的收益少，所以加入联盟可以提高联盟成员的利益。但通过利益关系分析和稳定性分析，部分联盟成员会出现不愿将自己专利进行联盟内部分享的行为，这就破坏专利联盟专利池分享机制，使专利联盟丧失交叉许可的职能，降低了专利联盟的效率。互授条款通过契约的形式要求联盟成员必须将自己拥有的相关专利进行联盟内分享，否则就违反了契约，应受到相应的处罚。

（3）专利联盟与被许可人之间的契约。专利联盟与被许可人之间主要是一种专利的交易关系，交易的过程是一种专利许可的过程。这两个主题之间除了契约之外还存在专利许可原则的约束。专利许可的规则有合理原则（reasonable）和无歧视性原则（non-discrimination principle）。这是所有专利权人在进行专利许可时应遵循的最低原则，无论专利权人是通过专利联盟模式进行许可还是就其专利进行单独许可都必须遵循这些原则。合理原则主要是指专利许可费的合理性，合理的专利许可费是指专利许可费相对于产品生产的成本而言只占一个很小的比例，不得恶意抬高价格，进行垄断性定价。无歧视原则是指对所有同等条件下的被许可人（专利需求者）提供非歧视性的同等待遇。

回授契约是专利联盟与被许可人之间的重要契约，其主要作用是约束被许可人利用在被许可专利基础上研发的与被许可核心专利构成妨碍性或互补性专利来阻碍专利联盟的正常发展，给专利联盟带来风险的行为。回授条款是某些专利联盟在专利许可交易中对被许可人的一种许可义务上的规定。它要求联盟专利的被许可人将联盟专利的改进专利的专利权授予专利联盟❶。回授许可涉及的专利范围不仅包括专利联盟被许可人已经享有的专利权，也包括其将来可能享有的专利权。可以从以下 3 个角度来理解回授条款：第一，回授条款必须是非排他的，即被许可人的专利权在向专利联盟进行回授许可后，还可以自由地向其他专利需求者许可专利权，并收取一定专利许可费。第二，回授许可的专利权的范围应当只限于专利联盟许可的核心专利的互补性或妨碍性专利范围内。专利联盟许可是一个开放的概念，应当吸纳尽可能多的妨碍性或互补性专利的持有者参与专利联盟，以减少交易成本和诉讼风险。另外，标准推行的核心专利是随着技术的进步不断变化的。因此，专利联盟被许可人对专利联盟许可标准下涉及的核心专利向专利联盟许可人提供回授许可是必要的，目的是促进专利联盟标准的实现，减少标准推行过程中的妨碍性专利对专利联盟标准推行的阻碍作用。第三，应当允许被许可人就其回授许可的专利收取合理的许可费用，并作为联盟成员参与专利联盟的专利许可费分配。

（一）选择机制

专利联盟的选择机制是指按照可信任性、互补性、兼容性和低交易成本等原则，从联盟综合优势的角度出发，考虑选择对象的优势资源，确定联盟专利和合作伙伴的规则和程序。联盟成员要集合在一起签订契约，势必会对合作伙伴以及对方所拥有的专利做选择，保障专利联盟内部有了选择机制的运行。

---

❶ 游训策. 专利联盟的运作机理和模式研究 [D]. 武汉：武汉理工大学，2008.

第五章　战略性新兴产业专利联盟运行机制的安排

1. 专利联盟的专利选择

专利联盟必须把必要专利或者对于专利联盟而言是必要的专利选择在内，才能有效发挥专利联盟的功能，保持专利联盟功能上的完整性，专利联盟通过整合专利才能有效避免"专利丛林"现象和"反公地悲剧"。必要专利有两种衡量方法：一种是经济上的必要性，选择的专利能够绕开某项专利研发需要付出巨大的成本机会；另一种是技术上的必要性，选择的专利必须与专利联盟许可范围内的标准直接相关。ETSI 认为必要专利是包含在技术标准之内的如果不使用将不可能实施标准的专利。❶ 我国数字音视频编解码技术标准工作组（AVS）和我国 IT 标准起草组织知识产权政策模板研究工作组在这一定义上有共同看法，认为必要专利是不可避免地被侵权的，不可能在最终实施技术标准时通过采用另一个技术上可行的不必侵权的方法得以避免。在技术和法律层面上，必要专利指的是没有侵犯此项专利，标准不能执行。商业层面的必要性专利指的是执行行业标准规格时必要不可缺的专利。专利联盟的形成基本上都依赖于技术标准的建立，标准制定组织在制定某一项标准时往往需要成员对其拥有的必要性专利进行披露，专利可以由专利权人、聘请的专家和标准化组织进行评估认定。一项专利技术一旦被认定为必要专利，专利权人就可以获得交叉许可以及统一对外许可来获取收益的资格，因此专利评估结果对专利权人和专利联盟都尤为重要。

技术层面的必要专利是指在技术上而言专利技术的不可替代性，主要体现在此项专利技术与标准下的相关产品存在一定的直接联系，没有其他的非专利技术可以取代它。技术层面是评判一件专利是否为必要专利的首要因素，它的功能主要是确定必要专利与技术标准在技术层面上的关系。专利在技术层面上成为"必

---

❶ 游训策. 专利联盟的运作机理和模式研究 [D]. 武汉：武汉理工大学，2008.

要专利"有3种途径：专利技术是实现技术标准对某项产品的技术要求的具体技术方案，专利技术是此项标准实现的技术支撑；技术标准对某项产品的特征存在技术层面上的要求，而专利技术是实现这些特征的技术手段；技术标准中的技术因素包含专利技术的全部技术特征，此时技术要素的字面内容就构成一项完整的专利技术方案。技术评估的结果在于确认专利是否能纳入技术标准的方案。想要实施标准，就必然要实施某项专利技术，除了此项专利技术，没有其他的技术可以替代此项位置，因此这种专利技术就成为"必要专利"。

法律层面的必要专利是一个适用法律的过程，这涉及专利侵权的评估问题。评估专利的侵权需要从专利的地域性、专利的有效性、专利的侵权行为、专利的保护范围和专利的侵权判定原则等考虑。一个国家根据本国专利法授予的专利权只在本国法律管辖范围内有效，超出法律规定的专利保护期限，专利就成为一定程度上的公共产品，而不同国家的法律对专利侵权行为的认定存在司法冲突，同时专利侵权的评估可能要适用多项原则，这些原则的适用条件因国家法律、传统的不同而有所差异，因此不同国家专利侵权的判定有所差异。

商业层面的必要专利可能是由于其他技术与专利技术相比成本比较高，任何一个理性的企业就都不会考虑该项技术而去选择使用专利技术。商业因素是否是必要专利的认定因素，不同的组织有不同看法。美国电气电子工程师协会（IEEE）规定必要专利必须是在商业上和技术上没有任何可替代的非侵权技术，而ETSI则规定，"必要"是基于非商业的技术理由，考虑正常的技术实践和标准化时的技术发展水平来判断。

专利权人评估主体。按照标准化组织的知识产权政策，专利权人都有披露其必要专利的义务，但是由于专利权人不具备标准化组织的技术能力而且专利权人面临评估依据不充分以及缺乏法律判断能力，专利权人不可能对专利的必要性进行鉴定。因此受到利益的驱使，专利权人可能将非必要专利纳入必要专利的范畴。

标准化组织评估主体。由于标准化组织具有得天独厚的条件，在技术上和其他方面具有很大的优势，拥有众多技术专家，同时对技术标准中的技术有着其他个人或组织难以达到的深刻认识，标准化组织被认定是鉴定责任的最佳承担者。但是评估专利是否侵权等，并不是标准化组织可以简单做到的。评估专家的选聘方式有直接选择产生和委托选择产生。直接选择产生的方式通常出现在采用直接管理模式的专利联盟中出现。例如，DVD 3C 和 DVD 6C 专利联盟的评估专家均由专利持有人进行直接选择或进行推荐、投票等方式产生。委托选择的方式主要出现在代理管理模式的专利联盟中。例如，WCDMA 联盟的评估专家由 3G Licensing 公司负责，3G Licensing 公司把必要专利的评估交由一个独立的第三方机构——国际专利评价协会（IPEC）执行。MPEG－2 的必要专利由专利联盟独立的管理机构 MPEGLA 负责组织专家评估。专利联盟是一种有效的组织形式，但是基于风险和收益的考虑，有些企业在专利联盟构建之初不会加入专利联盟，而要等专利联盟运行一段时期后再加入。对于新加入的专利联盟成员主张的必要专利，就必须由专家进行独立评估。

2. 专利联盟的伙伴选择

选择合适的合作伙伴是保证专利联盟的顺利构建和正常运行的前提条件。高新技术企业专利联盟的成员并不是一成不变的，联盟的发展需要不断地吸引有实力的新成员的加入，对违反联盟规定的成员进行惩罚甚至剔除出专利联盟。战略性新兴产业专利联盟选择合作伙伴考虑的因素，包括产业所属领域、合作伙伴的市场地位、市场竞争力、拥有的核心专利、专利数量以及是否拥有技术标准等。例如，AVS 专利联盟（Audio Video coding Standard），是（高清晰度）数字电视、宽带网络流媒体、移动多媒体通信、激光视盘等数字音视频产业群的共性基础标准。2005 年

5月25日，TCL集团股份有限公司、创维集团研究院、华为技术有限公司、海信集团有限公司、北京海尔广科有限责任公司、浪潮集团有限公司、联合信源数字音视频技术（北京）有限公司、浦东新区移动通信协会、四川长虹股份有限公司、上海广电（集团）中央研究院、中兴通讯股份有限公司、中关村高新技术产业协会等12家企业（单位），在北京自愿联合发起成立AVS产业联盟，以尽快推动AVS的产业化进程。AVS产业联盟中的成员都是拥有核心专利，且占有一定市场地位，具有市场竞争力的企业，AVS产业联盟通过联合优势企业，进行协同创新，联盟内部企事业单位的优势资源形成互补，提高联盟成员在相关产品上的核心竞争力，建立完整的AVS数字音视频产业链，促进联盟成员的自身发展。AVS专利联盟采取会员制。❶

（二）信任机制

专利联盟的信任机制是指在联盟运行过程中如何使联盟内部各成员之间建立信任，以及保障这种信任持续下去的方法和制度。专利联盟的信任机制其实也是其选择机制的延伸，基于资金、技术等利益结合在一起的企业彼此之间的信任是至关重要的。

专利联盟成员间的信任主要取决于两个方面：一方面是社会交换的延时性特征使得过去的行为对现在和未来的行为有着不同程度的影响，企业在建立专利联盟的时候，各方的合作经历及声誉都会有所考虑，此外专利联盟各方的相互依赖性、信息的共享程度和双方的组织领导力，都影响着信任机制的运行。另一方面是专利联盟各方的合作愿景或相互认同，对专利联盟合作信任产生机制也有积极的作用。在合作初期，合作方的承诺或担保也为

---

❶ 黄铁军. 以AVS为例谈专利私权和标准公权的平衡[J]. 标准与知识产权, 2005 (7): 40-43.

初步建立信任关系不可或缺的一部分。专利联盟信任机制的运行，主要体现在联盟内成员对联盟的信任，以及联盟之间的相互信任。ETSI 统一制定的 GSM 标准。最终确定的 GSM 标准涉及了许多专利技术，而这些专利技术为多家公司所有，其中拥有标准的必要专利最多的是摩托罗拉，而 GSM 采取的管理模式为核心企业即摩托罗拉为主的独任管理模式。在 GSM 专利联盟中，摩托罗拉并不对联盟外的企业进行许可，而是对联盟内的其他成员进行限制地域且排他的交叉许可。摩托罗拉可以分别与联盟内的其他公司共享 GSM 标准必要专利以及所需要的其他相关专利技术，摩托罗拉与其他联盟成员之间存在双向许可活动，但是它控制着其他成员，并不允许其他成员之间进行相互的交叉许可活动。❶❷因此摩托罗拉对联盟的运作起到了决定、控制、协调的作用，以其拥有的核心技术形成的核心领导中心，使得联盟中其他成员对其依赖性更强，联盟运行的好坏与联盟内部对其信任是分不开的，如果其他联盟成员对摩托罗拉产生不信任的状况时，势必会引起联盟内部的纷争，事实上，其他联盟成员是基于摩托罗拉拥有的核心技术与市场地位的信任而组合在一起的，摩托罗拉在联盟各项活动中能否协调好与其他成员企业的关系决定着联盟运作效果的好坏。❸

（三）许可利用机制

一般的专利许可是相对于转让、自用商业化模式而言，在专

---

❶ LERNER J., STROJWAS, M., TIROLE, J.. The Structure and Performance of Patent Pools: Empirical Evidence. Mimeo. Harvard University and University of Toulouse. 2002.

❷ LEVIN, R. C., KLEVORIEK, A. K., NELSON, R. R., WINTER, S. G. Appropriating the returns from industrial research and development [J]. Brookings Paperson Economic Activity, 1987 (3): 242 – 279.

❸ 张磊. 从"零散制造"到"共同创造"——贺我国电压力锅专利联盟在顺德成立 [J]. 家电科技, 2006 (11).

利联盟的契约机制当中，是指专利权人依据专利法和其他相关技术贸易的法律，采用与被许可人签订专利许可合同的形式，授权被许可人在一定的条件下和范围内制造、使用、许诺销售、销售、进口其专利产品或使用其专利方法的一种交易。

专利联盟的许可制度分为对内许可与对外许可。在对内的许可制度中，遵循平等原则，因为专利联盟中所选择纳入的任何一项基础专利都应当是技术实施中必不可少的，所有的基础专利的有机结合共同发挥作用，保证专利联盟的日常运作。因此，所有的联盟成员无论专利数量多少，其拥有的基础专利在联盟中的作用大小、地位一律平等，即各成员间的专利使用一般实行交叉许可。专利联盟的成员企业因为内部的相互许可，可以使用联盟成员共享的全部专利技术，提高自身专利技术水平。在对外许可方面，联盟采用商业化方法获取的收入的分配，涉及联盟成员之间的利益分配机制。专利许可费标准根据非歧视原则，同一专利联盟对外许可一般执行统一的收费标准。为了确定合理的专利收费标准和专利联盟成员间的分配比例，专利联盟往往确定了一套专利许可费收取和分配的计算方法。有成本法（cost approach）、市场法（market approach）、收入估算法（income approach）等。在实践中，专利许可费率通常可以按单位产品收取或按市场销售收入的一定百分比分次支付，也可要求被许可方一次性付清。通常不超过专利产品净售价的5%，这与一般的技术许可收费水准近似。

专利许可费收取是专利联盟成立的核心的任务。由于专利联盟方的强势，单个专利及专利集合群估价的确艰难。专利联盟许可利用可从以下3个方面来分析：一是联盟许可和标准的市场拓展密切相关。它是一组互补专利技术的组合许可，在交易成本和效率方面要比单独许可要高效得多，是企业解决"专利丛林"避免侵权诉讼，促进标准拓展和保障研发自由的最好策略选择。二是通过契约方式实现内部相互许可。专利联盟是多个专利所有人，为了彼此之间相互分享专利权而形成的合作协议，内部要在 FRAND 原则的基础上建立相应的交叉许可条款，从制度上规范其成员行为，防止"机会主义"与"敲竹杠"等不良行为的发生。三是借助统一谈判对外许可，实现联盟统一许可，有些专利联盟的做法是建立一个统一的管理机构。这个机构是一个专利权代理的实体，对内进行专利管理，对外统一许可并按成员专利数量划分许可费。例如，AVS 专利联盟采取会员制，其主要运作部门是 AVS 专利池管理机构，它是在中国注册的非营利机构，主要工作是把实施 AVS 专利联盟管理所需的必要专利组成 AVS 专利池，进行"一站式"的许可，即所有提供专利的成员都不得单独向标准的使用者收取专利费，此专利费将通过指定的管理机构一次性收取。❶ 可以说，AVS 专利联盟其实质是一系列许可协议的集合体，各成员企业通过谈判达成专利与标准许可协议，各成员企业仍然保持对专利的所有权，而且独立性较强，不存在股权参与，它们之间仅仅是由许可协议而连接的战略关系，其本质上是一种准市场式的契约型联盟，属于协会式组织管理模式。

三、资源共享机制

专利联盟的契约机制使得拥有专利的企业被整合到了一起，以实现优势互补和协同创新。资源共享是联盟实现技术创新的重要支持，通过资源共享，可以实现联盟主体的内部资源以及联盟外部资源间的集聚、融合、转移，从而实现创新资源的使用效率的最大化。专利联盟资源共享机制主要包括三层：底层为创新资源的所有者，是专利联盟资源共享机制的基础，主要是联盟参与

---

❶ 黄铁军. 以 AVS 为例谈专利私权和标准公权的平衡 [J]. 标准与知识产权，2005（7）：40 – 43.

成员。它们持有的专利和必要技术是创新资源的输出方也是创新资源的输入方,它们需要定期或者按要求输出所拥有的创新资源,可以无条件获取资源网络平台中的所有资源。当然,联盟成员所提供的资源不仅仅是其自身内部的资源,也可以是其吸收其产业链上下游相关外部组织的资源,保证了联盟内部资源的丰富化与多元化。中间层是管理服务中心,是联盟内部所有创新资源的协调管理者,为联盟成员提供"一站式"服务,具有重要的承上启下的作用。例如,AVS专利联盟的主要运作部门——AVS专利池管理机构,就是这样性质的机构。管理机构可以脱离于专利持有企业成立专利管理公司,保障资源的持续有效输出。最上层为资源网络平台,这一平台不仅是资源的储存场所,更是各种知识、技术之间相互吸收融合、渗透、转移的平台。在管理服务中心的组织协调下,从而最大限度满足联盟主体的专利许可过程中所需要的资源技术支持。如果资源网络平台的资源无法满足成员的创新活动,联盟成员也可以申请管理服务中心召开资源交流会,探讨关键、短缺资源的解决方案。参见图5-2。

专利联盟的资源共享给成员企业发展带来了重大的机遇,无论一个企业具有多强的技术研发实力,也不可能一直同时拥有和控制整个行业的核心技术,单个企业的资源是有限的,很难获取在产业技术上的绝对优势,只有与相关企业甚至研究机构合作,才能在行业内建立比较完整的技术标准体系。企业之间建立专利联盟之后,通过协调与互补可以使联盟成员都获得其需要的技术。[1] 比如,摩托罗拉虽然拥有的GSM标准专利相对较少,但通过加入GSM联盟实现技术共享后,便获取了大量的专利技术。

---

[1] 游训策. 专利联盟的运作机理和模式研究[D]. 武汉:武汉理工大学,2008.

第五章 战略性新兴产业专利联盟运行机制的安排

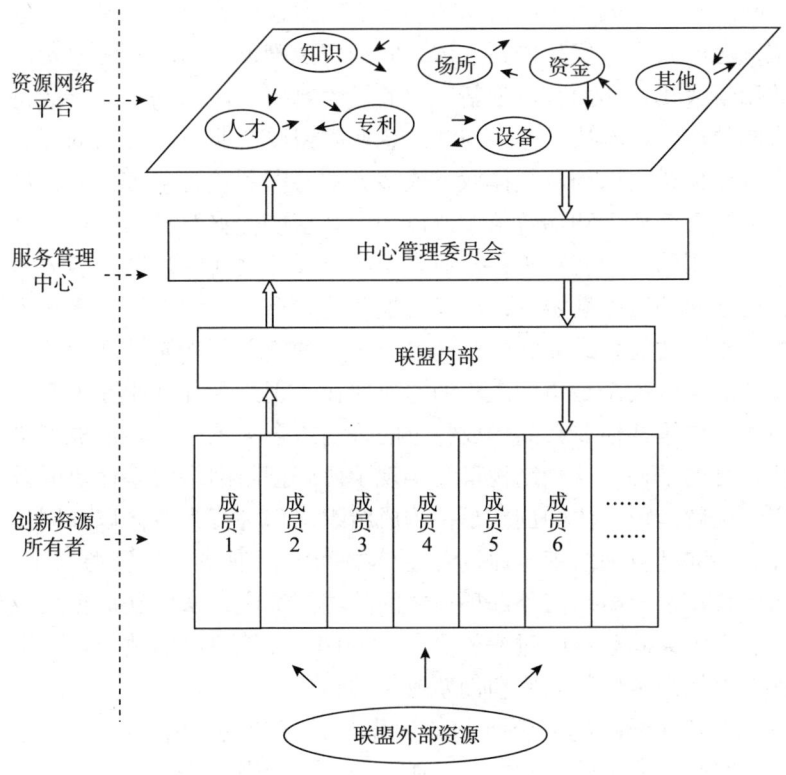

图 5-2 专利联盟资源共享机制

四、协同创新机制

协同创新是人们发现创新的第四种来源,即创新主体通过交互式学习而产生的协同创新。过去创新来源只有研究型非营利机构、营利性企业和个人三种。协同创新是一个基于竞争和合作机制的资源要素匹配过程,与一般的合作与竞争机制不同的是,协同创新是一个复杂的过程,各个创新要素或区域间的创新子系统不断地从不协同状态向协同状态转变。通过创新要素的激活，创新资源的共享，优化创新主体之间的资源配置，追求资源要素的效用最大化，从而获取创新行为的最大效率。协同创新追求的是协同效应，其本质是益损与共的企业联盟或企业与院校间的互利合作新模式，以创新主体双方或多方的共同利益为基础，促进创新要素整合放大和功效倍增，以知识共享或优势互补为前提，其发生作用的机理就在于各资源要素特定属性之间的协同，即要素属性之间的匹配性协调，从而支配系统向有序方向发展，强化系统的整体功能，进而产生协同效应。这种资源要素属性之间的非线性的组合关系是协同效应的本质所在。正是这种强相互关系和强相互作用，使要素间形成特定的排列组合关系，进而形成了最佳组合的结构，这种结构最终实现了协同创新网络的整体协同效应。也就是说，协同创新是指构成组织内部各行为主体以共同目标、共同利益为纽带，通过各主体之间的沟通协调、资源共享、协同合作以及组织与外部环境之间的相互适应，从而获取创新成果、实现共同利益的过程，产生"1＋1＞2"的协同效应，一定程度上提高了创新效率和创新成果的转化。

专利联盟协同创新机制的运作是在竞争与协作共存的关系下，在知识共享的基础之上，通过企业间的强强联合，提升了企业自身的研发能力，在这种共同的作用当中也营造出了鼓励创新的氛围，为研发工作提供良好的环境。在专利联盟中，各合作方会将自己所拥有的无序态的创新知识进行扩散、组织、融合、转化，从而形成有序态的知识集合，并创造出最佳的创新成果。企业协同创新系统的动力依靠内部、外部驱动子系统共同提供，前者由联盟成员企业制度、文化、组织形式、战略等因素构成，后者包括技术环境、技术政策、竞争者、替代技术等因素。内部、外部驱动子系统需要协同、整合以产生更强的驱动效能。当然，联盟内的协同创新系统的正常运行需要动力机制、信任机制、契约机制等机制的协调运行保障。各个机制的共同作用才可以保障企业协同创新系统在市场的引导下高效、科学地运行,使企业的协同创新发挥"2+2>5"的协同效应,为技术联盟创造出更为客观的创新收益。

例如,中国移动、大唐电信集团(以下简称"大唐电信")等单位联合完成的"TD-SCDMA"(以下简称"TD")专利联盟,率先提出了协同技术研发的新思路。一方面,梳理现有内部研发资源,推进技术模块化、产品平台化;另一方面,整合外部研发资源,从研发型向研发资源整合型转变。通过与国内22家高校、科研院所及国外知名企业合作,整合产业链、创新资源,建立联合实验室,共享研发成果,实现了优势互补、合作共赢。随后大唐电信与其他7家通信企业率先发起成立了TD产业联盟。作为联盟的龙头企业,大唐电信开放许可核心专利技术,带动产业链上下游300多家企业群体突破,打造了一条本土企业主导、主要国际企业参与、具有国际竞争力的完整民族移动通信产业链,完整覆盖了从芯片、软件、手机平台、终端到系统设备、仪器仪表的上下游全部环节。这一专利共享、共同开发、协同组织的产业发展新机制,开创了我国"产学研用"相结合的产业协同创新发展模式。2012年我国TD用户达8200万以上,成功实现"三分天下有其一"的战略目标,成为全球3G发牌3年后发展用户数量最多的3G网络;TD基站规模达27万,各项核心指标已达到甚至超过2G和其他3G通信系统水平,精品网络已初步建成;TD终端款数已达1096款,销量超过8200万部,TD智能手机与其他3G制式手机达到了"同质、同价、同时"的"三同"标志。❶ TD联盟的创新模式,为我国战略性新兴产业专利联盟的构建提供了良好的借鉴。

---

❶ 创新助推"领跑":科技进步一等奖"TD-SCDMA关键工程研究应用"——协同创新打造民族移动通信 [EB/OL].(2013-01-25).http://www.datanggroup.cn/templates/T_NewContent/index.aspx?nodeid=22&page=ContentPage&contentid=4309.

五、知识产权开发机制

(一) 内部开发机制

专利联盟中知识产权的内部开发是指联盟成员在专利池包含的核心专利的基础上开发实用新型专利或者开发与专利池包含的核心专利曾互补关系的核心专利,并依照所签署的契约被专利联盟吸收进入专利池的机制。专利联盟知识产权的内部开发机制是否健全直接影响到专利联盟的自身发展能力。知识产权的内部开发使得专利联盟的专利池逐渐扩大,增强了专利联盟的竞争力,激发了联盟的活力,同时也增加成员企业的专利许可费收入。

就专利联盟知识产权的内部开发机制的流程来说,由联盟成员企业开发并申请专利,根据契约中的互授条款,联盟成员将与专利池相关的专利对联盟进行披露并申请加入专利池,相关部门评审确定新的专利权与专利池内的核心专利不存在竞争关系,再按照相关规定将专利加入专利池中,签订专利许可费分配协议,更新专利池检索。这便是一个专利联盟内部开发机制的基本流程,参见图5-3。

互授条款在专利联盟内部开发机制的运作过程中起到了重要作用。根据互授条款的规定,联盟成员开发的与专利池相关的专利的使用权必须无偿授予专利联盟,并与联盟内成员分享。一方面,这样的规定有效地杜绝了专利联盟成员隐瞒自己的专利,并自行推广新型专利而损害专利联盟利益的现象,使联盟成员的相关知识产权在联盟内部顺利实现共享,从而为提高自身竞争力提供契约保障,对专利联盟知识产权的内部开发起到了积极的促进作用,实现了联盟成员间的资源共享;另一方面,在资源共享的基础上,联盟成员在原有技术基础上可以通过改进等方式实现联盟协同创新的目的。

第五章 战略性新兴产业专利联盟运行机制的安排

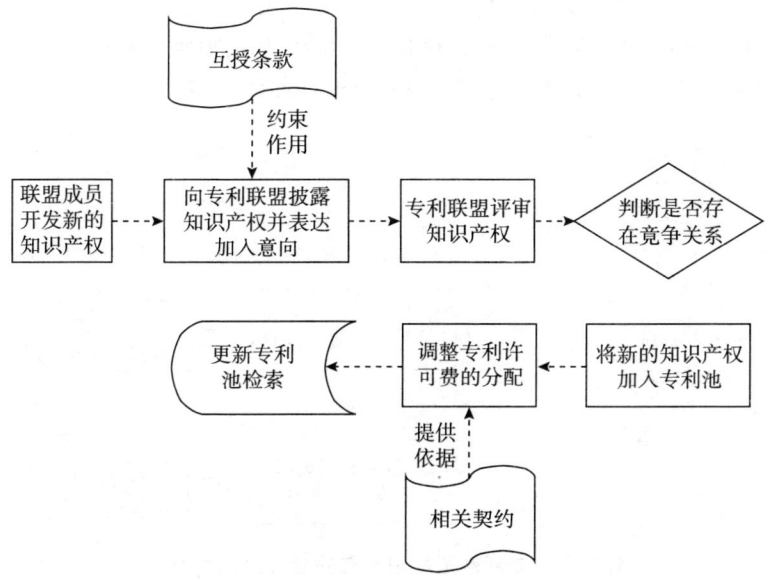

图 5-3 专利联盟知识产权内部开发机制业务

（二）外部开发机制

专利联盟知识产权的外部开发机制是指根据建立专利联盟的目的，通过专利池设计部门，选择并吸纳专利联盟外部的与专利池有关的知识产权的机制。专利联盟知识产权的外部开发机制是专利联盟竞争力和影响力的侧面体现，也是专利联盟形成行业标准的重要途径。专利联盟通过知识产权的外部开发，清除了专利池外妨碍性专利对专利池运营的阻碍作用。同时吸收互补性专利，增大了专利池的覆盖范围、增强了专利联盟的竞争能力。

专利联盟知识产权外部开发机制是围绕选择性吸纳外部专利而进行的。首先，专利池设计部门依照专利检索，选择与专利池相关的专利，制定吸纳计划；其次，谈判部门与专利权人进行专利吸纳谈判；最后，就专利许可费分配等问题与专利权人达成协议，签订合约将专利及专利权人吸纳进入专利联盟，同时更新专利池数据库和检索索引。选择相关专利和制定吸纳计划是专利联盟知识产权外部开发机制的核心流程（见图5-4）。

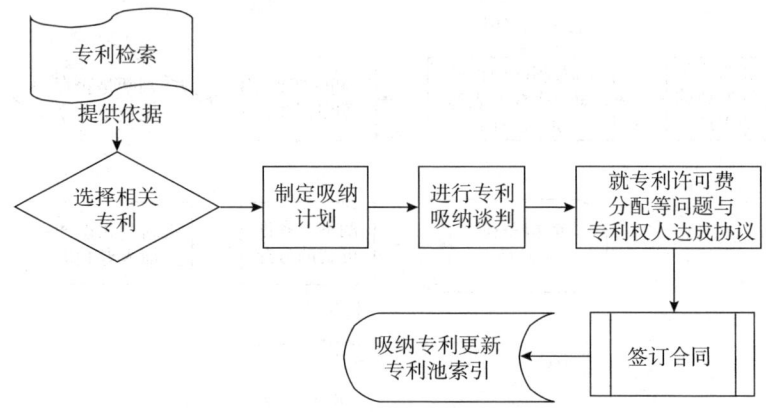

图5-4　专利联盟知识产权外部开发机制业务

六、管理机制

专利联盟已有150多年的发展历史，MA公司被认为是管理专利联盟的典范，其负责组建并管理的MPEG-2专利联盟、ATSC专利联盟、H.264专利联盟等在实践中取得巨大成功。在MA公司的管理机制中，包括主动倡导组建专利联盟机制、新专利权人入盟机制和实施"一站式"专利许可机制。第一，主动倡导组建专利联盟与市场运作流程，MA公司将精力集中在以下十大行业：化学品、消费电子产品、电子商务、教育、能源、环境、医疗保健和生物技术、制造和材料、运输、无线技术，在以上行业出现或即将出现国际技术标准之时，主动向拥有有关标准专利技术的专利权人发出邀请函，倡导其联合起来组建专利联盟，在专利权人接受倡导并提交专利之后，MA公司组织独立的第三方专家组对该专利进行评估,将必要专利纳入专利联盟,然后协助专利权人制定联盟协议,成立专利联盟。❶ 在组建专利联盟的市场运作流程中,MA 公司利用专业化团队紧跟国际标准组织技术标准制定动向,在法定标准下寻找可组建专利联盟的领域,发出组建专利联盟的倡导,邀请其加入组建新专利联盟,不断与之沟通磋商,直到该法定标准技术下一定比例专利权人同意参加组建新专利联盟。第二,新专利权人入盟机制的内涵与市场运作流程。MA 公司对成立后的专利联盟进行管理,包括入盟管理和专利许可管理。新专利权人入盟管理和"一站式"专利许可管理在时间上存在交叉,表现为一定时间跨度内 MA 公司同时与新专利权人洽谈入盟事宜又与其他专利被许可人洽谈专利许可事宜。由此,MA 公司的组织形式取得了良好的运作效果。

专利联盟的管理机构一般采用两种方式:一种是专门的独立实体,专利的许可和标准的制定分离,该独立机构负责专利许可事务;另一种是不另设独立机构,委托其成员代表管理。❷ 标准联盟的管理机构主要负责管理联盟的知识产权许可原则、许可方式、许可费标准和代理诉讼权等 3 个方面的内容。联盟的管理机构是联盟运作的主要推手,因此设立一个怎么样的管理机构是联盟运作的主要内容。专利联盟管理组织主要负责专利的许可,有时也包含商标和著作权客体(如技术手册)等。专利联盟对外通常实行一揽子打包许可,即由一个专门的知识产权管理机构负责相关事务。管理机构不仅全权代表专利联盟统一对外许可,还负责处理有关专利纠纷谈判和诉讼事务。管理机构的设立一般采用两种方式:一种是由专利联盟另行单独成立专门负责知识产权管理的独立实体,专利联盟成员首先与该独立实体签署专利授权

---

❶ 李玉剑,宣国良. 专利联盟:战略联盟研究的新领域 [J]. 中国工业经济,2004 (2):48 – 54.

❷ CARL SHAPIRO. Navigating the Patent Thicket: Cross Licenses, Patent pools, and Standard – setting [J]. Innovation policy and the economy,2001 (1).

协议，再由该独立实体统一负责知识产权许可事务，如 MPEG-LA 及 DVD 6C 专利联盟设立的 DVD6C-LA 就是这样的独立实体，采用有限责任公司形式；另一种形式如 DVD 3C 采用委托其部分成员代表专利联盟负责知识产权管理，由飞利浦统一负责知识产权许可事务。

战略性新兴产业专利联盟其管理模式，可以专门成立一个独立的实体，由该独立机构负责专利许可事务；亦可不另设独立机构，委托其成员代表管理。首先，运用多样性合作的思路，推进战略性新兴产业专利联盟内部规范共享与协同管理。运用开放性合作和包容性合作的思路，摒弃"以竞争为主"和"供应链与供应链之间竞争"的思维定式，开展现代企业间关于专利资源规范共享与协同管理的合作以及与之相应的合作伙伴选择研究与实践。这里的合作伙伴选择具有广泛的含义，即包括长期合作伙伴与短期合作伙伴、强稳定态合作伙伴与弱稳定态合作伙伴，[1]乃至于"当今虽为竞争对手，但可以转化为合作伙伴"的企业选择，真正体现"以合作为主"的全球化视野。运用网络性合作和多样性合作的思路，推动企业间专利资源协同管理不断向广度和深度发展。其次，运用多样性合作的思路，开展支持专利资源协同管理的联盟成员文化塑造与交流的研究与实践。这是促使联盟成员间专利资源协同管理得以持续的重要环节，它包括相应的联盟成员管理和文化内涵的共同营造和相互间进行必要交流等。最后，运用多样性合作和网络性合作的思路，进行成员间专利资源协同管理的动因、成效和风险分析研究与实践。这里包括合作伙伴协同管理的动机分析、所获收益分析和风险的预警方法研究与应用等，其目的是提高企业合作的成效与风险规避能力。其他可能的对策，如开展专利资源协同获取、分析与评价机制研究与实践等。

---

[1] 何静，徐福缘. SDN 合作伙伴关系类型及其合作机理研究 [J]. 科学学与科学技术管理，2004（2）.

综上，采用专门的独立第三方管理公司制具有以下优势：第一，可以充分发挥公司的资源聚集优势与风险分散功能；第二，公司作为第三方组织体以独立主体的身份可以更好在技术标准下专利权人和实施标准者之间进行平衡，发挥利益平衡功能；第三，独立公司追求自身利益最大化的需求也间接有助于增加公司对专利的精挑细选，促使专利联盟积极进行对外许可，实现专利联盟利益最大化。

七、利益机制

专利联盟的组建克服了"反公地悲剧"，能够帮助企业有效地规避"专利丛林"，但对联盟成员企业来说，其利益显然并不止于此。收取专利许可费是联盟企业获取利益的主要途径，但各企业的许可费利益受到联盟许可模式以及企业自身特征的影响。联盟的利润如果分配不公，容易引发联盟内部的矛盾，影响联盟整体的稳定性，甚至导致联盟的瓦解。因此，不管什么许可模式，专利联盟在对外许可时都会坚持"买者自慎"的原则，即联盟给被许可人的只是一张专利编号清单，而不会就每项专利分别协商许可契约，也不负责解释每一项专利的内容或对如何使用各项专利进行指导。被许可人如有疑问，可以依照专利编号研究每项专利的具体内容及其合理性。

专利联盟不同的许可模式实现利益的机制各有不同，对各专利权人的利益也有不同的影响。各专利权人自身的特点也会影响联盟及其自身利益的实现。例如，专门从事研发的企业，其主要的收入来源就是专利的销售或许可费用，因而当其专利加入联盟后，能促使专利更迅速地许可给更多企业。专利联盟支持的技术标准成为如DVD这样的主流标准，将拥有数量巨大的被许可人，相应便会获取巨额的许可费收益。而对研发和生产兼备的一体化企业而言，除了作为研发企业所能获得的利益外，还可以以比非联盟成员更低的许可费获得需要的专利技术,并能较早地从事产品的研发和生产,从而更容易使其产品在市场中获得竞争优势。除了许可费收益之外,专利联盟由于其一定的垄断性特征,可以影响甚至主导相关行业技术发展的方向,从而获得一种长期的竞争优势,当联盟所掌控的专利技术成为行业主流或标准时,这种利益就更显著。

在对外许可方面,专利联盟采用商业化方法获取的收入的分配,涉及联盟成员之间的利益分配机制,根据各成员所拥有的实质专利数量来按比例进行。对外许可一般遵守联盟所称的FRAND原则,即若无充分理由,专利联盟不得限制他人进入同类市场中,包括3GPP、ETSI、ITU、IEC和中国无线通信标准组织(CWTS)等标准化组织在它们的知识产权规约中规定了许可的FRAND原则。合理原则要求许可条款特别是专利许可费率和许可条件应当合理。国际上,三大标准化组织在此方面采取的态度是听由有关当事人去协商。尽管少数标准化组织如3G标准化组织3GPP试图扮演专利权人和3G厂商间的协调角色,不仅组织必要专利评估,还制定专利费的计算方法,并限定最高专利费率,但这种做法还未构成主流。如何真正做到平衡有关当事人之间的利益,特别是保证被许可人获取合理利益,是专利联盟面对的永恒话题。❶

八、监督保护机制

(一)制度保障机制

制度保障机制是保障联盟内部机制正常运行的重要内容,在

---

❶ 郭民生. 略论国家知识产权战略的基本内涵及其实现途径[J]. 知识产权,2006(6).

专利联盟形成运行中,每一个流程环节都要制定严格科学和切实可行的执行标准,设置监督机制督促执行。例如,选择机制中的专利选择吸纳制度,利益机制和许可利用机制中的专利许可费分配调整制度,都要求专利选择制度必须注意科学严谨,不可违反程序随意吸纳,防止人情现象发生,造成非必要专利被纳入专利池;专利许可费分配制度必须严守公平、公正、公开的原则,杜绝暗箱操作,以防止因不合理分配影响专利联盟的稳定性。选择机制中的吸纳计划和吸纳条件的确立,必须遵循高灵敏度、高准确度、高科学性。

(二)契约保障机制

契约是保障专利联盟正常运作的重要手段,专利联盟的运行始终离不开契约关系的约束,专利联盟的契约机制中有两个重要的内容:互授条款和回授条款,这两个条款分别对知识产权的内部和外部开发机制进行约束。互授条款要求专利联盟成员必须对现有的和将来的专利的使用权授予专利联盟并进行相互许可。联盟成员在开发了与专利联盟相关的专利后,受互授条款约束必须将专利的使用权授予专利联盟,这种契约虽然对专利联盟成员的研发积极性有一定的阻碍影响,但它具有程序简便、成本低廉、效率高的优势,只要注意合理地调整专利许可费的分配,就能够提高专利联盟成员的研发积极性,降低阻碍作用。因此,互授条款为专利联盟以较低成本从内部获得知识产权提供了保障。

契约机制的保障性体现在:第一,在这个条款约束下吸纳进入专利池的专利不需要再经过选择,因为该条款已经规定吸纳的专利必须是在专利池中核心专利基础上进行改进的外围专利;第二,这个条款可以帮助专利联盟在向第三方许可专利的同时获得新的专利,节省了大量的不必要的重复沟通谈判成本;第三,在这个条款下,吸纳进入的专利是以联盟内的核心专利为基础的外围专利,而外围专利往往不能脱离核心专利单独使用。因此,外围专利的专利权人必须获得核心专利的使用权,才能够正常使用外围专利,但在回授条款约束下,要想获得专利联盟的核心专利使用权就必须将外围专利使用权出让给专利联盟,故回授条款为专利联盟获得自己需要的外围专利提供了便利,降低了吸纳成本。

九、战略性新兴产业专利联盟的运行

战略性新兴产业专利联盟发展应采取的路径根据战略性新兴产业专利联盟的发展过程可以分成萌芽期、成长期和成熟期3个阶段,在不同的时期,市场机制的调节作用和政府的扶持作用都应得到不同程度的发挥,以体现战略性新兴产业专利联盟所具备的战略性、成长性和带动性的三大特点。因此,在战略性新兴产业专利联盟发展的不同时期,两者发挥作用的模式也应有所不同(见图5-5)。

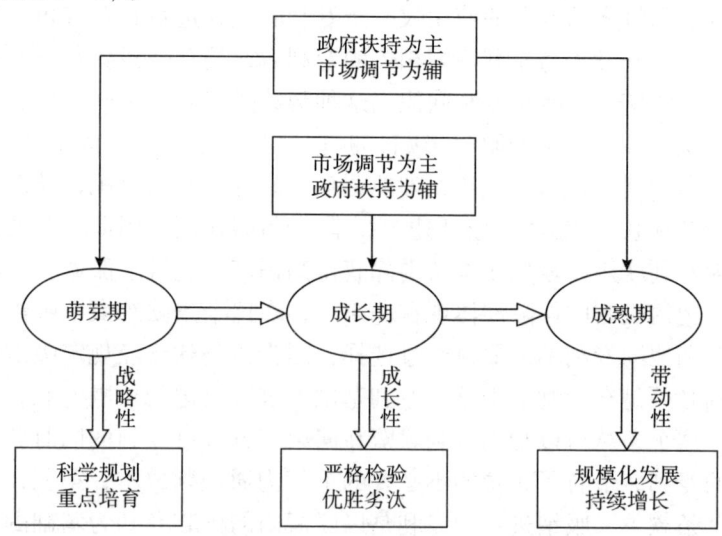

图5-5 战略性新型产业的发展路径

第五章 战略性新兴产业专利联盟运行机制的安排

战略性新兴产业在萌芽期最好以政府扶持为主,市场调节为辅。在战略性新兴产业专利联盟产生的初期,社会上存在众多的可能代表未来产业发展方向的尝试,出现了许多新技术突破或新材料应用等产业,但是这种尝试存在高度的风险性和不确定性。而且可能有些技术本身代表未来的技术发展方向,应用该技术的新产业处于未来经济的战略制高点。但和其他相对较成熟的技术相比暂时没有任何竞争优势,市场分散且狭小,增长显缓慢。这时就需要政府根据本国自己的产业基础和技术条件做好规划,保护好该项技术以及应用该项技术的新产业,消除大多数人对新兴产业所持有的怀疑态度,使其在良好的环境中生存并发展下去。只有政府有意识地进行选择和培育,才能体现战略性新兴产业的"战略性"特点。例如,我国政府在 TD 专利联盟发展的各个阶段通过多种途径和手段发挥了重要乃至决定性作用,而市场机制调节为辅。❶

战略性新兴产业在成长期,需要进一步规范市场,保障战略性新兴产业专利联盟的发展,为保障战略性新兴产业专利联盟市场有序,政府需要建立和完善与战略性新兴产业专利联盟发展相配套的法律法规体系,维持政策的稳定性、连续性和权威性,明确规定战略性新兴产业专利联盟的范围、技术标准、发展方向以及相关扶持措施。此外,同步制定知识产权保护战略,为战略性新兴产业专利联盟的发展营造良好的市场环境;完善技术标准体系,为国际竞争赢得话语权。在战略性新兴产业专利联盟的成长期,产业发展中市场不确定性有所下降、专业化设备投资大、风险较高,产业配套能力不强,主导产品没有达到规模经济的程度,政府的作用在于降低企业的交易成本、弥补创新投入及用户使用成本,促进产业配套体系建设,扩大市场规模。对成长阶段

---

❶ 高峻峰. 政府政策对新兴技术演化的影响——以我国 TD - SCDMA 移动通讯技术的演化为例 [J]. 中国软科学,2010 (2):33 - 40.

的新能源、节能保护、高端制造等产业，必须注重从技术研发到产业化的衔接，尤其要重视配套产业体系建设，企业形成相关核心技术、基础材料和装备的自主研发能力，国家落实政府采购、税收优惠、用户补贴等产业创新政策。

在战略性新兴产业发展期，专利联盟的发展已初具市场规模，政府的工作重心可以转移到巩固基础设施建设、健全中介服务体系、完善人才储备制度上，为战略性新兴产业专利联盟发展储备后续力量。为战略性新兴产业专利联盟的发展提供良好的硬件环境的同时，积极吸纳社会力量，重点围绕企业技术咨询、技术创新成果转化、公共科技信息发布、风险投资等方面发展科技中介机构，改革和完善创新型人才培养选拔制度。在战略性新兴产业专利联盟的成熟期，技术和市场风险消除，进入市场竞争阶段，工作重点在于提高工艺、完善质量、降低成本、寻找新材料等。对于信息网络产业，政府应重点建立产业发展所需的创业投资环境、融资环境和产业发展条件，让战略性新兴产业专利联盟有更大的市场发展空间。

十、本章小结

目前国外企业在运用专利战略参与市场竞争时，其实施主体已逐渐由单个企业发展成为专利联盟的形式。战略性新兴产业专利联盟的构建正是在这个背景下提出来的。本章运用理论与实证相结合的研究方法，对专利联盟的动力机制、契约机制及其相辅的信任、选择、许可利用机制，知识产权开发机制、利益机制、管理机制和监督保护机制进行了深入的研究，力图从专利联盟运行机制基础上，构建出更适合战略性新兴产业专利联盟的运行机制。

目前全球所有战略性新兴产业领域内一切能处在领跑地位的公司，都无一例外是知识产权密集型，特别是核心专利的创造者、运用者和经营者。对这些公司而言，它们最大的财富，基本上都不是厂房、设备等诸多有形资产，而是也只能是它们的自主知识产权，尤其是它们掌握的产业内关键和核心专利技术。

在知识产权制度发达的美、日、欧等发达国家和地区，在任何一个专利密集的产业内，一家企业如果没有充足的技术研发储备，没有过硬的专利技术，没有控制核心技术专利权，而能安然存活在世界市场上的概率很低。专利是高新技术产业发展的基础，专利联盟是战略性新兴产业企业的生命线。

第六章　战略性新兴产业专利联盟发展的困境与出路

专利制度保护下的战略性新兴产业与其他产业领域同样存在"专利丛林"问题,"专利丛林"效应的影响甚至更多。专利许可制度是专利战略推进的主要制度,也是企业长期有效发展的一种机制,而专利许可的高效与高成本、程序的烦琐与契约的复杂一直困扰着企业的专利实施。战略性新兴产业专利联盟的构建与运营成为解决这一问题的重要途径。然而,由于我国缺乏专利联盟组建的良好环境,缺乏成熟的专利联盟运作管理经验,战略性新兴产业专利联盟在组建及运营过程中依然存在诸多困难,因此有必要分析专利联盟在发展与运营中的具体问题,保障战略性新兴产业在世界市场中日益剧烈的竞争优势。

一、专利联盟运营存在的利益分配问题

(一)专利联盟与生产者及消费者间的利益均衡

从专利联盟的市场博弈分析可知,建立专利联盟可以使技术创新产出收益最优,专利联盟的各方也能在创新过程中发挥各自的优势。专利联盟作为一个市场主体,要想发展壮大不仅要自身内部利益分配均衡,在市场环境中与专利技术产品的生产企业、专利技术产品的消费者间的利益关系也应受到重视。

专利联盟在市场中的运用:专利联盟作为一个整体,其利益是通过对外许可专利权这种合法的垄断性权利来赚取专利许可费;而花钱购买专利使用权的企业获得生产这种垄断性技术产品

的权利,再通过高价销售垄断性技术产品获得垄断利润;而最终使用这种垄断性技术产品的消费者,其利益主要在于能够低价获得专利技术产品,获得产品的使用价值。

这三大主体的利益冲突主要在于专利权的垄断性。专利联盟作为专利权的所有者,一方面希望通过提高定价以收取高额的专利许可费,另一方面如果专利许可费过高又会使被许可企业望而却步,而专利联盟希望能将专利许可给尽可能多的企业,以获得最大的利润;专利许可费对于专利技术产品生产企业来说属于产品的成本,因此生产企业希望以较低的成本获得专利技术,以便在相同产品定价和同等销售量情况下获取更大的利润,生产企业同时希望市场上拥有能够使用该专利技术的企业尽量少,以便提高其专利产品的垄断性,从而减少同类产品竞争,占领更大的市场份额;消费者作为专利产品的最终购买者和使用者,最终将为生产企业作为成本所支付的专利许可费买单。因此,合理降低专利技术产品成本是其利益实现的重要途径。这一冲突的关键在于专利许可费的定价,解决这一冲突,便要求专利联盟降低专利许可费,从而便降低了生产者生产专利技术产品的成本,提高了生产企业的利润。降低专利许可费有利于吸引更多的生产企业,这便提高了专利许可对象的数量,反过来又提高了专利联盟的专利许可费收入,同时降低了专利技术产品的市场垄断性,提高了专利技术产品的市场竞争性,有利于生产企业以较低的定价销售专利技术产品,从而又提高了消费者的利益。

(二) 专利联盟中的信息不对称

战略性新兴产业专利联盟组建过程中,由于发展的不平衡与竞争优势差异,专利联盟与联盟成员的专利许可与被许可过程中会出现联盟成员之间的信息不对称,而这种信息不对称会导致联盟成员隐瞒自己的新的相关专利、不愿分享专利技术等行为,从而导致专利联盟的不稳定,影响专利联盟的运营甚至终结联盟。

在专利联盟建立的整个过程中，这种信息不对称问题始终存在于专利联盟成员之间。一般专利联盟在组建时会要求联盟成员披露与联盟相关的专利信息，但由于相对于其他成员来说，该个体成员的专利信息通常是保密的，每个成员只知道自己拥有的专利信息，并不了解其他成员的专利信息，隐瞒专利信息的行为很容易发生，而且企业的技术是动态发展的，随时都会有新的专利技术产生。因此在这个过程中如果无法完全地进行信息披露则会出现信息不对称的现象。从联盟成员自身利益角度分析，各成员希望以最少的专利权换取最多的专利使用权，且对于竞争性专利较少的专利，联盟成员希望利用其获得垄断利润，而不愿与其他专利联盟成员进行分享。战略性新兴产业是技术密集型的高新产业，技术不断深入研发是企业最大的资本，如果没有制度约束，在联盟形成之后，联盟成员会将没有加入专利联盟的新的专利自行对外许可或者生产相关专利产品，进而形成联盟市场新的竞争者，阻碍专利联盟的运营，导致专利联盟不稳定甚至解散。

由于专利联盟成员之间的信息不对称，联盟成员基于自身利益考虑，有怠于向专利联盟披露的动机。专利联盟的构成是建立在联盟成员的专利共享，以及专利权交叉授予的基础之上的，联盟成员根据协定的目标专利范围对自己的专利进行检索获取相关信息披露给联盟其他成员，进而将专利权授予专利联盟。但在这个过程中存在严重的信息不对称，在没有足够约束力的条件下，联盟成员可以根据自己的利益对相关专利进行选择性披露，这种选择性披露会导致3个严重后果的发生：第一，专利联盟的整体竞争力被高价值专利的隐藏行为削弱；第二，如果该成员在专利联盟成立后自行对外许可这种专利权，会阻碍专利联盟的对外专利许可和技术标准的推行；第三，交叉许可是专利联盟的实现自身价值的重要途径，但如果联盟成员都隐藏重要核心专利，企图以最少的专利换取其他成员的专利使用权，将最终都得不到自己需要的互补性专利和妨碍性专利使用权,从而导致专利联盟名存实亡,同时还会降低联盟成员之间的信任度,对专利联盟的稳定性造成致命破坏。这3个后果造成专利联盟对内无法实现交叉许可,对外无法统一许可获益,从而使专利联盟成员出现内部矛盾,从内部出现瓦解的势头。因此,联盟成员的专利隐藏行为是专利联盟组建过程中的最大困境。

在专利联盟建立过程中,假如一些联盟成员出于自身利益考虑,故意隐瞒即将拥有的部分相关专利,而是在联盟成立后又将隐瞒的专利推向市场,这样的行为会造成两个后果:第一,其他联盟成员以失去自身专利独占使用权的对价,却无法获取自己需要的互补性专利或妨碍性专利的使用权,无法实现其加入专利联盟的预期利益。在被隐瞒的专利推向市场之后,又必须另外支付专利许可费才能获得专利使用权,这样容易导致获益较少的联盟成员携带自己的专利退出联盟,给整个专利联盟带来损失。第二,一般专利联盟所纳入的必要专利大多为妨碍性专利或互补性专利,故被隐瞒的专利与专利联盟的专利也应为妨碍或互补关系。在专利联盟成立并进入市场后,如果被隐瞒的专利不在市场中推行,那么专利联盟只会因专利范围的缩小而减少获益;而一旦被隐瞒的专利被推向市场,便会对专利联盟的运营和发展产生阻碍作用,甚至破坏专利联盟的市场竞争力。

(三)专利联盟许可交易过程中的困境

专利联盟在对外进行许可交易过程中,其与被许可企业也处于信息不对称的状态,这种信息不对称往往导致专利许可交易的不公平,影响专利联盟与被许可人之间的稳定性,结果是大量联盟外的竞争者被排除出市场,阻碍联盟所处行业的健康发展,甚至使联盟走向破灭。

1. 专利许可中的信息不对称

专利联盟对外进行许可交易的过程中,由于联盟内的全部信息包括各专利的有效性、各专利间的关系、所包含专利的范围以及联盟内专利的原始许可费额度等都由专利联盟掌握,而被许可人作为生产企业,无从了解专利联盟的信息,并且专利联盟通常设有专门的专利研究部门和法律研究部门,在相关专利技术上和法律上均占有优势,这便使生产企业在交易中处于绝对的弱势地位。一般情况下,生产企业只有通过专利联盟的主动介绍和一些已经公开的信息才能完全了解专利联盟的相关专利情况,在联盟对外许可过程中交易双方所拥有的信息是严重不对称的,这种不对称导致专利联盟完全主导交易的进行,为专利联盟在许可交易过程中搭售无效专利、垄断性定价、设置限制性条款等提供了条件。专利联盟可以将一些无效专利和被许可企业根本不需要的专利进行打包许可,谎称打包的专利全部是必要核心专利的妨碍性专利或互补性专利,但由于信息的严重不对称,被许可人无从得知在专利包中的专利状况究竟如何,对核心专利的需求驱使被许可人为专利包中的全部专利买单,付出不必要的成本。在专利使用过程中,被许可人可能会发现专利包中有大量的无效专利或自己不需要的专利,但因实力悬殊无法与专利联盟抗衡,只能任人鱼肉。这种不公平的交易严重地影响了市场竞争秩序,企业的损失终将转化为商品的成本转嫁到消费者身上,导致消费者利益受损。

2. 专利联盟许可交易过程中的不稳定

基于专利许可中的信息不对称,导致专利联盟与被许可人之间存在以下两个不稳定因素:第一,由于在专利许可交易的过程中存在的信息不对称,诱使专利联盟"搭售"专利行为的发生。虽然专利联盟会向被许可者提供一个打包专利的清单,但在清单上所列打包专利的相关信息为专利联盟单方掌握并提供,所列的专利信息可能是不完全的,也可能加入了一些被许可者不需要的专利,甚至是过期的无效专利,这就会导致两个后果:首先,被许可人缺乏对专利信息的掌握,无法对清单中的专利进行逐一的

第六章 战略性新兴产业专利联盟发展的困境与出路

核查,同时在对核心专利需求的驱使下,被迫买下了全部的专利,付出不必要的费用,在其运用过程中,发现不必要专利或者无效专利,导致被许可人与专利联盟发生诉讼,直接影响专利联盟的诚信度。其次,由于搭售会使被许可人为不需要的专利支付专利许可费,这样会抬高打包专利的价格,当这一价格高于被许可人与专利权人直接谈判获得所需专利的全部成本时,会使潜在购买者不愿与专利联盟进行交易,这就使专利联盟失去客户,无法进行专利权的交易。这两个后果都可能会造成专利联盟与被许可人之间交易链的断裂,导致专利联盟专利使用权交易过程的不稳定,出现诉讼及被许可者减少等严重后果。

第二,被许可者在获得专利联盟的许可之后,可能对被许可的专利技术进行研究,并在原专利的基础上获得新的与原专利呈妨碍或互补关系的专利,而这种专利的出现,无疑对专利联盟的发展起阻碍作用。面对这样的情况专利联盟唯有以一定条件将被许可者的专利吸纳进入专利联盟,即签订回授条款❶,但有时双方无法就专利回授达成共识,则专利联盟会恶意终止向该被许可人许可专利权,从而使得其专利无法正常使用,导致新专利无法在市场中推广应用。这样就使专利联盟与被许可人之间良好合作关系发生破裂,甚至导致诉讼的出现。

3. 专利联盟许可交易过程中的风险

专利联盟交易过程中的风险主要有两个:第一,专利联盟并非囊括了相关产品市场大多数企业,仍然存在联盟外强大的竞争对手,如果这些强大的竞争对手通过许可获得核心专利技术,必将打击联盟成员的市场占有率,专利联盟又不得违反法律规定对被许可人进行歧视定价,因此无法通过收取高额专利许可费来弥补在产品市场上遭受的损失。第二,专利技术并非一成不变的,

---

❶ 回授条款(grand-back clauses)是指专利权人以许可为条件,要求被许可人必须将基于该专利而作出的改进或发明专利,授权给许可人。

随科学技术发展,专利技术也是日新月异,最先进的专利技术并非总由专利联盟成员开发掌握,被许可人通过授权获取专利技术后,如果在原专利基础上开发出新的专利,且与专利联盟的核心专利构成互补或妨碍关系,势必会对专利联盟的发展起到阻碍作用,给专利联盟带来损失。即便专利联盟通过回授条款获取对改进技术的垄断,也将会面临专利权滥用的风险。

(四)专利联盟与被许可人之间的竞争困境

根据市场竞争的一般规律来看,联盟成员为了取得专利产品生产市场上的竞争优势,有故意影响专利联盟进行垄断性定价或歧视性定价,进而打压竞争对手的倾向。联盟成员一方面利用专利产品的生产和销售从中获取产品利润;另一方面利用专利垄断性向第三方许可专利权,分得专利许可费,获取技术利润。因此,当专利联盟将专利许可给可能会在专利产品市场对联盟成员构成竞争威胁的竞争对手时,联盟成员就会担心自身的产品市场被抢占,减少生产产品的利润,而这种损失无法通过所收取的专利使用费来弥补,这对于联盟企业个体来说是得不偿失的。自身利益的驱使诱使联盟成员想尽一切办法打压竞争对手,将竞争对手排除出专利产品市场。这种行为一般表现为拒绝向竞争对手许可专利,或者以高额的专利许可费抬高竞争对手的成本,迫使其退出市场。但恶意抬高价格或者进行歧视性定价都是反垄断法所禁止的,有不正当竞争的嫌疑。这种行为同样会影响专利联盟的声誉,导致许可费收入下降,损害联盟其他成员的利益。因此,这种行为往往会导致专利联盟内部成员之间出现矛盾,受到司法部门的反垄断调查,甚至被法律强制解散,导致专利联盟的不稳定性。因此联盟成员为赢得与被许可人的竞争,选择影响专利联盟进行垄断性定价或歧视性定价,抑或是选择面对强大竞争对手的市场竞争,都是专利联盟运营过程中难以摆脱的现实困境。

二、专利技术的保护与产业发展的利益冲突

专利制度的产生就是以一定的垄断权换取技术的公开,对于专利权人来说,专利技术的保护越强,专利垄断权越强,其获取的高额利益越大;而对于产业来说,越多的专利技术进入市场越有利于产业发展。专利技术的保护对于市场竞争既有促进的一面,也有阻碍的一面,其中的利益均衡对产业发展具有重要意义。

(一)专利权保护制度的正当性

在经济分析法上,一种知识产品要能够成为私权保护的客体,取决于该知识产品被给予私权时能给社会带来的总收益与总成本的比较。如果总收益大于总成本,则可以给予私权保护;如果总收益小于总成本,则不能给予私权保护,可以通过非私权保护的模式来解决。❶ 下面是对专利权的经济性进行分析。

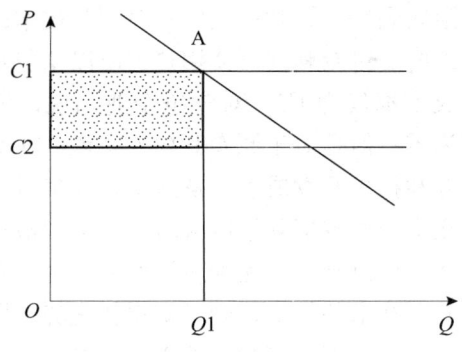

图 6-1 专利使用的收益

---

❶ 李杨. 知识产权的合理性、危机及其未来模式 [M]. 北京:法律出版社,2003:108.

假定某种产品的长期市场,其需求曲线不变,企业相同并处于竞争状态,产品的平均成本为 $C1$。假设专利技术使产品平均成本由 $C1$ 降至 $C2$。假定专利权人授权他人实施该项专利技术,设专利使用费是产量 $Q1$ 与单位产品实施费用的乘积,并假设发明者为使其使用费收入最大而确定单位使用费。在专利有效期内,对生产竞争企业来说,平均总成本便等于单位使用费与 $C2$ 之和,价格也等于所得之和,但是平均总成本不会超过发明前的价格 $C1$。我们把授予专利权以后的时间分为专利权期限内和专利权期限届满以后。在专利权期限内,由于该发明使产品的成本大幅度下降,所以其价格即使在专利权期限内,也比发明前价格低。消费者可以从两方面受益:一是买的产品比以前的价格更便宜;二是以前买不起的产品现在买得起了。对于竞争企业来说,平均总成本等于价格,竞争企业并未获得超额利润,但专利权人却获得了专利使用费收入(图6-1中阴影部分)。可见,即使在专利权期限内,包括消费者和发明者利益在内的社会利益还是增加了。

专利权期限届满后,专利权人失去对专利技术的独占权,这时竞争企业不需要支付专利许可使用费,所以竞争企业和原专利权人的平均总成本都仅为 $C2$,对竞争企业来说,价格与平均成本相等,利润为零;但是对于原专利权人来说,在专利期限届满前已经收回了专利技术开发成本。从这个角度来看,社会利益将进一步增加。在生产成本下降幅度大时,社会利益从专利期限内即开始增加。从中可以看出,无论对消费者、生产者还是整体社会福利来说,专利技术的保护达到了帕累托优势,即至少在使一方境况没有变坏的情况下,其他方的境况变好。

(二)专利联盟的竞争效应分析

在市场经济的背景下,市场的开放意味着竞争环境的公平,而充分的竞争不仅能够为消费者提供更多更好的产品,还能够激

第六章　战略性新兴产业专利联盟发展的困境与出路

励企业去开发更好的产品，互联网产业的成功就是充分竞争促进产业良性发展的典范。专利权作为企业参与市场竞争的有力武器，不仅具有鼓励创新、促进竞争的效应，而且专利技术的垄断利润又使其具有挤压对手、限制竞争的弊端，专利技术的保护对产业的发展可谓有利有弊。

1. 专利促进竞争效应

组建专利联盟的一个重要动机就在于帮助联盟内企业解决妨碍性专利之间的限制问题。妨碍性专利❶会使处于竞争地位的专利权人之间相互排除对方制造、使用和销售自己的专利技术，从而抑制市场竞争。如果在妨碍性专利权人之间没有达成合作的契约，一些重要的技术就要成为专利权人彼此之间的鸿沟。而专利联盟可以帮助专利权人解决这一难题，促进技术之间的沟通与快速发展。1917 年，当时正值美国参加第一次世界大战，急需大批飞机，然而有关飞机制造的主要专利掌握在 Wright 公司和 Curtiss 公司手中，它们限制了飞机生产。于是，美国官方出面促成各飞机生产厂商组成专利池，以减少专利阻碍，扩大飞机生产。❷

随着越来越多的专利技术被发布，潜在的交易成本随之增长，这更加凸显了专利联盟在获取专利技术上的重要作用。专利联盟可以被看作是为了节约重新组合互补性专利的交易成本，重新分割并组合产权的一种尝试，由于专利联盟为清除妨碍性专利

---

❶ 妨碍性专利（blocking patents）的发生是因为专利权的授予仅仅赋予了专利权人排除他人利用他的专利的权利，而没有赋予专利权人一个肯定的使用他发明的权利。例如，当两个专利权人皆拥有某一发明的相关专利，其中一人拥有的是较宽的专利，另一人拥有的是较窄的专利，这两个专利就是阻碍性专利。如果没有较宽专利权人的许可，较窄专利权人不能实施其发明；同样，没有较窄专利权人的许可，较宽专利权人也不能对其专利进行改进。

❷ CLARK J., STANTON B., TYSON K.. Patent pools: A solution to the p roblem of access in biotechnologypatents [EB/OL]. (2000 - 12 - 05). www. uspto. gov/web/offices/pac/dapp/op la/patentpool. pdf.

提供了方便的"一站式购物",摆脱了与所有专利持有者逐一进行谈判的累赘,明显降低了交易成本,减轻了新入盟者的资金压力,为产品市场竞争开辟了道路。专利诉讼一般成本高昂,并且结果不可预测,即便胜诉所花费的诉讼费用都能动辄上百万美元。此外,专利诉讼还具有一定的风险,诉讼双方面临专利被法官判决无效的风险。由于专利诉讼的高花费、高风险和不确定,企业往往会选择组建专利联盟来解决专利纷争。这种解决方式对于缺少资金应对专利诉讼的企业的吸引力可想而知。专利回授是被许可人同意给予专利权许可人使用被许可人经过改进的许可技术的协议。回授能够产生促进竞争的效应,尤其当回授是非独占许可的时候,这种方式使被许可人和许可人共同承担风险,补偿许可人在合同所涉及专利技术的基础上进一步研发的投入,同时鼓励许可人更进一步以被许可技术为基础或依靠它提供信息进行创新,也促使创新成果更快地被获取利用。

专利联盟为联盟成员提供了一个共担风险、共享利润的平台,避免单个企业因为开发某项技术失败从而导致重大损失甚至灭顶之灾的事情发生,有效地使风险在联盟成员之间得以分散。因此,在投资期长、研发成本较高、风险巨大的生物技术和电子技术等领域,组建专利联盟更加具有竞争效应。

2. 潜在的限制竞争效应

由于专利联盟的本质是多数企业的合作行为,加之专利联盟在对外许可时往往在协议中加入对被许可人不利的限制性条款,这使得专利联盟具有潜在的限制竞争效应,主要有以下几个方面。

1)专利联盟具有主导甚至垄断倾向

企业研发专利技术的前期投入是巨大的,而与之相反,专利技术投入市场后转化为单个专利产品的复制成本是非常低廉的。例如,据市场研究公司 IHS 拆机分析显示,苹果推出的 iPhone 6

智能手机的部件和劳工成本在200~247美元,❶ 其利润率达到了惊人的70%。可见知识产权的产品和服务经常表现出巨大的初始投资(固定成本)和复制单个产品的低成本(可变成本),对于像生物科技、电子技术、通信技术等产业,往往前期投资巨大、技术复杂,一旦失败,一切投入将可能付诸东流,使企业遭受惨重损失,甚至是灭顶之灾。因此企业有较强的动机建立专利联盟以交叉许可,以便稳住产品市场。而且专利联盟的成员往往是技术、经济实力雄厚的大企业,因此一旦专利联盟获准建立,便产生了主导市场甚至垄断市场的可能。

2)诱导卡特尔行为

卡特尔❷是由为提高价格、瓜分市场和赢得更多利润而同意减少产量的实际或潜在竞争者所组成的一个组织,它是资本主义垄断组织的一种重要形式。专利联盟通过对专利技术的集中,并进而对竞争者进行许可,为卡特尔行为提供了生存环境。如果处于水平地位的竞争者通过专利联盟达成共谋,进行产量限制或者价格约束,将有可能损害市场竞争。专利联盟会导致专利联盟成员共同设定专利许可费,这也容易使专利联盟产生价格垄断。因此,专利联盟为卡特尔行为的实施提供了极大的便利,这对竞争是很不利的,可能为非法的卡特尔披上合法的外衣。

3)可能庇护无效专利

专利联盟可能会庇护无效专利,这是专利联盟的重大隐患之一。通常专利权人担心自己的专利会在法庭上被法官判定无效,这使得企业有较强的动机来通过组建专利联盟或者进行交叉许可得以规避。如果将有可能对自己的专利提起无效请求的企业吸引

---

❶ 马燕. 上万元iphone成本价仅1227元 富士康每生产一部仅赚25元[N]. 证券日报, 2014-09-25(A01).

❷ 卡特尔(cartel)指的是生产同类商品的企业为了垄断市场,获取高额利润而达成有关划分销售市场、规定产品产量、确定商品价格等方面的协议所形成的垄断性企业联合。

到专利联盟中来,一旦无效的专利与竞争对手的专利组建成专利联盟,它们就失去了提起无效请求的动机,这对于可能的无效专利的保护便尤其有效。如果一项令人生疑的专利加入到一个大型专利联盟中,专利联盟中的其他成员也不太可能会试图提起无效请求,原因有两个:一是对一个专利联盟中的一件专利提起无效请求的诉讼费用很高;二是害怕这样做会破坏与专利联盟长期以来建立的良好合作关系。因此,专利联盟有可能会将无效的专利或者无法实施的专利包括进来,并强迫被许可人接受。

4) 阻碍创新

专利联盟的组建要求联盟成员以最小的对价对现在和未来的技术进行交叉许可,专利联盟成员必须共享它们的研究成果,既然每一个成员都能够运用其他成员的专利技术"搭便车",这便有可能降低成员进行研发的主动性。此外,不少的专利联盟会进一步发展形成一个产业标准,这就要求专利联盟外的企业必须开发与产业标准兼容的技术或产品,这可能会使专利池外的企业非常被动,并且会打击它们进行技术开发的积极性,在一定程度上会产生限制竞争的效果。现有的标准对联盟内的企业来说属于既得利益,企业在利益的驱使下会尽量保持现有的标准和技术,并极力打击新技术对现有标准的冲击,阻碍新技术的研发和推广。

(三) 联盟专利保护对产业市场竞争的博弈

专利联盟内的组成专利之间存在 3 种竞争关系:双方阻碍关系(two-way blocking)、单方阻碍关系(one-way blocking)以及替代关系(substitute)。❶ 双方阻碍关系是指两项专利技术互相构成对方商业推行的制约或障碍,即两个专利对实施某一技术或标准而言都是必需的,如果没有得到另一专利的许可,单独一个

---

❶ 陈欣. 专利联盟理论研究与实证分析 [D]. 武汉:华中科技大学,2006:42.

专利不能进行商业化运作。单方阻碍关系是指一项专利的商业推行不可避免地会侵犯到另一项专利的专利权，反之则不会侵权（专利1对实施专利2而言是必需的，而专利2对实施专利1不是必需的）。替代关系是指几项专利技术在市场上可以彼此之间进行替代。互补性的专利之间存在双方阻碍关系，改进专利或从属专利与基本专利之间存在单方阻碍关系。专利联盟中不同类型组成专利的关系对联盟所处产业市场具有不同的作用。

1. 专利间双方阻碍关系对产业市场的博弈分析

假设 N 件专利对实施某一技术都是必需的，即这些专利中的每项专利对技术的运用都构成阻碍。对技术的需求取决于其价格，而技术的价格则取决于实施技术所需的所有的专利使用费。假设使用费是以每单位为基础征收的，例如，所有专利的使用费之和可以是运用该技术产生的收入的一定的百分比。令 R 为所有专利的使用费之和，r^i 为第 i 个专利的使用费。作为说明，假设需求函数为线性方程。专利 $i=1,2,3,\cdots,N$，则有：

$$R = \sum r^i$$

$$D(R) = A - bR$$

专利联盟求 $RD(R)$ 的最大值，则有

$$R^m = \frac{A}{2b}$$

而每个独立的专利权人求 $r^i D(R)$ 的最大值，则有

$$r^{i*} = \frac{A - bR_{-i}}{2b}$$

$$R^* = \frac{NA}{(N+1)b}$$

其中，R_{-i} 是除了第 i 个专利外的 $N+1$ 个专利的所有使用费之和。

对 R^* 与 R^m 两者进行比较，有

$$R^* - R^m = \frac{(N-1)A}{(N+1)2b}$$

可见，当 $N>1$ 时，独立进行许可的使用费之和超过专利联盟的专利使用费。两者间的差值随着 N 的变化而变化，N 越大，差值也就越大。因此，专利联盟内专利间如果是双方阻碍的关系，联盟对产业市场竞争是起到促进作用的。

2. 专利间单方阻碍关系对产业市场的博弈分析

假设专利权人 1 拥有的专利 1 是生产产品 A 所必需的，专利权人 2 拥有的专利 2 提高了产品 A 的质量，但实施专利 2 对运用专利 1 生产产品 A 而言不是必需的。市场上有 N 个消费者。当购买由专利权人 1 只利用专利 1 生产出的商品 A 时，消费者可得到的价值为 v_1，当购买由专利权人 2 利用专利 1 和专利 2 共同生产出的商品 A 时，消费者可得到的价值为 v_2，且 $v_2>v_1$。市场竞争是完全竞争，边际成本为零（除专利使用费外）。

当专利权人 1 和专利权人 2 组成专利联盟时，两专利权人分别将其拥有的专利 1 和专利 2 放入联盟内并进行打包许可，联盟的专利许可费为 v_2，消费者剩余为 0，联盟利润为 Nv_2。

当专利权人 1 和专利权人 2 没有形成专利联盟时，专利 1 的使用费为 r_1，专利 2 的使用费为 r_2，消费者将对 v_1-r_1 和 $v_2-(r_1+r_2)$ 进行比较。以下分析仅仅考虑当没有形成专利联盟时 $v_2-(r_1+r_2) \geqslant v_1-r_1$ 的情况（如果没有形成专利联盟时 $v_2-(r_1+r_2)<v_1-r_1$，则属于联盟内加入了不必要专利的情况）。如果 $r_1<v_1$，则 $r_2=v_2-v_1$，而专利使用费为 $R=r_1+v_2-v_1$，消费者剩余为 v_1-r_1，而专利使用费为 $R=v_2$，消费者剩余为 0，总利润为 Nv_2，同组成专利联盟的情况一样，因此不影响竞争。

可见，如果专利联盟内专利间是单方阻碍的竞争关系，则专利联盟的垄断性是随情况的变化而变化的：在有些情况下（在 $r_1<v_1$，且 $r_2=v_2-v_1$ 时），专利联盟有可能会阻碍市场竞争，也可能不会影响市场竞争（在 $r_1 \geqslant v_1$，且 $r_2=v_2-v_1$ 时）。从竞争角度讲，如果专利权人 1 在没有形成专利联盟的时候会直接与专利权人 2 在市场上竞争，则专利联盟的形成会影响竞争，反之则不会。

3. 专利间替代关系对产业市场的博弈分析

假设专利权人 1 拥有专利 1，专利权人 2 拥有专利 2，无论实施专利 1 或实施专利 2 都可以生产出产品 A，则市场竞争是完全竞争，边际成本为零（除专利使用费外）。当专利权人 1 和专利权人 2 没有形成专利联盟时，专利 1 的使用费为 r_1，专利 2 的使用费为 r_2。当购买商品 A 时，消费者可得到的价值为 V（由专利 1 或专利 2 生产产品 A 的价值相同）。市场上总共有 N 个消费者。

当专利权人 1 和专利权人 2 组成专利联盟时，两专利权人分别将其拥有的专利 1 和专利 2 放入联盟内并进行打包许可，联盟的专利许可费为 R，联盟利润为 NR，此时，市场上同时有专利权人 1 和专利权人 2 生产的产品。

当专利权人 1 和专利权人 2 没有形成专利联盟时，消费者对专利 1 的使用费 r_1 与专利 2 的使用费 r_2 进行比较。则当 $r_1 > r_2$ 时，专利使用费 $R = r_2$，总利润为 $N(V - r_2)$，此时，消费者只购买专利权人 2 生产的产品；当 $r_1 < r_2$ 时，专利使用费 $R = r_1$，总利润为 $N(V - r_1)$，此时，消费者只购买专利权人 2 生产的产品。比较可知，若 $R > \min\{r_1, r_2\}$，则专利联盟的成立将会阻碍竞争，反之则会促进竞争，当 $R = \min\{r_1, r_2\}$ 时，专利联盟不会影响竞争。

可见，当专利联盟内专利之间的关系是替代性的时候，联盟的竞争性取决于联盟专利使用费的大小。由于专利联盟内替代性关系专利的存在常常会令消费者支付本来不必要使用的专利的费用，从而使专利使用费增加，因此联盟内的替代性关系的专利常常被反垄断机构认为是限制了竞争。

从以上分析中可以看出，在专利联盟内专利间的 3 种竞争关系中，双方阻碍关系是促进竞争的；单方阻碍关系可能阻碍竞争也可能对竞争没有影响，视不同情况而定；而联盟内替代关系的专利是否阻碍竞争要根据联盟的专利使用费的高低来决定。因此，要判断专利联盟对产业发展的利弊，就要视专利联盟的具体情况，在对联盟内专利间的关系进行经济学分析的基础上，研究专利联盟对市场价格、市场竞争的影响：如果联盟的成立使市场价格上升，则专利联盟阻碍了市场竞争并构成了垄断；否则，专利联盟促进了市场竞争，且没有构成垄断。

三、专利联盟的垄断与反垄断

（一）专利联盟法律冲突的理论困境

专利权作为一种私权，除了具有时间性、地域性的特征外，还具有专有性的特征。专利权的专有性由知识产权的私权性质所决定，它有时也被称为专利权的独占性、排他性或垄断性，是指专利权专为权利人所享有，非经法律特别规定或者权利人同意，任何人不得占有、使用和处分。在知识产权环境中，也可以将专利权的专有性作为垄断的一种表现，将专利权和著作权等知识产权视为垄断的一种类型。但是这种在专有意义上的垄断和反垄断法中的垄断不能相提并论，也是不能被反垄断法所调整的，因为知识产权本身具有独占性和排他性的特征。❶

1. 禁止权利滥用原则

权利滥用是指民事权利主体外表上虽属于行使权利，但实际上是背离权利本旨或超越权利界限的违法行为。❷ 禁止权利滥用原则是一个古老的理论，最早出现在罗马法中，先后被世界多个国家民法所吸纳，成为近代民法的重要原则。❸ 按照这一原则，

---

❶ 冯晓青. 论知识产权的专有性——以"垄断"为视角 [J]. 知识产权, 2006（5）：27.

❷ 汪渊智. 论禁止权力滥用原则 [J]. 法学研究, 1995（5）：17.

❸ 徐国栋. 民法基本原则解释：成文法局限性之克服 [M]. 北京：中国政法大学出版社, 2001：134.

民事活动中的当事人在行使自己的权利,追求自身利益最大化时,还要兼顾个人利益与社会利益的均衡。禁止权利滥用原则并不是对权利本身的限制,而是对权利行使的方式、手段以及权利行使目的的限制。

专利制度赋予专利权所有人一定的权益,非经法律特别规定或者权利人同意,任何人不得占有、使用和处分。这就表明,专利权专属于权利人本身,具有先天的排他性和垄断性,任何人未经权利人允许不得擅自使用或处分。而专利权人为了追求自身利益最大化,很可能会滥用法律赋予的这种垄断权而损害社会公众的利益。专利联盟是具有专利权的企业将专利权汇集起来,交叉许可或者统一对外许可,实质上是多个法定垄断权的集合。相对于单个专利权人来说,专利联盟的力量更大、垄断性更强,并且专利联盟组建的初衷就是最大限度地维护联盟成员的垄断利益,因而其滥用权利的可能性更大。在市场经济中,即使不具有专利权的企业联合都有可能形成垄断,那么专利联盟形成垄断的可能性则不言而喻。

专利联盟一般由大量专利构成,覆盖的范围广,涉及的产业链长,倘若在某个环节存在技术标准中不可替代的核心专利,那么专利联盟就容易形成垄断。此外,专利联盟实质上是多个法定垄断权的集合,同样也是多个企业市场份额的集合,原本散乱在市场中的竞争企业因专利联盟结合在一起,形成较大的市场份额,高度集中的市场占有率正好满足垄断的前提条件。因此,专利联盟的垄断性不容忽视,禁止专利联盟的权利滥用是禁止权利滥用的现实要求。

2. 利益平衡理论的失衡

知识产权法本身是作为平衡知识产权人的垄断利益与社会公共利益而作出的制度设计,旨在激励知识创造和对知识产品需求的社会利益之间实现理想的平衡。知识产权人的私权利益与公共利益之间的利益平衡是知识产权法律制度的基石。❶ 对知识产权保护越强，公众对此享受的利益就越少，相反，对知识产权人的权利限制越多，公众享受的利益也就越多。比如，知识产权都有一定的保护期限，各国专利法律统一将发明专利的保护期规定为20年，意味着20年的保护期届满后，公众就有可能免费使用该项专利技术，专利权人的利益被削减，而公众使用专利技术的成本就降低了。又如，合理使用和强制许可制度就打破了专利权人对其专利技术的垄断性，赋予了他人实施该专利技术的机会。可见，专利权人与社会公众之间存在一种博弈关系，法律的职责就是要在这种博弈中寻求二者的利益平衡，既要对知识产权进行保护，又要保障社会公共利益。

专利联盟具有清除专利妨碍、降低交易成本、促进技术发展等正面社会效应，在联盟内部既能通过相互交叉许可使联盟成员获取自身需要的专利技术，又能集中优势研发力量加快技术的研发推广；在联盟外部可以通过集中许可降低交易成本，给成员带来可观的经济收益。然而，正如孟德斯鸠所说："一切有权力的人都容易滥用权力，这是万古不易的一条经验。"❷ 专利联盟同样具有负面社会效应，一旦权利人不适当地扩大其权利范围，以致超出法定界限，那么将会打破在公共利益与权利人个体利益之间形成的利益平衡，最终造成公共利益的损害。同理，当专利权权利行使构成滥用，超出法定界限，造成的反竞争效果大过促进竞争效果时，显然违背制度设计的初衷，此时专利权人的利益和社会公共利益便处于失衡状态。利益平衡理论就要求法律对专利联盟进行规制，寻求专利权人利益和社会公共利益之间的平衡。

---

❶ 冯晓青. 利益平衡论：知识产权法的理论基础 [J]. 知识产权，2003（6）：16.
❷ 孟德斯鸠. 论法的精神（上）[M]. 张雁深，译. 北京：商务印书馆，1961：154.

(二) 专利联盟垄断与反垄断的现实困境

专利联盟作为一种重要的专利战略，在许多行业或者产业领域都得到运用和发展，但是为争取最大的竞争优势，专利联盟很容易滥用专利权利，而沦为阻碍技术创新和限制市场竞争的工具。专利联盟成员往往是行业内具备一定竞争力的企业，组建专利联盟是实现"强强联手"；行业内相对弱势的企业则变得更加弱势，为了生存和发展，为了获得专利许可，面对专利联盟强势谈判，不得已接受差别待遇、不合理的许可费、非必要专利或无效专利、独占性回授等垄断性条款。专利联盟成员基于其作为理性经济人的角色，出于对经济利益的追求，在对外许可协议中设定的垄断性条款绝非仅仅上述几条。这显然与专利联盟组建是为了解决"专利丛林"、提高许可效率、减少诉讼费用和激励不断创新的出发点背道而驰。反垄断法作为维护市场竞争的基本法律，只要专利联盟对市场产生反竞争的影响，就有必要进行有效规制。一般认为，专利联盟滥用权利进行垄断主要有以下几种形式。

(1) 搭售。当专利联盟中包含的专利都是必要专利时，专利联盟的组建降低了交易成本，提高了市场效率，加速了技术传播，是促进竞争的。然而，专利联盟有时会有意或无意地将非必要专利，甚至无效专利混入专利联盟中，通过一揽子许可将专利权打包给被许可人，而使被许可人失去了选择自己需要的专利的自由，而被许可人为了获得专利包中自己必须的专利，迫不得已接受自己不需要的专利，这一方面的成本最终可能通过产品定价转嫁到了消费者身上，这无疑会破坏正常的市场竞争，损害社会公众利益。

(2) 限定价格。彼此处于竞争关系的多个专利权人，以构建专利联盟的方式消除彼此间的竞争关系，进而以高于单独任一方的专利使用费的方式要求被许可人接受专利联盟的许可价格，进而打击联盟外的竞争者。而联盟内专利又是围绕某一项生产技术的专利集合体，对于市场有较大的控制权，专利联盟能够利用这一市场控制地位制定不合理的价格以获得更多的利润。

（3）独占性回授条款，可以使被许可人和许可人共同承担风险，补偿许可人在合同所涉及技术的基础上进一步研究开发的投入，鼓励许可人进行可能更进一步的以被许可技术为基础或由它提供信息的创新，促进第一时间的创新和以后创新成果的许可。但是，当专利联盟要求被许可人将改进的技术独占性回授给专利联盟时，非但不得许可他人使用，甚至连被许可人自己也无法使用，以集中和扩张其在某项技术上的垄断地位。这种行为严重破坏了被许可人从事改进发明的积极性，阻碍了技术的创新。

（4）拒绝许可。专利作为一种私权，权利人既可以积极行使自己的权利，又可以消极行使自己的权利，他人无权干涉。如果专利联盟纯粹为了排除其他人参与竞争，对他人拒绝许可，则不利于知识的传播和技术的发展，更阻碍市场的竞争。

上述现实困境有实例为证。2002年初，我国出口到英国、德国共计7964台DVD播放机，因为未交纳专利费，分别被当地海关扣押，使相关企业损失惨重。日立、松下、三菱、东芝、IVC、时代华纳组成的专利联盟，以专利联合许可模式向我国DVD播放机生产企业发出"最后通牒"，要求在2002年3月31日前接受专利使用费交纳协议，否则将提起诉讼。由索尼、先锋、飞利浦等结成的DVD 3C专利联盟也在此时要求我国DVD播放机生产企业尽快交纳专利使用费。我国DVD播放机企业委托中国电子音响工业协会与6C和3C专利联盟谈判。由于在知识产权许可制度方面缺乏足够的专业知识和经验，先后与6C和3C专利联盟签订备忘录，基本接受了跨国公司联盟的收费要求。为此，我国部分企业为了能继续生产和出口DVD播放机，也陆续与6C、3C专利联盟签订了专利许可协议，我国DVD播放机企业

第六章 战略性新兴产业专利联盟发展的困境与出路

对每台 DVD 播放机要交纳高达 15～20 美元的专利费,而此时 DVD 播放机国际市场的销售价格已跌至 30～40 美元。这样原来就因价格低廉而利润微薄的我国 DVD 播放机行业,因交纳昂贵的专利使用费而受到重创。深圳宝安区 DVD 播放机生产企业从鼎盛时期的 140 多家锐减到 30 家左右,而夏华、金正、创维等著名的国产品牌 DVD 生产企业逐渐从国际市场隐退。产量一度占世界 85% 左右的我国 DVD 播放机行业被迫退出世界市场或者被迫进入贴牌生产时代。❶ 这些 DVD 专利联盟让我国 DVD 播放机企业吃尽了苦头,也让其切身体会到专利联盟权利滥用的现实困境。

首先,DVD6C、3C 专利联盟在我国 DVD 播放机生产企业获得其专利授权并使用专利技术进行生产后,强制这些企业使用特定的 LOGO 进入国际市场,并交纳 20000 美元使用费,这样就从专利技术和品牌这两个方面实现对我国 DVD 播放机生产企业的封杀,属于搭售行为;其次,DVD6C、DVD3C 专利联盟单方面决定收费标准,并不考虑产品在市场上定价的其他因素,当时,单台 DVD 的全部专利费达 15～20 美元,而国际市场 DVD 播放机的销售价格已经跌至 30～40 美元,这一许可费定价是在市场竞争条件下无法获得的垄断性高价,属于限定价格的行为;再次,DVD6C、3C 专利联盟在许可协议中规定,我国 DVD 播放机生产企业作为被许可人,应通过其对被许可技术所作出的任何改善,并授予专利联盟在这些改进上的一定的权利,作为使用其专利的回馈,属于签订专利回授条款的行为;最后,DVD6C、3C 专利联盟在许可过程中设置种种签约的障碍和条件,对我国部分企业迟延许可,甚至拒绝许可。

---

❶ 张玲,王洋. 跨国公司专利垄断对我国企业的冲击 [J]. 经营与管理,2005 (12):26-27.

四、战略性新兴产业专利联盟管理制度的设计

针对专利联盟组建及运营中的困境,从联盟管理制度上设计相应的解决方案,能够有效地应对联盟发展的困境,为联盟发展提供可行的出路。

(一)开放选择制度

专利联盟分为开放式的专利联盟与封闭式的专利联盟,战略性新兴产业具有强大的市场竞争优势,适合建立开放式的专利联盟,联盟在运营中不管是过去、现在还是未来,都应是开放性的。按照可信任性、兼容性、互补性和交易费用较小等原则,从申请者的优势资源、联盟综合优势组合的角度出发,确定加入联盟的规则和程序,充分考虑入盟申请者的科研成果积累与研发现状、创新团队、科技优势、本土资源和技术特色、企业的经历和效果以及对专利联盟的技术支持程度等。开放选择遵循以下几个原则:信任度,专利联盟在选择联盟伙伴的时候一定要考虑对方的诚信度,选择那些诚信度高的企业,有利于联盟的稳定运行,减少机会主义的出现;兼容性,是专利联盟运营成功的重要基础,满足专利联盟各方在目标、文化等方面的和谐一致;互补性,专利联盟在选择合作伙伴时要明确自身的优势与短处,充分了解对方的优势与劣势,要选择那些己方欠缺而对方占有的伙伴;双赢性,通过技术合作和优势互补达到双方各自的目的,共同寻求潜在市场,共同进步;灵活性,专利联盟在选择入盟成员时,不应预设一定要选择某一个或某类型的企业,应具体情况具体分析、具体决策,根据预期专利联盟效果反过来评估入围的入盟申请者。

(二)沟通信任制度

专利联盟在组建和运营过程中会面临很多不确定的因素,包

括对未来未知事件的不确定性,还包括联盟成员对这些未来事件可能作出的反应的不确定性。在这种双重不确定的环境下,任何一个专利联盟都不可能预测到所有的未知变量,因此相互沟通信任更能增强联盟的环境适应性,比依靠合同、协议等方式更能灵活有效地减少联盟内部的复杂性与不确定性,因此改善专利联盟的绩效。在联盟管理过程中,联盟成员都会追求自身利益最大化的实现,在联盟工作与联盟成员之间,或者是联盟成员之间在信息获取、资源使用等方面难免会发生冲突,联盟中的不同成员有着不同的企业组织文化、知识基础、战略和组织结构,都是阻碍联盟达成共同目标的影响因素,只有建立协调信任机制,才可以节约联盟的管理成本,减轻联盟成员的关系风险。

联盟可以从以下几方面增强联盟成员之间的沟通信任:(1) 建立综合评价体系,谨慎选择合作伙伴。在专利联盟内部建立信任评价体系,评审入盟成员的信誉、行为机制与风险偏好。(2) 在联盟中建立信任循环模式。联盟目标的实现并非单一成员就可以完成的,需要联盟每个成员的共同努力,因此信任的建立也不仅需要联盟的努力,更重要的是需要成员的共同努力。联盟各方可以通过自己的行为表现出对对方的信任并且积极地完成自己的任务,经常培育与其他各方的关系,与联盟各方共享信息,这些信任的行为就会反过来激励联盟中的其他成员也采取相应的信任行为,这些信任的行为会产生进一步的激励作用,从而在联盟中建立起一种信任循环模式。(3) 建立互相融合的文化氛围。企业文化的影响力是广泛而深入的,它塑造着企业的管理风格和管理理念并指导实践。其有助于建立一些不成文的准则和制度,指导联盟成员与其员工的行为。它对联盟成员认可的某些行为和态度起到正强化的作用,对成员不认可的行为起到负强化作用。在专利联盟成员里,由于大家大多都具有不同的文化背景,建立和创造合作的文化氛围就显得十分重要了。联盟在进行管理的过程中要注意求同存异,努力塑造共同的价值观和管理模式，维护成员的平等性，建立和谐的成员关系与其人际关系，尤其是保持成员各高层管理人员经常性的沟通和交流，提高信息交流的有效性。文化的融合是专利联盟追求的最高境界。(4) 专利联盟建立的目的就是风险共担、收益共享，联盟成员的收益分配应与所承担的风险密切相关。联盟中的各方除了关心自己预期收益情况外，还很关心自己所获得的收益在联盟创造的总价值中的相对份额，联盟中较弱的一方也很关心管理的决策和程序是否公平。合理、公平的利益分配机制有利于增强联盟成员信守诺言、减少投机行为，从而强化彼此间的信任。

(三) 互动学习制度

Inkpena 认为共建模式下的企业合作创新不仅仅是项目上的简单合作，而且通过合作学习来提高企业自身资源和能力水平是联盟成员建立联盟的重要动因。[1] 专利联盟内的每个企业在提供自身技术和资源的同时，又要主动学习其他企业的先进知识，通过一定的沟通渠道，可以互派人员进行一定的培训交流，或者通过边干边学，在实际的工作中学习到相关知识和一定的技能，或者联盟企业进行组织学习，使彼此之间的信息及时传递，培养成员之间的默契程度等，既可以加深联盟企业相互之间的了解，增加彼此之间的信任度，又可以提高联盟企业的人力资源素质。因此互动学习机制是整个联盟创新发展过程的核心内容，应该贯穿于整个专利联盟创新运行过程中。联盟成员的相互学习与知识的碰撞，很可能会使成员产生新的灵感和产生新的知识火花，新的创新想法可以为联盟的研发创新提供基础。互动学习不仅要关注各联盟成员以及其人员的技术能力和资源互补性的强弱，还要关注他们的学习能力和接受能力，如果处理不好这个关系，很容易

---

[1] INKPENA C. Learning and knowledge acquisition throughinterna – tional strategic alliances [J]. Academy of Management Executive, 1998, 12 (4): 69 – 80.

会产生机会主义，造成其中实力弱的一方的损失。

（四）利益分配制度

作为经济行为主体，专利联盟各个成员都会追求自身利益的最大实现化。在利益分配的问题上，不可避免会产生意见分歧和利益冲突。因此，专利联盟在对联盟利益分配时应当要遵循客观、公平、合理的原则，科学确定联盟内部各成员利益分配的具体规则和分配方法：（1）成立专利联盟协调部门协调成员之间的分歧；（2）确定利益的内容。协调部门对专利联盟一定时期内产生的利益进行准确分析和预测，确定联盟利益的内容，全面、准确的利益分析是核对利益分配方案的前提，也是保证专利联盟利益公平、合理、客观分配的基础；（3）制定与调整利益分配方案。利益分析后，先对联盟成员各方投入要素和所承担的风险进行识别、分析、评估、估算，确定哪些要素在机遇发现、开发、生产、经营中发挥的作用以及作用的大小，估算这些要素作为贡献在实现利益过程中所占的比重。由于联盟各成员参与目的、对利益的索取以及各自的主观立场都有所不同，因此，对一些投入量大、认识差异大、评价难度大（如无形资产等）的投入要素，为了消除认识差异和分歧，还应该通过谈判和协商，以合同或契约的形式加以确认，最终形成完整的契约利益分配。

（五）控制监督制度

控制是指专利联盟中一个企业影响其他成员甚至是整个联盟行为的过程。控制机制从实质上讲是一种组织上的安排，用以决定和影响联盟成员去做哪些事情。针对我国《反垄断法》的出台与实施，专利联盟面对的法律冲突更加明显，我国企业应对国外专利联盟的垄断有了法律依据，同样其自身构建专利联盟也面临更大的垄断风险。联盟不仅应当规定科学、合理、可行的规章制度和工作流程，把联盟的长远目标分解为具体的计划，尽可能做到详细、全面与可执行，以提高工作效率；将这些规章制度切实运用于联盟的日常管理工作中，对落实情况进行监督，设定一定的标准对执行的最终成果进行客观准确的评价，以便及时发现联盟组织在管理中的不足并及时加以改正，提高联盟的工作效率。联盟更应当通过对自身行为的监督控制来完成对联盟行为的审查，控制联盟专利对外的许可原则、许可费的合理标准以及对许可协议的审查，从而应对日益严峻的垄断风险。

五、本章小结

战略性新兴产业的专利联盟可以使技术创新产出收益最优，专利联盟的各方也能在创新过程中发挥各自的优势，为避免联盟成员之间的利益分配的不平衡以及信任危机，避免信息不对称性导致隐瞒联盟需要的必要专利，以致削弱联盟未来的竞争力，有必要建立沟通信任机制和公平分配机制，减轻联盟成员之间的关系风险，保障联盟成员技术研发及分享的积极性，从而提升联盟整体竞争力。

联盟专利技术的保护对产业市场竞争具有促进和限制的双重属性。对于联盟内部，为应对联盟成员对其他成员的创新"搭便车"行为的消极影响，建立互相学习与合作机制，通过相互学习机制提供成员间知识交流的环境，激励成员的创新热情。对于联盟外部，垄断与反垄断是联盟应时刻警惕的情形，长期有效地研究专利联盟对市场价格、市场竞争的影响，防止联盟的成立使市场价格不合理的上升，阻碍了市场竞争并构成了垄断，保证专利联盟的运营是促进市场竞争的，且没有构成垄断。

第七章 我国战略性新兴产业专利联盟的构建与完善——以广东省为例

在高新技术企业的市场竞争中,专利联盟的重要性逐渐凸显。专利技术是专利联盟的核心内容,专利的取得是专利联盟构建的前提,是专利联盟核心竞争力的来源。专利联盟只有通过完善专利的开发机制来构建与完善专利池,从而巩固与加强联盟的市场影响力。从专利联盟建设的工作重心来看,对抗国外大型跨国公司的垄断,提升企业在国内外市场的竞争力是国内各专利联盟组建的初衷。我国中彩联专利联盟就是我国彩电企业由"价格联盟"向"专利联盟"转变而来,这是由我国当前经济发展的大环境促成的。在联盟发展相对成熟以后,联盟追求更大的市场竞争力,建立行业标准乃至国际标准便成为联盟质变的核心。例如,广东顺德电压力锅联盟2009年将《电压力锅联盟标准》上升为广东省联盟标准,2010年在IEC大会上参与《电压力锅国际标准》的修订,实现了电压力锅联盟的工作目标并上升为专利联盟和标准联盟的"双联盟"。

当企业在积累相当的技术开发能力的基础上,必须由现实的专利策略联盟向未来的专利技术联盟转变,当战略性新兴产业成为世界经济发展的下一个制高点时,专利联盟的构建依托现有的产业专利联盟机制并借鉴国外专利联盟运营经验,完善我国战略性新兴产业与传统基础产业联盟的共生共建,实现经济高速发展的战略。例如,广东省不同产业的专利联盟已经先行探索,经过近年来的运作,已初步发展成为集专利资源"集成器"、专利应用"催化器"、专利保护"助力器"、人才培养"加速器"、企业成长"倍增器"、企业转型"转换器"、产业发展"推动器"于一身的自主创新全新引擎,在攻克企业技术难题、创造专利技术、推动专利应用、维护专利合法权益、护航"走出去"战略实施等方面发挥着越来越重要的作用,对支撑创新驱动发展战略、指引产业转型升级产生日益深远的影响。

一、战略性新兴产业专利联盟机制的选择

从专利联盟的组织结构来看,一个开放的联盟犹如一个开放的市场,能够挖掘、培养专利联盟的创新潜力,吸纳更多入盟者壮大专利联盟的竞争力,同时可以降低垄断的嫌疑。我国目前已经建立的专利联盟,多数联盟在不同程度都是开放的,适合中国国情发展的,如广东顺德电压力锅联盟建立公开透明的入盟机制,从最初的4家增加到13家,联盟的国内市场份额也由30%提升至75%以上,在国际市场上有很大的竞争实力。有的专利联盟是封闭式的专利联盟,如深圳市LED专利联盟成员仅限于深圳市LED企业,联盟尚未启动专利对外许可业务,尚未引进国外专利许可,目的是未来守住中国这个最大的国际市场。但是这无形中将联盟限定在其应对海外知识产权侵权风险的初始定位上,容易处于一个被动的防守地位,不利于联盟企业的国际拓展。

(一)战略性新兴产业专利的选择

专利联盟合作伙伴的选择关系到专利技术的选择,企业的基础实力包括企业专利资源拥有情况、研发能力、企业声誉、联盟经验等。企业所拥有的专利资源越多越先进,则其在专利联盟中所发挥的专利核心能力越强,双方合作意愿和合作能动性越强。企业的研发能力是专利联盟合作企业衡量合作伙伴在联盟内部技术研发的贡献能力,可以判断其未来在专利联盟中发挥的潜在作用。企业的研发能力越强越能被吸收到专利联盟中。企业的声誉

也是一种无形资产,这种无形的资产也是专利联盟对与该伙伴之间的未来合作行为的一种心理预期。若该伙伴拥有良好的声誉,则其的加入更能够帮助专利联盟在竞争中取得优势地位,提高社会知名度,降低融资成本、推进标准的实施等,对专利联盟的发展有着无形的作用。同时企业的联盟经验越丰富,在以往专利联盟中的表现越好,则越有可能被吸收到新的专利联盟中。

联盟内专利技术的选择,专利评估结果对专利联盟非常重要。因此,战略性新兴产业联盟内部的专利评估机制,更要广泛吸纳人才,通过选聘方式,直接选择和委托选择建立评估专家组织,或者在联盟发展进程中基于自身的技术标准制定,组建标准化组织评估主体。明确专利联盟是一种非股权战略联盟的组织形式,相对于其他种类的战略联盟,内部成员之间的关系相对较为松散,文化冲突、组织行为冲突和战略目标冲突等很少出现。战略性新兴产业专利联盟的目的是寻求最大的整体经济效益与市场占有率,对联盟成员的管理也应该遵循这一目的,在联盟成员的控制管理上应优先考虑以下因素:成员技术实力、成员的基础实力、成员的信誉等。专利技术是否创新、专利技术是否成熟、专利技术应用范围、专利技术剩余有效期和对他人知识产权的依赖度等指标是衡量专利技术的主要标准。企业的专利技术创新性越强,其市场潜在的商业价值越高,联盟在选择合作伙伴的时候越能够考虑到这些企业。专利技术若已经发展成熟,则市场的风险越低,投资见效越快,专利联盟中则更应该倾向于选择拥有成熟的专利技术的伙伴。专利技术应用范围越广,其所能覆盖产品的种类越多,商业价值越高,专利拥有企业加入专利联盟成功的可能性越大。专利技术的剩余保护期限越长,则其价值越高,专利拥有企业越有可能成为专利联盟的合作伙伴。有的专利具有研发价值,可挖掘未来的商业潜力,虽然该专利的研发也依靠他人的知识产权,若其依赖性低,从侧面也说明专利技术的创新性较高,专利联盟更可能选择该专利伙伴。如佛山精密制造知识产权联盟、清洁生产知识产权联盟分别依托华南精密制造技术研究开发院和华夏陶瓷研究开发中心这两个省级创新平台，整合著名知识产权代理机构、行业协会、发明协会、专利协会的资源，筛选利用已过期失效的专利，帮助企业开展创新，促进知识产权交流与共享，提供实验室、中试基地和人才支持等，成为知识产权联盟各种创新资源的大集成者。

(二) 战略性新兴产业专利许可机制的选择

专利联盟本身对专利技术的来源并无固定模式，因此专利联盟的具体许可方式非常多，可以是交叉许可（cross license），或由所有专利权人另行组建一个独立第三方，再将所有专利权移转或许可给该第三方；或是专利权人签署契约将所有专利移转给一个独立体，再由其执行许可（William，1995）。国际上有的专利运营公司正是抓住了这样的机遇与经营模式成长为专利巨头，如美国的高智发明（Intellectual Ventures）、知识产权经纪商（ICAP Patent Brokerage）等。战略性新兴产业专利联盟思想起源于专利联盟又独具战略高度，其许可利用机制也必将与专利联盟密不可分，因此，战略性新兴产业专利联盟的许可利用机制主要包括以下3类许可模式。

第一，交叉许可，即专利联盟的成员均同意彼此交换专利权的许可方式。这也是比较初级的专利联盟许可模式，最主要的特征为专利许可仅发生在联盟内部，不向联盟外的企业进行许可。交叉许可的当事人之间一般不会成立一个独立个体来持有交叉许可的专利，而是由双方签署交叉许可契约，以使用彼此的专利。交叉许可能避免牵制性专利以及互补性专利的问题，从而确保联盟成员在设计以及营运上的自由度，有助于产业技术流通，促进产业技术发展。目前广东省各专利联盟在这一方面的机制上就有很多可供借鉴之处，如佛山市"镀金属抛釉陶瓷专利制品"专利联盟成立后，其他缺乏专利技术的新加盟成员需要交纳加盟费

20万元以共享联盟专利技术,其中一半为原有的3家公司共享,另一半作为联盟运作和发展经费。汕头市濠江区工艺行业专利保护联盟设立了专项基金,进行专利产品开发和专利申请,获得的专利权由联盟企业共享;而由企业自主开发的专利产品,则由该企业独享3年权益后,再供联盟企业使用。

第二,独立个体许可专利联盟也可能是由许多专利权人另成立一个独立个体,并将成员的专利权移转或许可给该个体,再由该个体进行许可。例如,中国彩电专利联盟的工作机构是深圳市中彩联科技有限公司,由9家彩电骨干企业合资组建,注册资本1000万元。中彩联着力构建专利池,至今,已放入国内骨干彩电企业的专利2625件,发明专利超500件;拥有国外专利10件。2011年6月,中彩联与台湾彩电同业促进会签订知识产权框架协议,标志着中国彩电行业知识产权战略联盟的形成。这种专利联盟的模式是先成立一个独立个体并分别将成员所拥有的专利权移转或许可给独立个体,独立个体再将所有的专利权许可给成员,并由独立个体负责所有专利权对外的许可活动。

第三,混和模式。许多专利权人也可彼此相互交叉许可,因此它们各自皆可使用彼此的专利权。然后,再由其中一个专利权人统一许可给第三方,即由联盟成员通过契约将所有相关专利集中给一个专利权人,由它负责对外的许可。在信息产业内就有不少案例,DVD3C专利联盟与DVD6C专利联盟都是这样操作的。这种专利联盟的模式是对交叉许可模式的拓展,在交叉许可的基础上,由其中一个成员负责对外的许可活动。深圳市LED专利联盟的专利池拥有国内专利437件,发明专利近百件;联盟加入了全国专利技术展示交易中心联盟,与43家专利交易服务机构建立了长期合作关系;搭建网上交易系统并投入日常运行;2011年专利展示交易总额超1100万元。广州数字家庭专利联盟通过强基扩容,内联外合,专利池内双向高带宽改造系列产品、公共网关、综合性核心管理系统等领域的专利已达1900多件。这是借助创新服务平台和专利信息平台的力量为联盟发展提供服务和信息支撑的例证。战略性新兴产业专利联盟完全可以借鉴此类模式，形成联盟内部成员专利的交叉许可，然后统一对外的许可的模式。

（三）战略性新兴产业专利联盟的资源共享机制

专利联盟资源共享机制能够给予战略性新兴产业更加雄厚的基础。联盟中的成员是资源共享的主要参与者，联盟的资源共享渠道应基于不同性质主体的资源特征，建立多层次、多样化的资源共享渠道。基于联盟研发项目的需求，建立联盟资源共享网络共享平台，平台集合联盟内部各成员的专利技术，将分散的技术进行集聚、分门别类、加工和提炼，形成联盟特有的知识资产和共享资源。同时，在平台内形成有效的人才、资金、知识等的有效互动机制，通过资源共享网络，把市场需求与联盟内部技术相匹配，实现技术创新成果的市场化、产业化，发挥联盟资源的市场价值。例如，深圳市 LED 专利联盟搭建了国内首个 LED 专利数据库，供会员单位免费使用；数据库具有实用的专利分类体系和强大的专利搜索功能，有效降低了企业专利信息平台建设成本。中山市照明灯饰产业知识产权联盟、红木家具产业知识产权联盟分别建立起世界灯具照明专利数据库和家具外观设计图像检索服务平台。中国彩电专利联盟建立了数字电视专利数据库及预警平台，从数字电视牵涉的相关专利信息中选出有用信息分类建库；平台可对彩电行业知识产权现状进行分析、研究，可提供专利地图，帮助企业了解技术发展方向、进行专利布局，可为企业研发、市场销售等提供决策帮助。

知识共享关键还在于各类资源的互动衍生，不断地产生新的技术，推动技术再创新。联盟内成员要发挥自身的市场化资源优势，挖掘产业市场趋势和竞争者信息；高校和科研机构则面向市场的基础性知识集成创新，企业结合基础性创新知识建立相应的面向市场需求的应用创新；中介服务机构在此过程中加强法律、投资和管理咨询等方面的辅助性知识共享，在各类资源互动的渠道方面发挥其专业服务机构的相关专业优势，起到联盟信息沟通的纽带作用。

（四）战略性新兴产业专利联盟的人才培养机制

专利创造和企业创新的关键在于人才的培养和人才队伍的建设。广东省内中小企业居多，技术人才和专利人才非常匮乏，制约了企业的发展。广东省不少专利联盟加强与各类知识产权服务机构的交流合作；同时，采用"以项目促发展"的模式，通过具体项目的实际运作，整合联盟成员力量共同承担行业关键、共性技术的攻关，让技术人员和专利人才在大项目的技术研发过程中得到锻炼和提升能力。通过项目合作，强化了产业专利人才体系建设，为产业发展提供了可靠的智慧资源和智力支撑。佛山市有关专利联盟成功举办了蔡鹤皋院士、叶声华院士的精密制造学术论坛和德国联邦尤利斯科学院职业技能培训中心专家生产制造技术及专利管理培训，成功打造出一支本土研发和专利管理人才队伍。中国彩电专利联盟通过持续密切的知识产权人才合作与交流，发挥促进产业发展的"知识产权智库"作用，推动了高级专业人才的供应和这些人才在知识结构、信息资源等方面的更新和知识产权实务经验的分享。中山市照明灯饰产业知识产权联盟、红木家具产业知识产权联盟积极开展专利信息利用和态势分析工作，逐渐培养起一支产业专利信息分析运用人才队伍。

（五）战略性新兴产业专利联盟的知识产权开发机制

在建立战略性新兴产业专利联盟的过程当中，为了消除互授条款这一阻碍因素，专利联盟必须合理地规定专利许可费的增加量、适当补偿部分知识产权开发投入，以增大知识产权开发者获得的利益，提高其知识产权开发的积极性。批准新的知识产权加入专利联盟前的评审、判定工作主要是对新的知识产权的自身价值和对专利联盟的价值进行评定,是专利联盟知识产权内部开发机制的重要环节。由于反垄断法规定专利联盟内不得含有竞争性专利,不得将无效专利与有效专利打包、搭售,否则专利联盟可能遭到法律制裁,甚至勒令解散。这在美国的1623年垄断法规中就有所体现,该法规定:在一般贸易物品上的垄断为非法,但容许对发明享有为期14年或低于14年的专利权。❶

例如,光反射角膜切割术领域的SUMMIT公司和VISX公司将自己享有的与光反射角膜切割术相关的技术专利转让给Pillar Point Partnership(PPP)专利联盟管理机构而形成的光反射角膜切割术专利联盟。该联盟只包含以上两个企业,且两个企业对专利池的管理均具有决定权。因此,PPP组织对联盟成员要求加入专利池的新专利的选择和控制权很低,导致这个专利池在数年之后因专利池内包含大量竞争性专利而被美国联邦贸易委员以违反反垄断法为由解散。一般情况下,专利联盟会设置一个专利池规划设计部门,来根据专利联盟的战略需要设计专利池。有些专利联盟是以交叉许可以及对外许可获得少量许可费为目的的防御性联盟,这样的专利联盟在设计专利池时往往会以一到两个核心专利为中心吸收妨碍性专利,以方便专利池的使用;专利联盟在设计专利池时会以形成行业标准为目的,吸收多个互补的核心专利以及围绕核心专利的大量外围专利,以求覆盖整个行业范围。因此,战略性新兴产业专利联盟中如何选择性吸纳专利直接决定着专利联盟的成败。无论选择机制构建得多么完善,联盟吸纳外部专利能力弱,对于知识产权开发机制的开发也是不利的。外部吸纳能力的强弱,取决于专利联盟的社会影响力以及营运效率。由于外部吸纳是一个双向选择过程,专利权人有权力选择是否加入

---

❶ 赵启杉. 论技术标准中知识产权滥用行为的反垄断规制[G]//郑成思. 知识产权文丛(第1卷). 北京:中国方正出版社,2005:10.

专利联盟，故专利联盟的影响力和竞争力对吸纳过程有着重要的影响，同时外部吸纳能力的强弱又直接影响着专利联盟的竞争力和可持续发展能力，因此外部吸纳能力和专利联盟自身的影响力是相互联系而又不可分割的整体。

（六）战略性新兴产业专利联盟利益机制

战略性新兴产业专利联盟的建立，首先应明确合作创新成果的知识产权归属和市场化后收益分配方式，以契约方式确保联盟成员在投入知识共享成本后的合法利益。由于在合作过程中，组织间研发、市场、管理等过程中面临人力、技术、环境等多方面的影响合作成果的不确定影响因素，而这些因素的存在，将在一定程度上成为联盟内技术、利益等风险的重要来源。对于这些风险可通过联盟内外力量来共同采取措施来降低或规避。通过在联盟组织内部风险共担机制，明确成员共同投入与预期风险管理责任，明确成员在共同研发、联合创新等过程中的责任与权益，对由于产业环境、联盟管理、技术变迁等因素引起的联盟知识共享风险采取共同分担机制，在联盟内部形成合力抵御知识共享风险的联盟文化。同时，结合中介服务机构的力量，形成多元化为主体，联合高校、科研机构、金融机构、风险投资机构等中介机构在内的利益共同体，通过多种渠道降低投资风险。现阶段，有些战略性新兴产业本身的市场成熟度不高、技术核心性不强、发展具有一定的不确定性，这就需要在市场预测、技术合作、政策规划等多方面的服务性支持才能使其加速健康成长，因此在与中介服务机构对接时，要加强对当前产业发展规律和方向的认识和把握，争取从资金、法律、咨询服务等方面加强与中介机构的沟通，实现通过中介机构降低或分担风险。

联盟合作进程的利益分配制度是战略性新兴产业专利联盟形成与解体的本质原因。资源共享利益分配就是将一定研发阶段内基于资源共享共同创造和实现的利益按照一定的原则进行分配的过程。战略性新兴产业专利联盟的决策机构应从联盟成员的实际资源技术占有情况与创新成果出发,确定联盟利益分配的最终比例结构,联盟成员无论规模大小,实力强弱,在联盟中的地位和对利益追求的权利是平等的。资源共享各阶段会有不同的因素对资源共享的成果与利益分配产生影响,因此联盟内部利益分配制度应该是动态的,前期主要集中于对资源共享所产生成果的产权保护,随着联盟资源共享进程的发展,利益分配制度更多地向市场化利益分配倾斜。在合作进程中,成员间的博弈也在进行,会形成相互依存与发展的机制,从而有效地遏制道德风险,实现联盟成员以联盟整体目标与利益为投入与分配的决定因素。因此,在确定利益分配制度时应更多地结合联盟资源共享所处阶段因素与联盟创新阶段性成果,灵活采取分配政策,在保证组织个体短期利益的同时,利益分配更多地应服务于联盟技术共享的长远发展。

(七) 战略性新兴产业专利联盟监督保护机制

战略性新兴产业专利联盟的监督方式包括成员间互相监督、无利益相关的第三方监督和政府监督。第一,联盟内部成员监督,利用联盟内部成员间的竞争关系,发挥市场竞争机制的作用,通过参观考察、工作汇报、成果抽查等监督考察方式,对联盟成员创新活动进行有效控制,防止投机行为及违规行为的发生。例如,2008年顺德电压力锅专利联盟根据联盟协议,成立了联盟秘书处,并由联盟成员选举产生财务监督人员,来进行内部成员的监督。第二,联盟外部第三方机构监督,即中介服务机构,包括管理咨询公司、科技服务中心、技术贸易中心等组织。它们一般具有管理、服务方面的专业技术能力,由于第三方服务机构一般与联盟无直接利益关系,其对联盟的监督考评往往也更加公正客观,具有一定的决策参考价值。例如,顺德电压力锅专利联盟设置内部监督人员的同时,联盟委托专业机构作为代管机构,负责联盟的法律事务,形成了以秘书处为核心的内外兼备的管理、运营架构。第三,政府及法律法规监督,政府及法律法规的监督具有一定的强制性。战略性新兴产业专利联盟涉及多方利益主体,存在一定的信任风险和道德风险,需要法律及政府强制性监督的功能,以保障联盟主体间风险分担、利益分配上的相对公平,以及联盟运行活动的合法性和有效性。

战略性新兴产业专利联盟在设定保障监督制度的时候,还应当注意风险防范的保障,建立风险预警机制,根据不同风险采取相应的解决措施。战略性新兴产业可能发生的风险是多样化,并且风险并不是一成不变的,专利联盟对每一个风险的细微控制均需要大量的资金投入,这样做会浪费大量人力、物力。如何在风险的控制与成本的节约中做到最优化,最好的办法是建立风险预警机制,对专利联盟有可能发生风险的因素进行实时监测、控制和评估分级,根据风险威胁性的不同再作出具体的风险解决措施。例如,中彩联的宗旨就包括了建立专业预警平台,每季度至少一次为联盟成员提供全球彩电专利法律、技术预警信息,特别是诉讼信息随时发布,以便我国音视频企业有准备应对策略,逐步从被动应对向主动防御、主动出击转变。专利联盟的风险预警机构的要求:(1)能够对风险实施动态监测。(2)能够根据监测结果对风险进行正确的度量和分级。(3)能够对不同级别的风险制定不同的预警方案。(4)能够及时地与决策层沟通,制定相应的措施。根据不同风险采取相应的解决措施。仅仅建立风险防范体系和风险预警机制是不够的,还需要根据风险因素进行分级并且依据具体风险制定相应的解决措施。对待司法风险,在专利联盟组建初期就应该针对联盟所涉及的产业领域相关法律法规进行信息收集调查分析,在做重大联盟管理制度、战略发展规划时吸收司法相关人士参与、监督,规避决策上的法律风险。对待行业政策风险,应积极与相关政府产业制定部门建立联系措施,及时了解产业政策的动向发展。对待市场需求风险,通过收集相关市场信息，科学地加以预测；通过产品调查了解市场需求，对技术加以改进，及时跟进市场需求的走向。对待专利技术风险，需要大量收集现有专利技术信息，结合市场分析，预测专利技术的走向，提前确立专利技术发展方向，仔细进行可行性分析，发展领先的相关产业与周边专利技术。对待信用风险，应充分利用第三方评估机构进行相关信息收集调查，得出合理的结论，尽可能使相互信息透明化，使得个别企业成员无法钻空子，避免司法介入，节省司法纠纷费用，提高专利联盟的相互信任度。对待专利联盟核心技术流失风险，以保密机制与监督机制共同防范。

由于战略性新兴产业专利联盟的特性，其组成成员均是高新技术企业，其发展方向均是高端的技术产品，需要决策者具有相应专业知识，熟悉国内外市场。这给决策者带来了极大的挑战，因此有必要设立专门的决策小组，吸收联盟成员中经验丰富的决策者，对未研发的专利技术，在其先进性的基础上，分析技术的可行性与实用性，分析投入产出比值，将研发的风险降到最低，避免研发资金的浪费；对已经投入生产的专利技术，分析其专利价值，确定生产规模，避免产品资源的浪费；对即将过时的专利技术，分析其专利剩余价值，如果不能带来效益，应加以果断放弃，避免将无用专利技术打包授权从而影响专利联盟形象，促使过时专利技术退出市场，节省管理费用。

另外设置研发系统保障，在专利技术研发阶段时，提供足够的资金，确保专利技术的顺利研发，做好保密工作。研发系统是专利联盟能够顺利运作的重要环节，专利联盟收益的一部分必须投入到新的专利技术的研发中去，这样才能确保联盟技术地位的领先，提高联盟专利的竞争优势。同时做好了保密工作才能保证专利联盟的专利技术不对外流失，从而给专利联盟带来应有的经济效益。

二、战略性新兴产业运营模式选择

(一) 同一或同类产业的协同创新合作模式

战略性新兴产业专利联盟的协同创新机制的设想是:通过联盟内部创新要素联结成共同的价值凝固,形成竞争、合作与互动的协同模式,促进联盟的持续创新动力机制的形成,使创新网络成为动态的生态体系,从而实现战略性新兴产业专利联盟的竞争优势升级。这种协同创新机制是生态型自发性协同结构,专利联盟内成员之间经过资源依赖和价值联盟相互渗透,形成市场协同效应,使联盟内资源自动达到最优配置,通过协同交易机制可以减少各成员冗余资源的浪费,有利于资源的产出效益,增加联盟的创新能力。

战略性新兴产业专利联盟是一个生态系统,这个生态系统的适应性结构是一种基于价值网的网链结构,创新网络中的各个创新主体和创新要素形成了网链结构中的各节点,从而促进联盟内的共生链的形成,这种共生链是企业技术创新的动因,战略性新兴产业专利联盟要实现动态均衡发展,各创新节点之间的协同创新就是其竞争优势获得的主要原因。要发展战略性新兴产业专利联盟的创新网络,就要联盟内各成员通过网络节点的增加,提高成员之间的共生能力,这样联盟的技术创新的绩效将明显提高,竞争力将增强。协同创新机制的核心四要素是:创新共生、信任合作、价值联盟、协同氛围,这4个核心要素共同促进战略性新兴产业专利联盟协同创新机制的资源共享,技术的流通与扩散,自主创新与交流创新的互动。其运作机制可以参考产业集群创新网络的协同创新机制(见图7-1)。

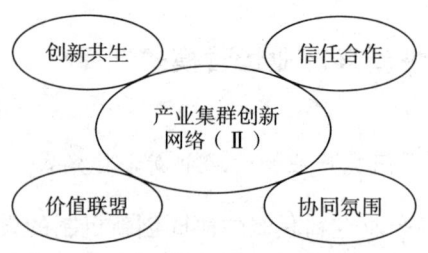

图 7-1 产业集群创新网络的协同创新机制模型

战略性新兴产业专利联盟生态系统中的创新共生链的形成，使联盟中各创新主体形成了一种资源依赖和协同的信任合作关系，这种关系长期发展形成了价值联盟。这种创新网络的价值联盟是一种长期、稳定、制度化的利益共同体，利益共同体产生的价值联盟，使联盟内的创新资源逐渐积累，创新优势得到充分发挥。创新网络中的价值联盟可以把个别企业技术创新的外部性转化成联盟内部的创新资源，从机制上实现了创新外部性的内部化，释放了创新的积极性和效率。

联盟内各创新主体形成的创新价值联盟，促使它们自身能够创新并能够和其他创新组织合作互补，这样的协同作用自然对联盟创新行为产生影响，在联盟创新网络中，基于各创新主体的信任和跨组织间的学习和交流，知识资源就会在创新网络中提高交流的开放度，并沿着网络传递和互动最终激发集群整体创新激情。联盟内部产生的整体创新协同氛围最终能够提高联盟的知识配置水平，提高知识资源交易效率，减少冗余联系，在保持最优连接规模的同时使集群创新网络的创新效率最大化。例如，广东省已构建的中彩联、LED 专利联盟、电压力锅专利联盟、数字家庭产学研创新联盟等 22 家战略性新兴专利联盟以企业为主体，围绕协同创新、技术标准和产学研合作，联合科研机构、大学、中介组织等成立联盟，已经成为目前珠三角地区中越来越重要的经济现象。佛山市内各知识产权联盟更是引来了清华大学、北京航空航天大学、华南理工大学等几十家著名高校,以及机械科学研究总院、中科院上海硅酸盐研究所等十多家国家级科研机构加盟,成为联盟新的技术源、成果源、人才源的主要提供者和创新成果二次开发的重要参与者。

(二)不同行业的差异化"因地制宜"模式

当然产业的不同发展状况对应的专利联盟适合的组建及管理类型也不尽相同。随着数字电视技术的全球兴起,我国彩电行业处于几家实力雄厚的大企业坐分市场的局面,为解决彩电出口所面临的知识产权问题,TCL、康佳、创维、长虹、海信、海尔等中国彩电行业的巨头联合发起成立专利联盟,联盟的专利由深圳市中彩联科技有限公司进行企业化运作,这种强强联手又加入协会式组织管理模式的专利联盟在集体谈判、诉讼过程中发挥着巨大的竞争优势。对于发展参差不齐的产业,由大企业主导的专利联盟模式能够达到资源共享、共同发展的目的,又如顺德电压力锅联盟由我国家电领域行业巨头美的发起,由广州粤高专利代理有限公司作为联盟专利代管机构,实行第三方独任管理的模式。以上两个专利联盟均是由大企业进行主导组建起来的,对于缺少具有较大影响力的巨头企业的产业来说,行业协会适合充当领头羊的角色。例如,深圳市 LED 产业始于 20 世纪 90 年代初,当时属于技术萌芽期但发展潜力很大的新兴行业,在缺少行业巨头的情况下,国家专利技术(深圳)展示交易中心联合深圳市 LED 产业联合会,在深圳市市场监督管理局的直接领导下成立深圳市 LED 专利联盟,联盟的工作机构为深圳市联创知识产权服务中心,经费来源 100% 为政府资助。可见,当产业发展之初,企业本身难以背负巨大风险投入资金,由政府资助行业协会组建的专利联盟亦能带动一方战略性新兴产业的发展与壮大。

（三）技术集合专利池模式

战略性新兴产业技术分工精细，相关产业链有不同的厂商聚集，上中下游技术关联度越来越高，专利许可的交易成本亦越来越高昂，以专利池运营专利技术是一种高效节能的模式。从专利池构建的一般流程来看，首先由专利联盟的各成员进行研发取得专利，然后在成员间签订互授条款，成员将与专利池相关的专利向专利联盟披露，表示加入专利联盟的意愿，再就专利许可费的收入进行协商，订立分配协议，最终完成专利池的构建。专利联盟的内部开发机制实质是指专利联盟内部成员组建核心专利池，在专利池核心专利的基础上开发与核心专利互补的新的专利，或者围绕核心专利开发外围专利，并依照契约把新的专利吸收进入专利池的机制。

专利池形成后，联盟成员开发的与专利池相关的新的专利必须授予专利联盟，以防止联盟成员故意隐瞒对专利联盟有竞争关系的专利，削弱专利联盟的竞争力。根据互授条款，联盟成员的研究和开发成果由联盟内所有成员共享，新开发的专利被纳入专利池会增加开发专利的成员在专利联盟中的地位，增加其专利许可费的分成，但许可费分成的增量小于研发专利投入的成本时，就会削弱成员专利开发的积极性，因此，专利联盟必须正确地评估新的专利给联盟带来的价值，合理地规定对新开发专利的许可费分配，以激励专利开发者进行创新的积极性，保障战略性新兴产业能够长期有效地占有市场份额。

专利池是核心技术的运营体，也是相关专利的集合体，而专利的取得并非仅靠联盟成员的研发，很多时候，从专利联盟外部通过转让、购买、并购等方式吸纳专利进入专利池对专利联盟可持续的壮大起着至关重要的作用，尤其是妨碍性专利及互补性专利的吸纳可以巩固联盟的核心竞争力。专利池中的专利又是专利联盟价值产生的载体，对内联盟成员间相互交叉许可，对外联盟作为一个整体集中统一许可,专利的许可过程便成为专利联盟运营利益产生过程。

三、战略性新兴产业专利联盟与产业集群

从专利联盟主体间不同合作模式下的创新收益得知,产、学、研相结合的模式是创新科研、生产、教育不同社会分工在功能与资源优势上的协作和集成化,也是推进企业技术创新、加快科技成果转化的有效手段。

近些年,以硅谷为代表的科技工业园区模式发展的集群化特征表现越来越突出,成为知识经济发展和创新的领头羊。广东省珠三角地区高新技术科技园区呈现遍地开花的局面,人才、产业聚集便为专利联盟的孕育提供了良好的环境,例如,深圳南山科技园的TCL、创维、康佳组建深圳市中彩联科技有限公司成为中国彩电联盟的中坚力量;我国电压力锅市场75%的份额被集中在顺德的电压力锅联盟所占有。

在整个区域经济发展的过程中,当区域内有若干个具有龙头带动作用的新兴产业出现时,产业集群的聚集源便开始形成。伴随着产业集群发展的进程,产业集群内部的创新活动日益频繁,相关联的企业不断衍生,大量企业开始涌入集群,其他组织如政府、专业中介机构、科研单位及高等院校也逐渐加入产业集群的创新体系之中,这时集群中的创新网络便不再仅仅依靠产业链,而更多的是依靠价值链和知识链。专利联盟的发展需要有效整合各类知识产权服务资源,而产业集群也为资源的整合提供了便捷。自主知识产权和核心技术是产业发展的核心竞争力,专利联盟为成员各方提供了创新和发展的舞台,推动产业创新从"分离式"向"一体式"迈进、从"单兵式"向"协同式"转变。企业等创新主体的合作发展,有利于专利技术的产业化应用,推进产业技术升级;专利联盟的建立和发展,有利于促进专利技术外

部扩散，提高产业的竞争力，推动形成强势产业。例如，佛山市清洁生产知识产权联盟以提升产业竞争力、促进产业优化升级为目标开展工作，目前由该联盟牵头组织的项目及课题达 27 个，产业化项目的年产值超过 3 亿元。该联盟各成员单位以项目实体方式合作，立足于产业核心技术的攻关，每一项专利技术从研发成功到产业化，都产生良好的社会效益和经济效益，为陶瓷产业转型升级注入"专利"强心针。

四、战略性新兴产业专利联盟中的技术标准

（一）专利化技术标准的竞争优势

专利与技术标准的紧密结合以及专利权本身所固有的地域性和排他性使得专利一旦进入具有广泛性和通用性的标准行列，随着专利化标准的普及，标准制定和推广就可能形成一定形式的垄断。在市场准入方面，也会排斥不符合此标准的产品，可以达到打压竞争对手的目的。因此，技术标准的争夺逐渐演变为知识经济条件下市场竞争的新形态，成为战略性新兴产业竞争的制高点和跨国公司专利技术追求的最高表现形式，同时成为政府保护本国市场、占有他国市场和获取最大经济利益的利器。

1. 技术标准有效助推专利技术

企业的专利技术通过特定程序上升为国家或国际的技术标准，或者通过市场推广和竞争地位的确立成为市场认可的技术标准，那么拥有标准专利技术的企业不仅可以依靠技术标准的网络效应得到更广泛的推广和使用其专利技术，在其专利产品的巨大市场份额中获取利润，而且可以通过标准中知识产权的许可获取巨额的经济利润。例如，美国高通现已拥有 3900 多件 CDMA 及相关技术的美国专利和专利申请，凭借其拥有 CDMA 移动通信领域的国际标准，正迅速风靡全球并已占据 20% 的通信市场，现

已向全球130多家电信设备制造商发放了CDMA的专利许可。

2. 专利标准对行业发展的影响

技术标准作为产业竞争的制高点，能够影响行业的技术走向和动态趋势。例如，2000年5月，ITU确定了四大主流无线接口标准——WCDMA、CDMA-2000、TD-SCDMA以及WiMAX技术标准，并将其写入3G技术指导性文件《2000年国际移动通信计划》。这不仅意味着3G时代里这4项技术标准处于竞争的有利地位，同时也决定了移动通信领域上亿美元的资金流向，将会吸进众多通信企业投入对该项技术的研发和许可生产活动。此外，技术标准在行业专利战略中，也可以作为削弱同行业竞争对手的市场竞争力、打击竞争对手的重要手段。国外的跨国企业正是凭借技术标准的优势，对我国企业发动专利攻击，许多民营企业都因经不起这样的打击而垮掉，尤其是DVD播放机产业几乎走向破灭的边缘，风光一时的彩电行业也变得一蹶不振。

3. 技术标准能够构筑技术壁垒

跨国企业所实施的技术壁垒凭借技术标准和技术法规极其容易具有合理的名义、巧妙的提法、合法的形式和隐蔽的手段。技术标准随着知识产权和标准技术壁垒对占领和保护市场作用的凸显，逐渐成为非关税壁垒的主要形式。贸易全球化和高新技术的迅猛发展，使得国际标准的需求日益增长，标准国际化已成为全球普遍发展的趋势。以英国、法国、德国为主的西欧国家以及美国，一直致力于国际和区域标准化活动，并积极利用技术上的绝对优势不断将自己的标准上升为国际法定标准，企图长期控制国际标准的技术大权。欧盟及其成员国在技术壁垒的实施上更为积极，其主要通过设置技术标准来阻挡他国产品进入欧盟市场或者成员国市场，特别是在汽车、电机、机械、制药、家用电器等行业，表现极为突出。我国企业遭受的"DVD播放机事件"和"温州打火机事件"就是其中的典型例子。以温州打火机事件为例，温州共计500多家打火机企业，凭借劳动力成本低廉和专业化程度较高等优势曾一度占据了世界市场 70% 的份额。而欧盟成员国则以产品的技术和安全等标准为由，提出了 2 欧元以下的打火机必须加装安全锁的规定。由于国外企业早已抢先占领打火机安全锁的技术专利，因而温州的打火机企业不得不花大价钱购买他人专利。技术成本的大幅度提高使得温州打火机企业所生产的打火机产品逐渐失去竞争优势，同时也面临退出欧洲市场的危险。欧洲成员国利正是利用我国企业没有打火机安全锁的专利这一致命弱点构筑了技术壁垒，也就是利用专利技术标准维护了自己的市场。

（二）专利联盟标准化的发展趋势

在国际上，许多跨国公司在组建专利联盟时，率先推出自己的标准，形成业内的事实标准，以先占优势抢占市场，增强企业在产业内的竞争力。所以标准的制定有时候是构建专利联盟的基础，有时又是形成专利联盟的目的。因此我国战略性新兴产业在组建专利联盟时，应该积极制定形成技术标准。

目前，广东省很多专利联盟在推动行业技术标准制定方面取得了可喜的成绩，例如，顺德电压力锅专利联盟发起人起草制定的顺德的《电压力锅联盟标准》于 2009 年 3 月上升为广东省地方行业标准。联盟成员单位全部加入国家电压力锅标准化工作组。2010 年 10 月，在美国西雅图召开的第 74 届 IEC 大会上，顺德电压力锅专利联盟代表中国标准化委员会提出了修订电压力锅国际标准的提案申请。2011 年 6 月，在印度尼西亚巴厘岛召开的第 83 届 IEC TC61 会议上，电压力锅国际标准修订提案审查获得通过。由中国家电企业提出国际标准修订提案并获通过尚属首次。2012 年 6 月，在德国柏林召开的 IEC TC61 委员会第 85 次会议上，电压力锅 IEC 标准修订的全部提案获得通过。这标志着顺德以专利联盟为纽带、抱团参与国际标准化活动取得了圆满成功。该标准经过必要的非技术程序，已于 2012 年 11 月在瑞士日

第七章 我国战略性新兴产业专利联盟的构建与完善

内瓦发布实施。广州数字家庭专利联盟引导联盟成员加强专利与标准的结合。2006年至今，广东数字家庭互动应用标准工作委员会已组织制定或参与数字家庭产业国家标准9项、行业标准11项、地方标准31项，实现了专利价值的最大化。深圳市新能源标准与知识产权联盟成员单位拥有国内专利数量超10000件、国外专利超500件；在此基础上，联盟积极推动专利标准化工作。目前，《电动车用磷酸铁锂电池通用技术要求》《电动汽车充电桩验收检定规程》等11项联盟标准已立项起草，完成并发布标准5项；联盟成员创益科技发展有限公司于2011年10月成功申请并成为ISO160（建筑用玻璃）的光伏中空玻璃国际标准化工作组召集人，促成首个国际标准化工作组落户深圳。

建立行业技术标准是专利联盟的最终目标，也是专利联盟发展的最终趋势。技术标准包含有两个层次的含义：对于技术必须达到的水平划了一道线，只要达不到此线的就是不合格的生产技术；技术标准中的技术是完备的，如果达不到生产的技术标准，可以向标准体系寻求技术的许可，支付许可费用从而获得相应达标的生产技术。一种技术一旦成为某种标准，无论是事实标准还是法定标准，就成为企业用来左右市场游戏规则的力量，此时，竞争对手也不得不服从这样的规则。由此可见，握有能够进入标准体系的专利技术，就意味着拥有了市场控制力，因为在该行业只有进入标准体系的技术才是被认定合格、有效的技术。

按照"市场创新需求—专利技术产品—专利推广应用—行业标准制定"的发展思路，广东不少专利联盟在推动专利向技术标准转化、在以最佳途径普及专利技术、实现商业利益方面做了许多积极的探索。这种激励机制，为创新型企业的发展壮大提供了沃土，使注重创新的企业分享更丰厚的市场回报，最终推动企业加速成长。顺德电压力锅专利联盟通过建设专利和标准"双联盟"，实现联手出击、双剑合璧，成功修订电压力锅国际标准，突破了国外技术壁垒，极大地拓展了电压力锅产业在国内外市场的发展空间。佛山市清洁生产知识产权战略联盟的"大规格超薄建筑陶瓷砖技术"已成功实现专利产业化；在2011年于意大利举行的国际陶瓷标准大会上，该联盟内蒙娜丽莎陶瓷有限公司代表中国参与世界陶瓷薄板标准的起草工作，这是中国陶瓷企业第一次在世界标准上掌握话语权。广州数字家庭专利联盟内广晟数码公司的DRA技术已正式获颁为中国地面数字电视接收机必选音频标准。这是中国在多媒体信息领域第一个拥有完全自主知识产权的国际商用主流标准，不仅可以为国内企业节省10亿美元的专利费，而且可以为该公司以后每年带来20亿元专利费的巨大经济效益。

（三）专利联盟与技术标准的有机结合

"技术专利化、专利标准化、标准国际化"已成为跨国企业的发展路径，技术标准与专利的结合，也成为构建专利联盟的一种趋势，无论是DVD播放机标准规制规格、MPEG系列标准、WCDMA还是美国的数字电视国家标准（ATSC）等标准，均通过缔结专利联盟的形式来控制标准必要专利许可证的发放，阻止竞争对手的市场进入。企业在组建专利联盟过程中，要有意识地将专利联盟中的专利技术形成标准，并将该标准推广成行业标准、国家标准甚至是国际标准，这样更有利于推广专利产品的应用，提升联盟经济利益。国外先进、成熟的专利联盟运作经验，可以为我所用。目前国内已成立了知识产权与标准联盟（如深圳新能源知识产权与标准联盟），并取得了较为显著的成效，建议促进联盟专利和技术标准的结合，选择将标准联盟与专利联盟联合发展，通过专利标准化战略扩大联盟知识产权的影响力。

五、本章小结

专利联盟的出现是科学发展与专利制度结合下的必然产物，专利联盟以专利技术为核心，专利技术的获取与运营是专利联盟的主要工作。广东省的专利联盟以政府为引导、以市场为导向、以企业为主体、以高等学校和科研机构为技术依托、以专利共享和共同维权为纽带、以公共创新平台为运作载体、以社会力量为支撑，在实现企业知识产权从单一竞争到竞争合作的战略转型进程中发挥了积极作用，虽然在数量上和质量上都处于起步阶段，需要大力倡导与发展，但其发展经验仍然值得借鉴。

我国战略性新兴产业专利联盟的构建，对内要紧抓专利技术的研发，以内部开发机制、知识共享创新机制、人才培养机制相结合，提升企业的软实力；对外要以联盟的影响力汇集全行业的专利资源，吸纳更多的专利入池，提升专利联盟的竞争力，稳固外部开发机制。专利的运营收益以专利许可机制为指导，在联盟成员间交叉许可抢占市场的基础上，对外集中许可，一方面获取更大的许可收益，另一方面防止限制竞争行为的发生，应对垄断风险。

专利联盟的发展需要有效整合各类知识产权服务资源，而产业集群也为资源的整合提供了便捷，战略性新兴产业实行专利联盟运营模式，有必要结合产业集群化战略模式，凝聚产业集中发展优势，不断壮大联盟的力量，抢占并控制战略性新兴产业的制高点。战略性新兴产业运用专利联盟的技术标准化战略，掌握市场上的话语权，掌握竞争中的主动权。技术标准下的专利联盟产生于技术复杂化、"专利丛林"化和专利标准化的特殊技术背景之下，是科技发展的需要和必然结果。解决技术标准下的"专利丛林"问题、推广技术标准的有效方式，只有构建现代专利联盟。

第八章 战略性新兴产业专利联盟的发展与展望

我国战略性新兴产业构建的专利联盟是以政府为引导、以市场为导向、以企业为主体、以高等学校和科研机构为技术依托、以专利共享和共同维权为纽带、以公共创新平台为运作载体、以社会力量为支撑,在实现企业知识产权从单一竞争到竞争合作的战略转型进程中发挥了积极作用的最优平台。一个产业的发展过程就是若干大型跨国企业逐步垄断市场的过程,在很多产业领域,我国企业都因创新实力薄弱而饱受国外垄断企业压榨,唯有组建专利联盟才能合力与之抗衡。在未被外国垄断企业完全抢占市场的新兴产业领域,我们应当未雨绸缪,积极部署以高新专利技术为核心的研发基地,以专利拥有量高的产业构建核心技术专利池凝聚企业创新实力,专利拥有量仍需继续挖掘与孵化的产业以专业产业集群为核心,以专业行业协会为协调机构,构建不同类型的专利联盟,为我国不同层次的企业赢得当前与未来更大的市场。

专利联盟的发展与国家的知识产权战略挂钩,尤其是战略性新兴产业的专利联盟构建,牵涉经济转型与国家发展战略的决策。战略性新兴产业所处的战略地位较高,能够引领未来的技术变革或者成为新的支柱型产业,政府需要这类产业领域的技术发展来带动提高整个国家或者区域的竞争力。因此,在产业存在实力雄厚的大型企业的情况下,由龙头企业发起,或由起领头作用的大型企业共同组织发起组建专利联盟,再根据联盟的影响力不断吸收新的联盟成员,整合联盟企业的研发资源,达到资源共享、共同发展的目的。在产业企业实力均相对薄弱,尚不具备专利实力组建专利联盟时,可以由政府引导行业协会组建专利联盟,提供一系列优惠的行业政策甚至发放研究经费来降低专利联盟的风险,调动企业参与高新技术技术研究的积极性,帮助企业形成产业集群,以集群产业支撑专利联盟,使得联盟成员可以减轻自身的风险全心全意地投入到技术的开发中去,尽快将技术转化为有竞争力的产品来获益,达到研发资金的良性循环。

目前,我国产业通过专利联盟应对国外跨国企业的竞争已经逐渐由被动向主动转变,从购买专利充实专利池,到提高研发实力、构建核心专利池,取得国际竞争力。战略性新兴产业已成为国家"十二五"规划的发展重点,在新一轮发展机遇面前,我国的专利联盟将迎来爆发式的发展,高新技术企业的核心专利无疑是专利联盟的核心实力源泉,外围专利质和量的提升也为积累谈判筹码、应对专利索费铺平了道路。但专利联盟是一把双刃剑,在促进技术创新、降低交易成本的同时,巨额的许可费、与技术标准相结合的市场控制力、对竞争对手的打压等都使得专利联盟始终和垄断问题形影不离,战略性新兴企业的发展一不小心就会触碰到垄断这条红线。如何应对选择专利联盟策略所面临的种种风险,仍然需要政府的正确政策引导,需要企业从根本上认清专利联盟促进创新的本质,始终是技术领先、研发第一,只有掌握核心技术创新力,才能提升自身以及专利联盟的竞争力。

一、战略性新兴产业专利联盟的发展规划

(一)从制度层面做好战略性新兴产业专利联盟的顶层设计和规划

加快落实《国家知识产权战略纲要》(国发〔2008〕18号)、《关于加强战略性新兴产业知识产权工作的若干意见》(国办发〔2012〕28号)、专利工作"十二五"规划等重要文件,

尽快在国家层面出台支持专利联盟发展的相关制度,并细化和配套相关措施。

《国家知识产权战略纲要》提出"制定适合相关产业发展的知识产权政策,促进产业结构的调整与优化",战略性新兴产业专利联盟的构建,有利于将产业政策与知识产权政策有效衔接,促进产业转型升级和建设创新性国家。国家知识产权事业发展"十二五"规划、全国专利工作"十二五"规划进一步对专利联盟的发展提出了明确的要求,如专利工作"十二五"规划将"培育20个战略性新兴产业专利产业化基地、30家产业专利联盟"作为"专利市场化促进工程"的目标任务,提出要"出台支持行业协会、产业基地形成知识产权联盟的相关政策,研究制定发展和规范专利池构建的相关规定"。2012年4月28日,国务院转发国家知识产权局、国家发改委等十部门联合制定的《关于加强战略性新兴产业知识产权工作的若干意见》,提出到2015年,要"形成一批多层次、多领域的战略性新兴产业知识产权联盟"的目标。

这些政策的出台,成为在国家层面设计和规划专利联盟的基本依据和重要基础。专利联盟的建立应遵循政府引导、企业主体、协会支持、中介和服务机构参与的原则,注重发挥联盟的内在激励机制,政府重点做好外部环境的营造,而不要越俎代庖。建议由国家知识产权局牵头,在适当时机研究和制定专利联盟发展的若干措施,制定《专利联盟专利许可操作指引》等,重点解决专利联盟非通过市场机制自身能解决的运营问题,使得《国家知识产权战略纲要》和相关规划落到实处,便于操作,起到实效。

(二)加强基础理论研究

目前,国内外有关专利联盟的研究仍处于起步阶段,战略性新兴产业专利联盟的构建更是一个全新的课题。只有从理论上厘清构建专利联盟的基本问题，才能在实践中更好地指导专利联盟的发展；只有加强对国内外专利联盟建立运行的经验和专利联盟规制的法律制度的研究，才能借鉴国外经验促进我国专利联盟的发展，防范我国实施"走出去"战略过程中的知识产权风险；同时基础理论的研究是政策制定的源头和重要参考。分别从反垄断规制、专利联盟的竞争两面性特点、专利联盟的形成内在机理、专利联盟对创新的影响等角度继续开展相关研究，比如 Jay PilChoj Reiko Aoki 等学者通过采用 63 个专利联盟的样本开展了相关的实证分析。部分学者关注到这一新领域，对"专利联盟形成的合理性""专利联盟形成中的现实约束影响"等问题有过探析。但缺乏系统的实证研究，有必要从企业技术创新联盟、产业联盟的研究以及知识产权法律、管理和企业知识产权战略等研究中完善专利联盟的基础理论。

专利联盟特别是战略性新兴产业专利联盟的构建，必然涉及知识产权反垄断规制等法律问题，涉及技术创新和市场竞争等经济学分析问题，同时还与管理学研究密切相关。因此，建议国家知识产权局充分发挥知识产权专家库的作用，从法学、经济学、管理学方面进一步深入研究专利联盟的内部激励机制和外部环境条件，为相关决策制定、立法完善提供理论参考和实证依据，使专利联盟的建立更好地促进产业的发展。

（三）完善相关立法和司法解释

由于专利联盟的构建与运营，总是给人涉嫌滥用专利权和垄断市场的顾虑，因此专利联盟的出现和发展，一直是各国反垄断调查机构的关注焦点之一，有关专利联盟反垄断规制的研究和讨论也仍在继续。专利联盟是否涉嫌垄断，判断标准是什么，这些问题不仅需要在理论上加以研讨，更需要通过立法予以明确。美国法院早期曾对专利联盟采取了承认和支持的态度，但随后根据专利许可条件对部分专利联盟采取了限制的态度。由于专利联盟对产品的垄断行为已经远远超出了专利法所赋予的法定垄断权范围，因此司法实践中对专利联盟是否涉及垄断的标准也在不断完善中，比较典型的是1995年美国司法部和联邦贸易委员会联合发布的《知识产权许可的反垄断指南》，其以列举的方式解释了专利联盟是否利于市场竞争或限制甚至阻碍竞争，以及应该审查和判断的标准。

我国对于专利权的滥用和专利联盟是否涉嫌垄断的法律规定，散见于合同法以及相关司法解释，零散且适用范围有限。《反不正当竞争法》也缺乏有关联盟和知识产权方面的规定。《反垄断法》虽有相关规定但可操作性不强，相关配套法规也迟迟未见出台，使得判断专利权的行使是否构成滥用成为理论和实践中的一个难点问题。伴随国内专利联盟的兴起，国外专利联盟对我国企业的许可收费常态化，有关专利联盟与反垄断的立法亟须完善，如出台《知识产权领域反垄断执法指南》、明确反垄断执法机构的职能与范围、加强对专利联盟滥用行为的法律制裁等，同时要对现有的法律条文进一步加强司法解释，以利于司法判案和维护市场公平竞争秩序。

二、政府引导战略性新兴产业专利联盟发展的建议

政府在战略性新兴产业专利联盟构建与发展中的引导作用是必不可少的，必须遵循一定的原则，可概括为"三性"原则：一是适应性原则，中国幅员辽阔，各地发展差异性较大，在指导专利联盟构建中，必须结合区域发展情况，指导各地有针对性地制定并实施与时俱进又因地适宜的专利联盟支持政策；二是多样性原则，完善的政策支持至少应该包括法律支持、行政支持和社会支持3个层面，要分别从立法的完善、行政指导和社会组织的健全等多角度进行考量；三是适度性原则，联盟支持政策要激发企业内在的市场激励机制，使联盟能够参与和适应市场竞争，而

不是替代和阻碍其参与和适应市场竞争，这也是防止专利联盟一哄而上的一个重要原则。具体的政策建议如下：

（一）出台与专利联盟有关的税收优惠政策

根据我国《企业所得税法》第 28 条第 2 款规定："国家需要重点扶持的高新技术企业，减按 15% 的税率征收企业所得税。"对不符合高新技术企业认定条件的，按照《企业所得税法实施条例》第 90 条的规定，在一个纳税年度内，居民企业技术转让所得不超过 500 万元的部分，免征企业所得税；超过 500 万元的部分，减半征收企业所得税，从而非高新技术企业也可以享受一定的税收优惠。对于专利权人来说，如果通过专利联盟收取的专利许可费收入很高，按照目前的税收优惠政策，它们每年享受优惠的税额将十分巨大。实践中专利联盟运营过程中的税收优惠政策还存在一些制度上的问题。国家需要顾及高新技术产业发展的现状，考虑到专利联盟发展的不同生态，明察产业链条中不同主体的差别，及时对此作出政策调整，以尽可能减少企业发展过程中的不必要的障碍，为专利联盟的顺畅发展提供制度保障。如果专利联盟制度的设计不能与税收优惠政策实现有效衔接，将可能严重制约该项制度的发展。另外，除现有税收优惠政策外，还应联合相关部门共同探讨出台针对专利联盟的其他更具可操作性的税收优惠政策。

（二）给予必要的资金支持

在专利联盟成立初期，需要政府给予必要的引导资金，以支持联盟企业或秘书处迅速开展工作。初期资金的支持方向主要为联盟人员的培训、基础数据库的建立等。专利联盟进入平稳运营后，政府还要给予必要的后期资金扶持，该阶段的资金支持方向主要为联盟专利池组建的必要补贴等。联盟支持资金既可以从中央财政或各级地方知识产权专项资金列支，也可以从中央或地方战略性新兴产业发展资金列支。以深圳市为例,《深圳市知识产权专项资金管理办法》(深财行规〔2011〕9号)第16条规定知识产权产业联盟建设的资助条件和标准为:"(一)联盟已经有关主管部门批准成立,并符合我市的产业政策导向;(二)联盟具备一定产业基础,能利用资助经费建立本产业领域知识产权专项数据库;(三)联盟应向我市相关产业开放该专项数据库,为该产业发展提供知识产权相关服务。知识产权产业联盟建设项目实行合同制管理,每项不超过30万元,每年资助总额不超过90万元。"建议国家知识产权局就专利联盟建设的补贴能出台相关指导性意见,明确资助的范围、标准和程序等,指导各地方加强对联盟的支持。

(三)加强专业技术人才的培训与培养

专利联盟是国内近几年才兴起的一种联盟形式,其运营模式等仍在探索中,但专业人才非常缺乏,只有拥有专业化的人才,才能实现联盟运营的专利化管理,也只有专业化的人才,才能让联盟有效应对国际成熟的市场竞争环境。人才培养作为一种公共产品,政府应给予更多的关注和支持。建议政府在积极引进国外专利联盟运营经验的同时,加强对国内业已成立的专利联盟的经验总结,本土化的专利联盟运营模式或许更值得借鉴,通过对若干个专利联盟样本的实证分析,找出规律,并上升为教材,用于相关培训。鼓励并支持联盟承担相关课题项目和举办研讨活动,为联盟的发展营造良好的外部环境。

(四)树立典型和示范

榜样的力量是无穷的,可以选择一个标杆联盟,作为典型和示范进行推广;选择一个示范地区,作为向其他地区推荐的样本。在实践中,对防御型的专利联盟,建议以"建立公共服务平台,降低海外知识产权风险"为目标的专利联盟为借鉴榜样,学习其应对举措；对于进攻型的专利联盟，建议以"构建专利池和技术标准，实现许可收费"为目标的专利联盟为借鉴榜样，学习其运营模式。国家可赋予广东省相关政策，支持广东省建立比较专业的专利联盟管理机构，以促进专利联盟的有效运行和发展，以及联盟之间的交流与合作。然后在总结广东经验的基础上，向全国其他区域进行推广。总之，通过对样本联盟的深入透彻分析，有助于加深对联盟的理解，通过对样本联盟的示范推广，有助于企业迅速地加以学习实践，避免理论的空洞化。同时加强宣传，为联盟的建立和发展营造良好的舆论导向和社会环境。

(五) 大力发展知识产权高端服务业

战略性新兴产业专利联盟的构建，需要知识产权高端服务业的支撑。专利联盟即可以由战略性新兴产业集群内的若干企业以联盟形式组建，也可以吸纳研发机构、知识产权专业服务机构参与，由企业、研发机构和专业服务机构联合组建。无论是联盟自身开展知识产权分析等专业工作，还是通过购买服务由知识产权服务机构提供相关专业服务，都对知识产权服务业的发展提出了要求，特别是涉及专利池构筑、专利运营等高端服务，更需要政府大力发展知识产权高端服务业。大力发展知识产权高端服务业也是支撑战略性新兴产业的重要基础。建议从国家层面出台有关知识产权服务业的规划和措施，制定实施相关政策，如落实"向境外单位提供知识产权服务免征增值税"政策等，将其作实施知识产权战略的一个重要环节和链条，推动专利联盟构建的高端化和国际化。

(六) 引导企业技术研发和加大创新扶持力度

通过对广东省专利联盟的调查分析，联盟企业普遍专利储备少，有谈判价值的专利（核心专利或必要专利）屈指可数，联盟企业知识产权风险较大。政府应帮助和引导企业进行技术研发,鼓励专利联盟共同攻克关键共性技术,不断提高国内同类企业产品的科技含量和市场竞争力;推动专利联盟不断增强知识产权储备、持续积累知识产权实力,充实产业发展的根基和内涵;组织与国外有关企业的技术合作与交流,在技术引进、人员培训、信息交流等方面发挥积极作用。政府还可以出台相关政策,支持联盟购买一定数量的专利,充实专利池,以抵御风险。❶ 指导专利联盟深化对专利信息的深层次开发利用,发挥专利信息的预警功能,加强知识产权预警应急机制建设,深化知识产权分析,引导联盟内企业作出正确的经营决策,研制和开发市场前景广阔而且真正具有自主知识产权的新产品,不至于发生产品研发上的"撞车"现象而引起国际争端、造成浪费。

(七) 加强知识产权保护,为专利联盟发展保驾护航

发挥现阶段我国知识产权行政执法和司法保护双轨制的优势,营造良好的知识产权执法环境和司法环境。同时,完善有关知识产权的法律维权援助体系,从政策层面为联盟提供维权、打击侵权的外部环境,减少维权成本。指导专利联盟联合行业内企业开展行业自律,建立有效的预警机制,同时帮助协调各企业、行业、产业链上中下游的利益,促进专利联盟的建立。

(八) 全国一盘棋,合理布局战略性新兴产业专利联盟

战略性新兴产业已成为国家"十二五"规划的发展重点,在新一轮发展机遇面前,全国各省区市都存在抢先发展、先行先试的思想,投资冲动强烈,纷纷制定和实施一系列扶持政策,指定技术路线和产业发展门类,出现盲目低水平重复建设的苗头。

---

❶ 如中彩联提出购买关键专利建设中国彩电核心专利池的计划,但其起步困难,缺乏启动资金,只要有启动资金落实,其配套资金、投资资金才可以逐步得到解决。希望政府主管部门能支持确认中彩联购买核心专利的发展方向。

从全局来看，战略性新兴产业存在布局雷同、低层次竞争和产能过剩的隐患，不利于未来的健康发展。如不合理规划，战略性新兴产业专利联盟建设也存在一哄而上的隐忧，因此，国家知识产权局应根据各地发展战略性新兴产业的实际情况，结合区域优势做好规划，科学布局和有序部署，通过加强行政指导，避免重复建设和同质化竞争。通过政策引导，选择真正适合战略性新兴产业发展的地区、自主创新活跃的城市和建立专利联盟条件成熟的行业，建立相应的专利池，带动整个产业健康有序的发展；总结不同类型的专利联盟运作的经验和做法，对专利联盟进行分类指导。

三、推动企业建设和运营战略性新兴产业专利联盟

（一）引导企业重视专利联盟

专利联盟在世界范围的出现有 150 多年的历史，而国内专利联盟的建立则不足 10 年时间（国内首个专利联盟产生于 2006 年 1 月，即在湖南长沙成立的空心楼盖专利联盟）。专利联盟的建立有其自身的客观需求和相应的市场环境，并非所有的行业都需要和都适合建立专利联盟。但企业必须重视专利联盟的客观存在，树立必要的联盟意识。一方面，随着经济全球化、科技创新飞速化、社会分工精细化，企业间的相互联系越来越紧密，你中有我、我中有你的互补式发展成为一种趋势，由于"技术丛林"、"专利丛林"的出现，企业技术创新的难度加大，技术创新合作的需求加大，企业间的竞争已从过去的单一竞争演变为合作竞争，因此各类联盟的出现有其必然性。另一方面，战略性新兴产业创新要素多，对知识产权创造和运用的依赖强，国内外企业都在抢滩布局专利，这种情况下更需要国内企业的集体应对和加强合作创新，以降低市场风险、减少交易成本。借力国家"支

持知识产权的创造和运用,强化知识产权的保护和管理,鼓励企业建立专利联盟"。政策的出台,企业(尤其是战略性新兴产业领域的企业)必须树立必要的专利联盟意识,未动先谋,防患于未然。

(二)从行业协会入手加强对企业的培训

行业协会是政府和企业的纽带和桥梁,是社会管理的重要组成部分。行业协会比较了解本行业的发展趋势和企业情况,因此从行业协会入手,是推动企业树立专利联盟意识、加强专利联盟建设的切入点。国务院提出要大力发展节能环保、新一代信息技术、生物、高端装备制造、新能源、新材料以及新能源汽车等七大战略性新兴产业,这七大战略性新兴产业是否都有条件和必要建立专利联盟,需要对相关行业协会进行深入调研。通过实证分析厘清产业的未来着力点和对建设联盟的需求,从而有的放矢地对相关行业协会内的企业开展培训,引导有需求的企业提升建设专利联盟的能力。

(三)激发联盟的内在激励机制

专利联盟的建立一定要遵循市场规律,世界范围内成功的专利联盟的数量也不是很多,在国内是否需要大规模建立,建立后能否持续运营?都需要客观地分析市场环境,理性地加以引导。通过对国内外专利联盟的分析可以看出,一个专利联盟的生存、发展,需要外部发展环境,更需要内在的激励机制。深圳市中彩联的成立是为了应对国外数字彩电专利权人的高额许可收费,但是随着运营的深入,如何进一步挖掘发挥联盟的价值,成为其今后生存、发展的重要工作,目前该联盟通过不断拓展其职能,强化内在激励机制,赢得了发展的主动权。国外专利联盟也均是依靠其自身发展,接受市场的检验。如果一个完全依靠政府支持的联盟,没有内在的激励机制,注定是要失败的。所以,政府既要对专利联盟的建设给予积极的支持，包括政策支持和必要的资金支持，但更要发挥联盟的自身激励功能，提升专利联盟的自身影响力和对成员单位的号召力，这样才能让联盟在市场博弈中发展壮大。总体来说，专利联盟是一个复杂的创新体系，涉及多层次的利益分配与调整，有效的利益协调机制是专利联盟成功运行的首要条件。专利联盟的运作应坚持以市场为导向，以企业为主体，充分发挥行业协会的指导作用。积极构建利益协调机制，并以利益导向为切入点，强化联盟成员的战略伙伴关系，构建和谐的专利生态、产业生态环境。

（四）推动专利与标准的有机结合

"技术专利化、专利标准化、标准国际化"已成为跨国企业的发展路径，技术标准与专利的结合，也成为构建专利联盟的一种趋势，无论是 DVD 标准规制规格、MPEG 系列标准、WCDMA 还是 ATSC 等标准，均通过缔结专利联盟的形式来控制标准必要专利许可证的发放，阻止竞争对手的市场进入。战略性新兴产业企业在组建专利联盟过程中，要有意识地将专利联盟中的专利技术形成标准，并将该标准推广成行业标准、国家标准甚至是国际标准，这样更有利于推广专利产品的应用，提升联盟经济利益。国外先进、成熟的专利联盟运作经验，可以为我所用。目前国内已成立了知识产权与标准联盟（如深圳新能源知识产权与标准联盟），并取得了较为显著的成效，建议促进联盟专利和技术标准的结合，选择将标准联盟与专利联盟联合发展，通过专利标准化战略扩大联盟知识产权的影响力。

参考文献

[1] 李玉剑,宣国良. 专利联盟:战略联盟研究的新领域 [J]. 中国工业经济,2004 (02):48-54.

[2] 李玉剑,宣国良. 专利联盟反垄断规制的比较研究 [J]. 知识产权,2004,14 (05):52-56.

[3] 李玉剑,宣国良. 专利联盟与专利使用效率的提高 [J]. 科学学研究,2005,23 (04):513-516.

[4] 张玲,王洋. 跨国公司专利垄断对我国企业的冲击 [J]. 经营与管理,2005 (12):26-30.

[5] 林剑. 透视跨国公司"专利池"策略 [J]. 安徽科技,2006 (12):24-26.

[6] 陈懿,刘平. 我国台湾地区"专利策略联盟"运作方式及启示 [J]. 电子知识产权,2004 (4):23-28.

[7] 罗曦. 专利联盟制度研究 [J]. 重庆工学院学报,2006,20 (6):9-21.

[8] 罗曦. 专利联盟制度研究 [D]. 重庆:西南政法大学,2006.

[9] 刘雪凤. 我国台湾地区与大陆专利联盟策略比较研究 [J]. 科技管理研究,2010,30 (08):161-163.

[10] 周蒋文. 构建我国基因专利池的设想 [J]. 华南理工大学学报(社会科学版),2012,14 (1):49-56.

[11] 王平. 我国战略性新兴产业发展的现状与国际比较 [J]. 东方企业文化,2011 (18).

[12] 朱敏. 我国战略性新兴产业发展现状分析及趋势 [J]. 中国经贸导刊,2012 (18):23-24.

[13] 朱敏. 我国主要战略性新兴产业发展现状分析及预测 [N]. 中国经济时报,2012-5-23 (7).

[14] 朱敏. 我国主要战略性新兴产业发展现状分析及预测 [N]. 中国经

济时报，2012 – 5 – 24（7）．

[15] 朱星华，刘彦，高志前．标准化条件下应对专利壁垒的战略对策［J］．中国软科学，2005（10）：21 – 25．

[16] 祝红霞．专利权滥用的界定与分类研究［J］．电子知识产权，2006（6）：30 – 32．

[17] 刘利，朱雪忠．专利联营促进竞争的多维性优势研究［J］．情报杂志，2010，29（07）：30 – 34．

[18] 岳贤平，顾海英．专利联盟的微观机理研究［J］．情报科学，2005，24（05）：653 – 658．

[19] 刘林青，谭力文，赵浩兴．专利丛林、专利组合和专利联盟——从专利战略到专利群战略［J］．研究与发展管理，2006，18（04）：83 – 89．

[20] 徐明华，陈锦其．专利联盟理论及其对我国企业专利战略的启示［J］．科研管理，2009，30（04）：162 – 167．

[21] 马忠法．专利联盟及其专利许可政策［J］．中国发明与专利，2008（9）：44 – 45．

[22] 游训策．专利联盟运作机理及模式研究［D］．武汉：武汉理工大学，2008．

[23] 陈懿，刘平．我国台湾地区"专利策略联盟"运作方式及启示［J］．电子知识产权，2004（4）：23 – 28．

[24] 汪惠美．e – Patents 技术联盟执行现况［J］．智慧财产权管理季刊，2001（3）．

[25] 陈益强，刘东华．AVS 移动视频标准及其产业化［J］．电信工程技术与标准化，2005（12）：1 – 4．

[26] 肖思思，王攀，孔博．从"混战"到"抱团"：专利联盟首战告捷［N］．经济参考报，2008 – 10 – 16（004）．

[27] 张磊．从"零散制造"到"共同创造"——贺我国电压力锅专利联盟在顺德成立［J］．家电科技，2006（11）：9 – 9．

[28] 秦天雄．我国专利联盟现状研究［J］．法制与社会，2013（18）：278 – 279．

[29] CORRADO P. Efficiency and Welfare Enhancement in Intellectual Property Protection：An Analysis of Patent Pools. Universityàdi Teramo（Italy）

Working Paper, 2001.

[30] RICHARD E. The Rationale for Patent Pools and Their Effecton Competition [D]. Faculty of Law, University of Lund, 2003.

[31] DAVID SERAFMO. Survey of Patent Pools Demonstrates Variety of Purposes and Management Structures [EB/OL]. http://www.keionline.org/misc-docs/ds-patentpools.pdf.

[32] N. ROSENBERG. Inside the Black Box [M]. Cambridge: Cambridge University Press. 1982.

[33] DOJ&FTC. Antitrust Guidelines for the Licensing of Intellectual Property [S]. 1995.

[34] SEIDE R., LECOINTE M., GRANOVSKY A.. Patent Pooling in the Biotechnology Industry [J]. Licensing Journal, 2001: 27-28.

[35] MICHAEL A. HELLER, REBECCA S. Eisenberg. Can Patents Deter Innovations? [J]. The Anti-commons in Biomedical Research, Science, 1998 (280): 698-701.

[36] 赵全仁, 崔壬午. 标准化词典 [M]. 北京: 中国标准出版社, 1990: 12.

[37] 桑德斯. 标准化的目的与原理 [M]. 中国科学技术情报研究所, 译. 北京: 科学技术文献出版社, 1974: 7.

[38] MARK A. LEMLEY. Intellectual Property Rights and standard-Setting Organizations [J]. California Law Review, 2002 (90): 1896.

[39] PAUL A. DAVID, W. E. STEINMULLER. Economics of Compatibility Standards and Competion in TelecomNelecom Networks [J]. Information, Economics and Policy, 1994 (6): 224.

[40] PAUL A. DAVID, SHAME GREENSTAIN. The Economics of Compatibility Standards: An Introduction to Recent Research [J]. Economics of Innovation & New Technology, 1990, 1 (1-2): 3-41.

[41] ISO/IEC GUIDE 2: 2004 (E/F/R) 3.2 [EB/OL]. http://www.iso.org/iso/iso_iec_guide_2_2004.pdf, Dec.

[42] 《常用世贸组织规则》编选组. 常用世贸组织规则 [M]. 北京: 人民法院出版社, 2000: 266.

[43] 张平, 马晓. 标准化与知识产权战略 [M]. 北京: 知识产权出版社,

2002：22.

[44] 张平，马骁. 从思科诉华为案谈发明、产业标准与知识产权——"企业技术标准与知识产权战略"专题之一［J］. 科技与法律，2003（1）：119 – 124.

[45] 曹康泰. 中华人民共和国反垄断法解读——理念、制度、机制、措施［M］. 北京：中国法制出版社，2007：55.

[46] 周昀. 试论滥用市场支配地位行为的禁止制度［J］. 中国社会科学院研究生院学报，2007（03）：19 – 26.

[47] 汤春来. 市场优势的滥用及其法律规制［J］. 首都师范大学学报（社会科学版），2003（5）：43 – 48.

[48] DAVID A. BALTO, ANDREW M. WOLMAN. Intellectual Property And Antitrust：General Principles ［J］. Idea, 2003.

[49] 孙颖，包海波. 战略性新兴产业的知识产权作用机制研究［J］. 科技管理研究，2013，33（05）：141 – 145.

[50] 姜大鹏，顾新. 我国战略性新兴产业的现状分析［J］. 科技进步与对策，2010，27（17）：65 – 70.

[51] 刘彦. 日本以企业为创新主体的产学研制度研究［J］. 科学学与科学技术管理，2007，28（02）：36 – 42.

[52] 刘恒江，陈继祥. 基于动力机制的我国产业集群发展研究［J］. 经济地理，2005，25（06）：607 – 611.

[53] MERGES ROBERT P. , NELSON RICHARD R. . On the Complex Economics of Patent Scope ［J］. Columbia Law Review, 1990, 90（4）：839 – 916.

[54] MERGES, R. P. Institutions for Intellectual Property Transactions：The Case of Patent Pools. Boalt Hall School of Law Working Paper, University of California, Berkeley. 1999.

[55] CARL SHAPIRO. Navigating the Patent Thicket：Cross Licenses, Patent Pools, and Standard – setting ［A］//ADAM JAFFE, JOSHUA LERNER, SCOTT STERN. Innovation Policy and the Economy. Boston：MIT Press, 2001.

[56] 万小丽，朱雪忠. 专利价值的评估指标体系及模糊综合评价［J］. 科研管理，2008，29（02）：185 – 191.

[57] ANSOFF · H. Corporate strategy [M]. Revised Edition. New York: McGraw 2 Hill Book Company, 1987: 35 – 83.

[58] GE healthcare. GFP Licenses [EB/OL]. (2001 – 10 – 20) [2010 – 09 – 26]. http: //www. gelifesciences. com/aptrix/upp01077. nsf/Content/Products? OpenDocument &parented = 658510&moduleid = 166932.

[59] WIPO Report on Standards and Patents [EB/OL]. (2009 – 02 – 18). http: //www. wipo. int/edocs/mdocs/scp/en/s cp_ 13/scp_ 13_ 2. pdf.

[60] WILLIAMSON E. The Economic Institutions of Capitalism [M]. New York: Free Press, 1985: 137 – 143.

[61] 黄铁军. 以 AVS 为例谈专利私权和标准公权的平衡 [J]. 信息技术与标准化, 2005 (7): 40 – 43.

[62] LERNER J., STROJWAS M., TIROLE J. The Structure and Performance of Patent Pools: Empirical Evidence. Mimeo. Harvard University and University of Toulouse. 2002.

[63] LEVIN R. C., KLEVORIEK A. K., NELSON R. R., et al. Appropriating the Returnsfrom Industrial Research and Development [J]. Brookings Paperson Economic Activity, 1987, 18 (3): 783 – 832.

[64] 赵启杉. 论技术标准中知识产权滥用行为的反垄断规制 [G] //郑成思. 知识产权文丛 (第1卷). 北京: 中国方正出版社, 2005: 10.

[65] CARL SHAPIRO. Navigating the Patent Thicket: Cross Licenses, Patent Pools, and Standard Setting [J]. SSRN Electronic Journal, 2001 (1).

[66] 何静, 徐福缘. SDN 合作伙伴关系类型及其合作机理研究 [J]. 科学学与科学技术管理, 2004, 25 (02): 52 – 54.

[67] 郭民生. 略论国家知识产权战略的基本内涵及其实现途径 [J]. 知识产权, 2006, 16 (06): 33 – 38.

[68] 高峻峰. 政府政策对新兴技术演化的影响——以我国 TD – SCDMA 移动通讯技术的演化为例 [J]. 中国软科学, 2010 (02): 25 – 33.

[69] 李杨. 知识产权的合理性、危机及其未来模式 [M]. 北京: 法律出版社, 2003: 108.

[70] CLARK J., STANTON B., TYSON K.. Patent Pools: A Solution to the Problem of Access in Biotechnology Patents [EB/OL]. (2000 – 12 – 05). http: //www. usp to. gov/web /offices/pac /dapp /op la /patent-

［71］马燕. 上万元 iphone 成本价仅 1227 元 富士康每生产一部仅赚 25 元［N］. 证券日报, 2014-9-25（A01）.

［72］冯晓青. 论知识产权的专有性——以"垄断"为视角［J］. 知识产权, 2006, 16（05）: 26-31.

［73］汪渊智. 论禁止权力滥用原则［J］. 法学研究, 1995（05）: 15-22.

［74］徐国栋. 民法基本原则解释: 成文法局限性之克服［M］. 北京: 中国政法大学出版社, 2001.

［75］冯晓青. 利益平衡论: 知识产权法的理论基础［J］. 知识产权, 2003, 13（06）: 16-19.

［76］孟德斯鸠. 论法的精神（上）［M］. 张雁深, 译. 北京: 商务印书馆, 1961.

［77］张玲, 王洋. 跨国公司专利垄断对我国企业的冲击［J］. 经营与管理, 2005（12）: 26-30.

［78］INKPENA C.. Learning and Knowledge Acquisition through International Strategic Alliances［J］. Academy of Management Executive, 1998, 12（4）: 69-80.

［79］生延超. 技术联盟创新系统理论与实证研究［M］. 北京: 经济科学出版社, 2010.